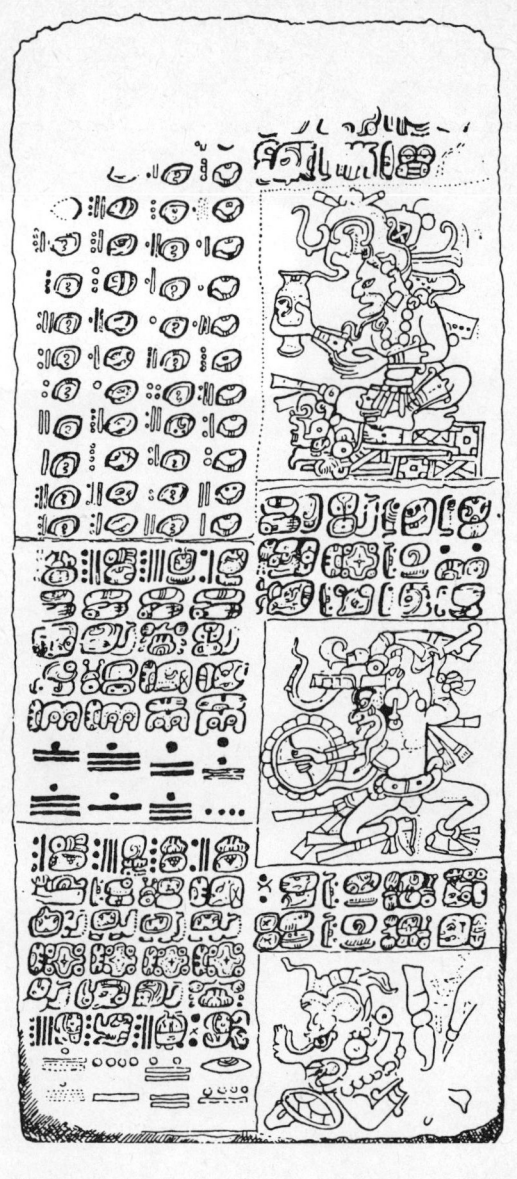

CHACTUN

Die Götter der Maya

Quellentexte, Darstellung
und Wörterbuch

Herausgegeben von
Christian Rätsch

Eugen Diederichs Verlag

Beiträge von Nikolai K. Grube, Barbara Hermanns, Heinz J. Probst, Christian Rätsch und Ortwin Smailus. Vorwort von Prof. Dr. Eike Hinz, Hamburger Institut für Altamerikanistik

Mit 80 Abbildungen
Auf dem Umschlag ist ein Opossumgott mit Gott K in der Rückentrage bei einer Prozession anläßlich der Feier des Neuen Jahres dargestellt (Codex Dresdensis S. 25).
Das Frontispiz zeigt die Seite 46 des Codex Dresdensis in der Nachzeichnung von VILLACORTA und VILLACORTA (1930). Dies ist eine der fünf Seiten des Codex, deren Thema die Phasen der Venus sind. Das Bild rechts oben zeigt einen Gott mit den Gesichtszügen von Gott N. Das Bild in der Mitte zeigt Gott L als Gott des Morgensterns am Osthimmel. Er hat mit der Speerschleuder in seiner linken Hand Speere gegen Gott K geschleudert, der im Bild rechts unten zu sehen ist.

CIP-Kurztitelaufnahme der Deutschen Bibliothek
Chactun – Die Götter der Maya: Quellentexte, Darst. u. Wörterbuch / hrsg. von Christian Rätsch.
1. Aufl. – Köln: Diederichs, 1986.
(Diederichs Gelbe Reihe; 57: Indianer)
ISBN 3-424-00797-8
NE: Rätsch, Christian [Hrsg.]; GT

Erste Auflage 1986
© 1986 beim Eugen Diederichs Verlag GmbH & Co. KG, Köln
Umschlaggestaltung: Eberhart May, Bergisch Gladbach
Satz: Lichtsatz Fanslau, Düsseldorf
Druck und Bindung: Friedrich Pustet, Regensburg
ISBN 3-424-00797-8

Inhalt

ORTWIN SMAILUS

Die Bücher des Jaguarpriesters – Darstellung und Texte

CHRISTIAN RÄTSCH

Cunyahthan – Kosmologische Zaubersprüche

FRAY DIEGO DE LANDA

Bericht über die Dinge von Yucatán (1572)

Übersetzt und dargestellt von Barbara Hermanns und Heinz J. Probst

Lexikalischer Teil

Anhang

Vorwort

Der Untertitel des vorliegenden Buches »*Die* Götter *der* Maya« läßt eine homogene, ausgewogene Synthese der Erkenntnisse über die Maya-Religion(en) erwarten. Einer solchen Synthese würden sich aber, zumindest im Augenblick, unüberwindbare methodische Hindernisse in den Weg stellen. Der Quellenbestand zur alten Religion der Maya-Gruppen von Yucatán und angrenzenden Tieflandgebieten ist bruchstückhaft, unausgewogen und ungleichartig, d. h., im einzelnen möglicherweise auf verschiedene Bevölkerungsteile (und verschiedene Gedankensysteme) bezogen. Unterschiede und Gemeinsamkeiten in den religiösen Merkmalen von der klassischen Zeit bis zur frühkolonialen Zeit nachzuweisen, das kann nur Ergebnis langwieriger quellenorientierter Detailuntersuchungen sein, die z. T. noch nicht einmal als Forschungsprogramm konzipiert sind. Sicherung der Übersetzung der Quellen und ihres methodisch kontrollierten Verständnisses sind überwiegend erst noch zu leisten. Eine Gruppe Hamburger Altamerikanisten hat sich zusammengetan, um diesen Sammelband zusammenzustellen. Sie hat sich dabei auf die Vorlage von Quellen (aus der Eigenperspektive von Maya und aus der Fremdperspektive von Spaniern) konzentriert und versucht, Deutungen anhand und im Rahmen der jeweiligen Quelle vorzunehmen. Diese Selbstbeschränkung ist durchdacht: wir wissen häufig nicht, in welcher Beziehung die Quellen zueinander stehen und ob die Nachrichten darin miteinander verknüpft werden dürfen. Wir laufen Gefahr, bei kritikloser Verknüpfung von Nachrichten aus verschiedenen Quellen die geistige Welt der Maya als homogener auszugeben, als sie ist – oder Wissenschaft mit *Science-fiction* zu verwechseln. Mit der kaleidoskopartigen Bruchstückhaftigkeit der Quellen muß der Leser umgehen lernen. Er wird dafür mit einer Fülle interessanter Details, mit Einsichten in Teil-Zusammenhänge und auch mit neuen Deutungsansätzen belohnt werden. Das vorliegende Buch wird auch die Fachwissenschaftler zu Stellungnahmen veranlassen.

Ein besonderes methodisches Problem, das die Quellen zur Religion der Maya-Gruppen aufwerfen, betrifft die Frage der Deutungsvoraussetzungen und des Deutungskontextes. Den Forscher hat nicht nur die faszinierende, zuweilen vielleicht bizarr anmutende Gedankenwelt der Maya zu interessieren, sondern auch der methodische Weg zu ihrer Erschließung.

Die Gedankengänge der Maya sind uns nur textsprachlich vermittelt: wir haben Erwähnungen und sprachliche Äußerungen und möchten gerne ihre Bedeutung und die damit verknüpften Handlungsgewohnheiten und Vorstellungs- und Handlungszusammenhänge erschließen. Direkte Befragung und teilnehmende Beobachtung sind hierbei im Regelfall nicht mehr möglich. Für die Interpretation der Texte spielt der Handlungs- und Bedeutungszusammenhang der Äußerungen eine zentrale Rolle – das deutet Smailus in seinem Beitrag über die »Sprache von Zuyua« und Rätsch in seinem Übersetzungs- und Deutungsversuch von Zaubersprüchen aus dem Princeton-Codex (Bacabritual) an. Auch die in diesem Band vorgelegten Deutungen haben ihre Voraussetzungen und müssen ihre Tragfähigkeit beweisen.

Eike Hinz

CHRISTIAN RÄTSCH

Einführung in die Kosmologie der Maya

Notwendige Vorbemerkung

Die Menschen, die sich selber Maya nennen, bewohnten schon vor der Konquista und bewohnen noch heute die Halbinsel Yucatán, die den Golf von Mexiko und die Karibik voneinander trennt. Ihre Sprache heißt *mayathan*, die »Sprache der Maya«, und ist mit den Sprachen der Hochlandvölker Südmexikos und Guatemalas (Quiché, Cakchiquel, Kekchi, Tzeltal-Tzotzil usw.) verwandt. Weil der Begriff Maya in der Literatur unterschiedlich benutzt wird, hat er viel Verwirrung gestiftet. Anthropologen und Linguisten sprechen von der Maya-Quiché-Sprachfamilie oder von den Mayavölkern und bezeichnen damit eine ganze Reihe von Ethnien, deren Sprachen – ähnlich wie die indogermanischen Sprachen – zu einer Sprachgruppe zusammengefaßt werden, und deren Kulturen gemeinsame Merkmale aufweisen, aber nicht identisch sind. Von diesen ca. 23 Völkern nennen sich aber nur die im nördlichen Yucatán lebenden Eingeborenen Maya. Die Quiché, die oft fälschlicherweise als Quiché-Maya bezeichnet werden, und deren mythohistorische Überlieferung als *Popol Vuh*, »Buch des Rates«, bekannt wurde, nennen sich selbst Achi, »Menschen«, und kennen heute das Wort Maya nur aus den Mündern der Touristen und Anthropologen.

Archäologen benutzen auch das Wort Maya, aber nicht um einer ethnischen Zugehörigkeit gerecht zu werden, sondern um eine kulturgeographische Zone im südlichen Mesoamerika zu benennen. Der Begriff Mesoamerika ist 1943 von Paul Kirchhoff geprägt worden und bezeichnet das Gebiet von Zentral- und Südmexiko über Belize, Guatemala, Nordhonduras bis hin zum nördlichen El Salvador. Dieses Gebiet wurde aufgrund kultureller Ähnlichkeiten in den archäologischen Hinterlassenschaften zusammengefaßt.

Yucatán ist in dieser Terminologie das nördliche Mayatiefland des südlichen Mesoamerika. Das vorliegende Buch beschäftigt sich nur mit der Religion und Kosmologie der Menschen, die sich selbst Maya nennen und bereits in vorspanischer Zeit im nördlichen Mayatiefland (Yucatán) lebten.

Da die Kultur der Maya schlecht dokumentiert ist, wird das gezeichnete Bild ihrer Lebenswelt nur unvollständig zusammengefügt. Die wichtigsten Quellen, aus denen sich unser Wissen über die alten Maya speist, sind die Hieroglyphenhandschriften, die in einem weiteren Einführungskapitel von Nikolai Grube genau dargestellt und untersucht werden. Eine Reihe von handschriftlichen Texten aus der Kolonialzeit sind religiösen Inhalts, repräsentieren aber nur das Spezialwissen einer kleinen Priesterelite und keinesfalls *die* Religion der Maya. Anhand dieser Texte läßt sich auch kein einheitliches Pantheon rekonstruieren. Ausschnitte dieser Texte werden in diesem Buch erstmals von Ortwin Smailus und mir ins Deutsche übertragen und erläutert. Ihre Inhalte sind esoterisch, d. h. ihre Kenntnis nur einem engeren Kreis von Eingeweihten bekannt gewesen; sie zeigen uns die komplexe Vorstellungswelt ihrer Autoren. Die wohl wichtigste und eigenartigste Quelle zur Mayakultur ist der Bericht des Fray Diego de Landa, des Bischofs, der 1562 viele heilige Bücher der Maya verbrennen ließ. Die Passagen seines – frappierenderweise bisher nicht in Deutsch erschienenen – Geschichtswerkes, die sich mit den religiösen Idealen und Kulthandlungen beschäftigen, bilden ein weiteres Kapitel, das von Barbara Hermanns und Heinz J. Probst bearbeitet wurde.

Unser Wissen von der Religion der Maya muß als bruchstückhaft bezeichnet werden. Wir haben in diesem Buch versucht, die vorhandenen Bruchstücke – oft Ergebnisse jahrelanger wissenschaftlicher Kleinstarbeit – so zusammenzusetzen, daß der geneigte Leser einen Eindruck von der uns oft mystisch, manchmal bedrohlich wirkenden Welt der Maya bekommen kann. Die folgenden einführenden Seiten sollen nicht als ein endgültiges Bild der Religion und Kosmologie *der* Maya betrachtet werden. Sie sind als zusammenfassendes, aber lückenhaftes Gewebe unseres noch unvollständigen Wissens zu verstehen.

Chactun – ein kosmologischer Zauberspruch

Gebundener Stein!
Roter Edelstein
   Himmlische Essenz
   Himmlischer Tropfen der Verwandlung
Dein Zauber schuf die Sonne
   Schuf die Erde
Der Zauber der Tropfen des Himmels
   Der Himmlischen Essenz
Gelber Blumen-Himmel der Verwandlung
War ich es wohl, der deine Sonne erschuf?
   Der deinen Mond erschuf?
War ich es wohl, der deinen Stein erschuf?
   Ich habe dich erschaffen
Dort sitzend versprenkelst du die Tropfen
Du erinnerst dich an die Hitze der Unteren Sonne
   Sie sendet sie dir
   Du nahmst sie
Heimlich erschaffe ich dich
   Plaziere ich dich
   Selbst dann, wenn ich anderes nähme
Sie fühlen deine Hitze – wegen deines Vaters

Dein Geheimnis ... für den Herrn
   ... für den Edelstein
Ich ziehe es aus deinem Munde heraus
   Das Spinnennetz des Steines
   Das ist es, das da geht, wandert und ordnet
Das sind sie, die Herren, die alles ordnen
So lest denn deine Inschriften
Dann werdet ihr erkennen!

Aus dem Buch des Jaguarpriesters
(CHUMAYEL MS C 71-72)

23 Emanationen des Roten Edelsteins

Das Chaos, der ungeordnete Urbeginn der Welt, war für die
Maya ein Roter Edelstein, der aus den himmlischen Essenzen
und den Tropfen der Verwandlung gebraut wurde. Der Rote
Edelstein wurde gebunden, und damit konnte der Anfang der
Welt seine Ordnung bekommen. Der Zauber des Steines
erschuf Sonne und Mond, Himmel und Unterwelt. Wie Emanationen verließen die Weltenschichten den Stein, aus dessen
Maul der noch namenlose Schöpfergott ein Spinnennetz her-
auszog. Nach dem Muster des Spinnennetzes wurde der Kosmos gewebt. In konzentrischen Kreisen räkelte er sich durch die
vier Weltgegenden. Das Spinnennetz des Steines, das sich aus
seinem Maul entfaltete, ist die Geburt der Weltenordnung. Mit
ihm wurden die Götter, die Herren der Schöpfung, geboren.
Und mit ihm wurden die Kalendertage, Monate und Jahre geboren. Götter und Zeiten, Schöpfung und Kreislauf, manifestier-
ten sich in den Zeichen des Himmels und der Wolken, den
Inschriften der Steine. Wer diese Zeichen lesen, deuten und verstehen kann, wird die Welt erkennen. So heißt es in einem visionären Text des Jaguarpriesters von Chumayel.
Die Welt der Maya von Yucatán hat sich aus dem Roten Edel-

stein entfaltet und in 23 Emanationen verdichtet. Dreizehn Schichten bildeten den Himmel, in dem die Oxlahun ti Ku, die »Dreizehn der Götter«, residierten und über die jeweils ihnen eigene Schicht wachten, Die Unterwelt aber wurde von neun Schichten, in denen das Totenreich Metnal lag, gebildet. In jeder Schicht herrschte einer der Bolon ti Ku, der »Neun der Götter«. Der dreizehnschichtige Himmel, ein Lichtreich, war das männliche Prinzip der Schöpfung. Seine Tränen waren die Samen der Zeugung, die Tropfen der Verwandlung. Seine fruchtbaren Wasser ergossen sich über die Unterwelt, dem Ort der Dunkelheit, des geheimnisvollen Gebärens auf dem Humus des Todes. Die neunschichtige Unterwelt war das weibliche Prinzip der Schöpfung. Ihre Gebärmutter – die Höhlen der Erde – öffneten sich dem Licht und dem Samen des Himmels. So waren es die dreizehn Himmel und die neun Unterwelten, welche die Erde, die dreiundzwanzigste Emanation des Roten Edelsteines, erschufen. Die Erde ist der Ort, an dem die Menschen leben und die Götter verehren. Die Welt der Menschen sollte später ein Bild des kosmischen Prinzipes abgeben, um so das Göttliche in das Bewußtsein des Irdischen zu pflanzen.

Im Zentrum der Welt, entlang der *axis mundi*, wuchs der *yaxche*, der erste Baum, ein gewaltiger Kapokbaum, dessen Krone sich in die Himmelschichten verzweigte. Seine Früchte sollten dereinst Anom, den ersten Menschen, dessen Herkunft unbekannt und ungenannt blieb, nähren. In den stachelbesetzten Ästen des Weltenbaumes, dessen Rinde einer Krokodilshaut gleicht, saßen himmlische Wesen, halb Vogel, halb Schlange; ihr Leib setzte sich aus den Sternenbildern des Nachthimmels zusammen. Dort gab es auch *tzab*, die Klapperschlange, deren Zeichnung die Pleiaden waren.

Der Maya-Kosmos hatte nicht nur 23 Schichten, er war vierfältig und zentriert. Die vier Weltgegenden, der Rote Osten, der Weiße Norden, der Schwarze Westen und der Gelbe Süden waren die Ecken der Welt, die Pfosten der Orientierung im dreidimensionalen Raum. In jeder Weltgegend wuchsen je ein heiliger

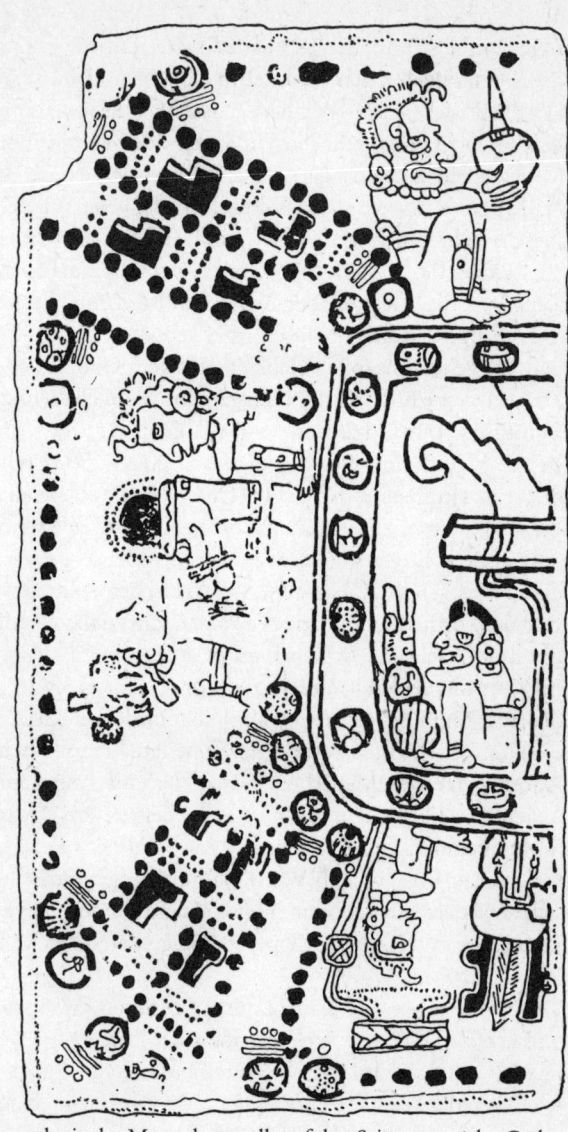

Die Kosmologie der Maya, dargestellt auf den Seiten 75–76 des Codex

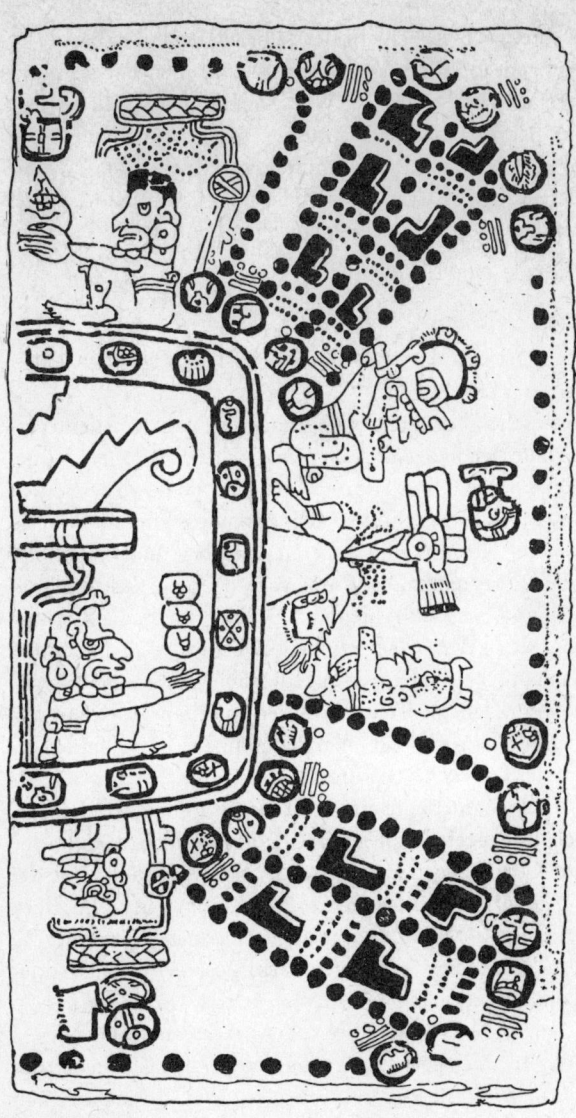

Tro-Cortesianus

Baum, roter, weißer, blauer oder gelber Mais und eßbare oder halluzinogene Bohnen. Vier Vögel saßen in den Bäumen und trällerten Schicksalsrufe in die Welt. Die Ecken der Welt wurden von vier Bacabs genannten Göttern getragen und erhalten. Die Regen- und Windgötter bestimmten von dort aus das Wetter über der Erde. Jede Gottheit des Himmels hatte auch Aspekte, die sich den Weltgegenden entsprechend entfalteten.

»Dort von der Erde zum Haus in den Wassern«

Die kosmische Ordnung, dem Spinnennetz des Steines entsprechend, sollte sich in der Welt der *Maya*, den Menschen der Erde, Geschöpfe gezeugt von Himmel und Unterwelt, wiederfinden. Ihr Land, das karstige, flußlose aber bewaldete Yucatán, war wie der gesamte Kosmos von Meeren umgeben und im Süden durch Flüsse begrenzt. Die Winde verbanden die Erde mit dem Himmel, und die Kalkhöhlen und Dolinen waren die Zugänge zu den Unterwelten. Die waldbedeckte Erde, von Menschen bearbeitet und bepflanzt, war mit einer heiligen Geographie versehen. Pyramiden und Tempel wurden zu Ehren der vielen Götter gebaut und ihrer kosmischen Bedeutung entsprechend angelegt. An der Karibikküste wurden in Richtung Osten, der Weltgegend des Sonnenaufgangs und des beginnenden Lebens, Tempelanlagen gebaut. In Tulum, »Dort von der Erde«, und auf der Insel Cozumel gab es Schreine der Mondgöttin Ix Chel, der »Regenbogenfrau«, der Göttin der Erotik, Zeugung und Geburt. Durch sie und mit ihrer Hilfe gelangte jeder neue Mensch in die Welt, trat seine Reise von Osten nach Westen, die Reise seines Lebens, an. In Tulum, im Osten, war auch das *kuxan sum*, das Lebende Seil, die Nabelschnur des Lebens, verankert. Im Landesinneren erhoben sich gewaltige Pyramiden, die den Gottheiten des Himmels, der Sonne und des Kalenders geweiht waren. Kinich Kakmo, der sonnengesichtige Feuer-Arara, eine zentrale Sonnengottheit des Himmels, hatte seinen Schrein in Izamal. In Cobá, das tief im Dschungel an einer Seenplatte gelegen ist, herrschten wahrscheinlich Ah Muzencab, die Bienengötter, die den Honig für den rituellen Balchetrunk erschufen und einer Quelle zufolge die Schöpfergottheiten selbst waren. Im zentraler gelegenen Chichén Itzá gehörte das größte Heiligtum dem Kukulcan, der Gefiederten Schlange. Dort liegt auch der heilige Cenote, Opferbrunnen und Pilgerort zugleich, von dem sich hartnäckig die Legende erhält, in ihm seien Jungfrauen geopfert worden. Die weiter westlich gelegene, leicht hügelige Puuc-Zone beherrschte eine Gottheit mit eigenartiger, an einen Elefantenrüssel erinnernden langen Nase. Ganz im Schwarzen Westen, schon im Golf von Mexiko, lag Jainá, das »Haus in den Wassern«, eine Totenstadt auf einer kleinen Insel. Hier endete das Leben der Fürsten, Priester und Vergöttlichten – so wie die lebensspendende Sonne im Meer versinkt und sich ihre Bahn durch die Unterwelt erkämpfen muß.

Kukulcán, die »Gefiederte Schlange«

In einem frühkolonialzeitlichen spanischen Bericht über Yucatán heißt es, daß die Maya so lange keine Götzenanbeter waren, bis ein mexikanischer Kriegsführer, Kukulcan genannt, nach Yucatán kam und dort den Leuten die Götzendienerei beibrachte. Auch in den Chroniken der Maya, die später als die Bücher des Jaguarpriesters berühmt wurden, wird von einem fremden Stamm, den Itzá, die die Mayasprache nicht richtig beherrschten, berichtet. Die Itzá wurden von Kukulcán, der Gefiederten Schlange, angeführt. Sie drangen in das Land der Maya vor, unterwarfen die dortigen Fürstenhäuser und übertünchten die alte bäuerliche Mayareligion mit ihren aus dem Hochtal von Mexico mitgebrachten religiösen Vorstellungen und Praktiken. Dieser Heerführer, dessen Name eine simple Übersetzung des Nahuatl-

Wortes Quetzalcoatl (der Kulturheros der Tolteken) ist, lehrte die Maya das Herstellen und Verwenden von Götterfiguren aus Zedernholz, Ton oder Stein. In den Tempeln wurden Hunderte solcher Figuren aufbewahrt und bei religiösen Festen und zeremoniellen Anlässen von den Priestern verehrt und mit Opferspeisen gefüttert.

Der mexikanische oder toltekische Einfluß äußerte sich in politischen Veränderungen und den neuen Riten, die den Maya grausam erscheinen mußten. Es schien, als tobte sich ein Blutrausch über der Halbinsel aus. Die neuen Götter, deren Namen noch von ihrem mexikanischen Ursprung zeugen, galten als durstig nach Menschenblut; die Sonne wollte erst ihre Bahn antreten, wenn sie regelmäßig Menschenherzen zu essen bekam. Die Itzá waren es wohl auch, die das Wissen um die bewußtseinsverändernden, berauschenden und narkotisierenden Pflanzen mitbrachten. Da Peyote und halluzinogene Pilze nicht im Lande der Maya wuchsen, griffen sie nach Stechapfel, Ololiuqui und Colorines. Der Stechapfel hieß *xtohku,* »in der Richtung zu

Szene aus dem Codex Dresdensis.

den Göttern«, – und genau das sollte die Pflanze bewirken. Derjenige, dem die Samen der Pflanze einverleibt wurden, trat eine Reise zu den Göttern an. Ob er dies nur in seinem Bewußtsein erlebte oder ob er mit dem Opfertod in den Himmel gelangte, kann nur vermutet werden. Kukulcán, der Führer der Itzá, ließ sich in Chichén Itzá eine große Pyramide erbauen, begründete Mayapán und wurde schließlich – von seinen Anhängern vergöttlicht – in das Pantheon der ortsansässigen Maya integriert. Die gefiederte Schlange schwebte nun als Gott in den dreizehn Schichten des Himmels. Kukulcán ist auch der Verursacher des den Maya anstößig erscheinenden Phalluskultes, der allerdings bei der herrschenden Priesterschaft sehr beliebt war. Riesige Steinphalli wurden zu Ehren des Gottes in Uxmal, der dreimal erbauten Tempelstadt, und vor der rituell genutzten Höhle Loltun aufgestellt. Angeblich wurden diese Idole in exzessiven Orgien verehrt. An die Tempelanlagen wurden hohle Steinphalli angebracht, durch die bei einem kräftigen Regenfall das befruchtende Wasser auf den dünnen Boden spritzte.

»Blut der Sonne – Düfte des Mondes«

Das komplexe Ritual der Maya erforderte eine umfangreiche, spezialisierte und hierarchisch geordnete Priesterkaste. Gelegentlich waren auch weltliche Herrscher Priester oder hatten doch priesterliche Funktionen. Die gesamte Priesterschaft rekrutierte sich aus dem Adel und hatte die Aufgabe, zwischen Herrschenden und Bauern, zwischen den Göttern und den Menschen zu vermitteln. Ein Hohepriester hieß Ahau Can, »Klapperschlange« oder »Herr des Himmels«. Er galt als in alle Geheimnisse der Religion, der Astromonie und Mathematik, der Heilkunst und Zauberei eingeweiht. Er war Leiter des Rituals und Lehrer des Priesternachwuchses. Zu seinen Privilegien gehörte die Kunst des Schreibens und Lesens, die in zeremonieller Runde zu Ehren der Götter und zur Deutung der kulturellen Wirklichkeit geübt wurde.

Dem Ahau Can unterstanden die Nacom genannten Opferpriester, denen wiederum die Chac genannten Hilfspriester untergeordnet waren. Die Nacom hatten offenbar gesellschaftlich wenig Ansehen, denn ihre Hauptaufgabe bestand darin, das Menschenopfer zu vollziehen. Dazu wurde ein ausgewähltes Opfer von den vier Chac-Priestern an Armen und Beinen gehalten und über einen Opferstein vor den Tempel gelegt. Mit der »Hand des Gottes« – so hieß das scharfe Obsidianmesser – schnitt der Nacom geschickt mit einer einzigen Bewegung dem lebenden, wohl mit Drogen präparierten Opfer das Herz aus der Brust. Das Blut des noch zuckenden Herzens wurde den Götterfiguren zu trinken gegeben und schließlich der Sonne entgegengestreckt. Das herunterperlende Blut lief dem Nacom über Arme und Gesicht; es verklebte seine langen Haare, die er niemals schneiden oder waschen durfte, zu einer dicken Masse. Die Körper der Getöteten, deren Seelen bereits auf dem Weg zu den Göttern waren, wurden die steilen Pyramidentreppen herabgeschleudert und teils auf dem Friedhof des Tempelbezirkes begraben, teils rituell verspeist.

Über eine weibliche Priesterschaft ist uns wenig bekannt. Wir wissen, daß es Hermaphroditen (*ix p'en*) gab, die als besonders schön angesehen wurden und für priesterliche Tätigkeiten prädestiniert erschienen, da sie in sodomitischen Kulthandlungen doppelt beansprucht werden konnten. Über rituelles Transvestitentum, wie es bei heutigen Mayavölkern (besonders Tzeltal-Tzotzil) noch vorkommt, schweigen die Quellen.

Hebammen beteten zur Mondgöttin Ix Chel, der Regenbogenfrau, deren Götterfigur für sanfte Geburten sorgte. Ix Chel war mit dem Zyklus des Mondes verbunden, wie die Frau mit der Menstruation. Die zeugende Kraft des Weiblichen spiegelte sich im himmlischen Webrahmen der Mondgöttin. Blüten waren die Symbole der Vulva und des Mondes. Frauen führten mit Hilfe der »Düfte des Mondes« einen starken Liebeszauber aus.

Chilam Balam, »der liegende Jaguar«

Innerhalb der Priesterschaft hatte der Chilam Balam, der »liegende Jaguar«, der Jaguarpriester, eine Sonderstellung. Er war außerhalb der priesterlichen Hierarchie angesiedelt und kannte die Geheimnisse gesteigerter Wahrnehmung und des Bewußtseinswandels. Sein Wirken war die kulturelle Trance, in der die Maya zu Hause waren. Er war das Sprachrohr der Götter. Und er alleine vermochte die Botschaften des Himmels und der Unterwelten zu erkennen und zu verstehen, denn er erfuhr sie konkret. Er konnte sich durch rituellen Aderlaß, Fasten, Meditationen in vollkommener Finsternis und den bewußtseinsöffnenden Essenzen der Pflanzen der Götter in Ausnahmezustände versetzen, in denen er mit den Göttern in Verbindung trat. Dabei lag sein Körper bewegungslos im dunklen Inneren eines Tempels, während sein Inneres, sein erweitertes Bewußtsein, mit einem göttlichen Wesen, das sich auf dem Dach des Tempels (für andere unsichtbar) niedergelassen hatte, kommunizierte. Die Botschaft des göttlichen Wesens drückte sich durch den Mund des Jaguarpriesters in »bemessenen«, allen anderen Priestern unverständlichen Worten aus. Kehrte das Bewußtsein in den Körper zurück, trat der Jaguarpriester vor die wartende Menge und verkündete das göttliche Wort als Prophezeiung. Diese Prophezeiungen waren in Zeiten der Unsicherheit besonders wichtig, denn sie sagten den Maya, wie sie sich verhalten sollten, um sich in Harmonie mit dem Kosmos zu versetzen. So erschuf der Chilam Balam, Prophet und Sprachrohr der Götter, kulturelle Wirklichkeiten.

Um seine Wahrnehmung für das Göttliche zu öffnen, benutzte er den heiligen Balchetrunk, der mit den Extrakten aquatischer Pflanzen und Tiere stark gemacht wurde. Die mit dem Jaguar, einem an sich schon göttlichen Tier, assoziierten Seerosenblüten schwammen auf dem Trunk, als sei er ein See und gaben ihm ihre narkotisierenden Kräfte. Die mit den Regengöttern zusammenhängenden Meereskröten *(Bufo marinus)* mußten wahrscheinlich ihre halluzinogenen Hautsekrete dem Trunk und damit der Trance des Jaguarpriesters opfern. Ihre Skelette wurden zu hunderten, besonders auf der Insel Cozumel, rituell bestattet.

Die berühmteste und zugleich schrecklichste Prophezeiung des Chilam Balam war die Voraussage von der Rückkehr des Kukulcán und der damit verbundenen neuen Unterjochung des Mayavolkes. Mit den Ankunft der Spanier sollte diese Zukunftsvision Wirklichkeit werden.

Tanzender Jaguar mit Seerosen; Darstellung auf einer Vase aus der klassischen Zeit (nach Robicsek und Hales 1981: Vase 30).

Die Eingänge zur Unterwelt

Über die ganze Halbinsel liegen Höhlen und weitreichende unterirdische Gangsysteme. Für die Maya hatten die Höhlen ihres Landes viele Bedeutungen. Sie waren Orte außergewöhnlicher Erfahrungen, Zeromonialstätten und genauso wie die wassergefüllten Cenotes und Lagunen Eingänge zur Unterwelt. In der totalen Finsternis vollführten die Priester Aderlässe am eigenen Penis und öffneten so »das innere Auge«, denn das äußere war durch die Dunkelheit geblendet. Weihrauchopfer und Ritualtränke versetzten sie in Trancen, in denen sie mit den Wesen der Nacht, den Göttern der Unterwelten und den Seelen der Verstorbenen Kontakt aufnahmen.

Hier lernten sie die Mächte der Dunkelheit kennen, unterhielten sich mit den Neun Göttern und erkannten, wie sich die Existenz des Menschen nach dem Tode fortsetzt. Die Unterwelten beherbergten knochengestaltige Mischwesen, halb Mensch halb Tier, blutsaugende Vampire, giftige Insekten und gierige Jaguare. Die Gestorbenen mußten an diesen Ort des Grauens reisen, um ihre Sünden zu büßen und die Fehler ihres Erdendaseins bereuen. Metnal lag in der Unterwelt und war eine Hölle, in der heiße Flammen loderten, eiskalte Wasser flossen. Nahezu alle Gestorbenen, selbst die fehlerfrei durchs Leben gegangenen, mußten diesen Ort des Grauens passieren und sich von Hunhau, dem Prinzen der Hölle, martern lassen. Erst nach diesen Torturen konnten sie geläutert in eine paradiesische Welt aufsteigen. Nur die Menschen, die sich zu Ehren der Göttin Ix Tab, »die der Kordel«, selbst erhängten oder die als vergöttlichte Opfer den Tod fanden, brachen nach ihrem Tod direkt in Richtung der Götter auf.

All das Wissen über Leben und Tod, Himmel und Hölle schrieben die Mayapriester in Hieroglyphenbüchern nieder oder malten Unterweltsszenen auf Keramiken, die als Grabbeigaben zu Reiseführern in andere Welten wurden.

Das Sterben der Maya

Zu Anfang des 16. Jahrhunderts, einer Zeit, die nach dem Maya-kalender Katun 2 Ahau hieß, verkündigte der Jaguarpriester von Maní, daß im Katun 13 Ahau bärtige Männer vom Osten nach Yucatán kommen und eine neue Religion einführen werden. Diese Prophezeiung wurde mit der Rückkehr des Kukulcán und einer neuen Unterdrückung des Mayavolkes in Verbindung gebracht. 1527 war es dann soweit: die spanischen Eroberer erreichten Yucatán, die Prophezeiung hatte sich erfüllt. Ein Schock, der das Ergebnis einer erfüllten Voraussage war, fuhr den Maya ins Bewußtsein. Fremde drangen in ihr Land ein und begannen systematisch all das den Maya Heilige zu zerstören. Die Konquistadoren brachten nicht nur die Wut der Zerstörung, sie schleppten auch epidemische Krankheiten ein. Pestilenzen und Seuchen rafften viele Menschen dahin. Diese bis zur Ankunft der Spanier unbekannten Krankheiten wurden »das Sterben der Maya« genannt und blieben seitdem in schauerlicher Erinnerung. Die Bauern wurden eingefangen und als Sklaven gehalten. Wollten sie sich nicht fügen, wurden sie mißhandelt und ihnen das für sie so bedeutungsvolle lange Haar abgeschnitten.

Mit den Soldaten zogen die Missionare, um dem Land den Teufel auszutreiben. Götterfiguren wurden zerschlagen, Tempel geplündert und verbrannt, Priester gefoltert und getötet. Die Missionare waren erfolgreich in der Vernichtung des esoterischen Wissens der Maya. Ihre heiligen Bücher, auf Rindenpapier geschriebene Hieroglyphen und gezeichnete Götterfiguren, wurden in Maní zu Hunderten öffentlich verbrannt. Damit das geheime Wissen vom Kosmos, von den Emanationen des Roten Edelsteines, nicht mündlich weitergegeben werden konnte, wurden die einheimischen Priester durch franziskanische Missionare ersetzt. Es ist erstaunlich, daß einige Maya, die gelernt hatten, wie man mit lateinischen Lettern ihre Sprache schreibt, den Mut aufbrachten und Dinge ihres Wissens zu Papier brachten.

Die Götter leben

Die Kolonialherrschaft war für die Maya eine Zeit der Dunkelheit, sie war *mitnal*, »Hölle«, mit all ihren Schrecken und Qualen.

Doch die von den Spaniern angestrebte Kontrolle der Mayabevölkerung war nicht perfekt genug, um alles »Heidnische« auszumerzen. Die Maya erkannten den Gott der Spanier als *Hahal Ku*, »Wahren Gott«, an und identifizierten ihn heimlich mit dem körperlosen Hunab Ku, »Einziger Gott«. Jesus Christus wurde der Sohn des Hahal Ku und entsprach damit den Himmelsgöttern, die von Hunab Ku abstammten. Maria wurde mit Ix Chel, der Mondgöttin, verschmolzen und galt als jungfräuliche Mutter der sieben Planeten und als die Anführerin der vier Regengötter, die bei Feldbauzeromonien in den Maispflanzungen um Fruchtbarkeit gebeten wurden.

Die heutigen Maya haben eine synkretistische Religion, in der die jeweils ähnlichen Elemente der alten Religion mit denen des Christentums verschmolzen sind. Dabei gehen die Regen- und Jagdgötter gemeinsam mit dem Maisgott Jesus und Maria, die Cichpam Colel (»Schöne Frau«) heißt, einträchtig durch die Welt, die immer noch mehrschichtig und vierfarbig ist.

»Jesus, der Maisgott«; Zeichnung eines 12jährigen Mayajungen aus X-Yatil, Quintana Roo.

Aber noch im 19. Jahrhundert gab es einen Mayastamm, den der *Huites,* der »Lendenschurzträger«, der nicht missioniert wurde. Sie hatten sich tief in den schützenden Wald des heutigen Quintana Roo zurückgezogen und die alte Tracht – Lendenschurz, lange Haare, Körpertätowierungen – beibehalten und jagten mit Pfeilen und Bögen den Tieren des Waldes nach. Was aus den Huites geworden ist, bleibt Spekulation. Möglicherweise sind sie von den Cruzob-Maya assimiliert worden. Diese Maya erhoben sich im letzten Jahrhundert gegen die Fremdherrschaft und kämpften im sogenannten Kastenkrieg gegen die Uaches, die Leute europäischer oder zentralmexikanischer Herkunft.

Das kulturelle Erbe der vorspanischen Mayareligion übernahmen die Lakandonen, die noch heute tief im Regenwald von Chiapas leben. Die Abstammung und Herkunft der Lakandonen ist unsicher, aber sie sprechen eine dem Maya sehr nahe verwandte Sprache, und in ihrer Religion leben viele Götter der alten Maya fort.

Nikolai K. Grube

Die Göttergestalten der Handschriften und ihre Hieroglyphen

Woher kamen die Maya?

Nur wenige Reisende, die bei ihren Wegen durch Yucatán nach Mérida gelangt sind und schließlich bewundernd vor der hohen Renaissancefassade der Kathedrale stehen, wissen, daß diese gewaltige Manifestation des christlichen Glaubens auf den Resten eines zerstörten Mayatempels steht. Das Baumaterial, aus dem die Kathedrale errichtet wurde, rissen die spanischen Eroberer aus den Bauwerken der an dieser Stelle stehenden Stadt Ichcaanziho, »der im Himmel geborenen Fünf«.

Ein Reisender durch Yucatán benutzt Mérida meist nur als Durchgangsstation, um von dort zu den zahlreichen berühmten Ruinenstädten der alten Mayakultur zu gelangen: Uxmal mit der steilen »Pyramide des Zauberers«, Kabah, dessen Bauwerke mit den Masken des Regengottes wie mit einem Mosaik verziert sind, Chichen Itzá, die große Ruinenstadt mit dem Opferbrunnen und Tulum, die ummauerte Festung an der Küste der Karibik. Heute leben in den Ruinenstädten nur noch Vögel, die Tiere des Waldes und Aluxes, kleine Windwesen. Seit einem halben Jahrtausend liegen diese einstmals blühenden Städte verlassen, überwachsen von dichtem Buschwald. Erst im letzten Jahrhundert sind sie von begeisterten Abenteurern und Amateurarchäologen wiederentdeckt worden.

In den Büchern steht, daß der Versuch, die Halbinsel Yucatán zu

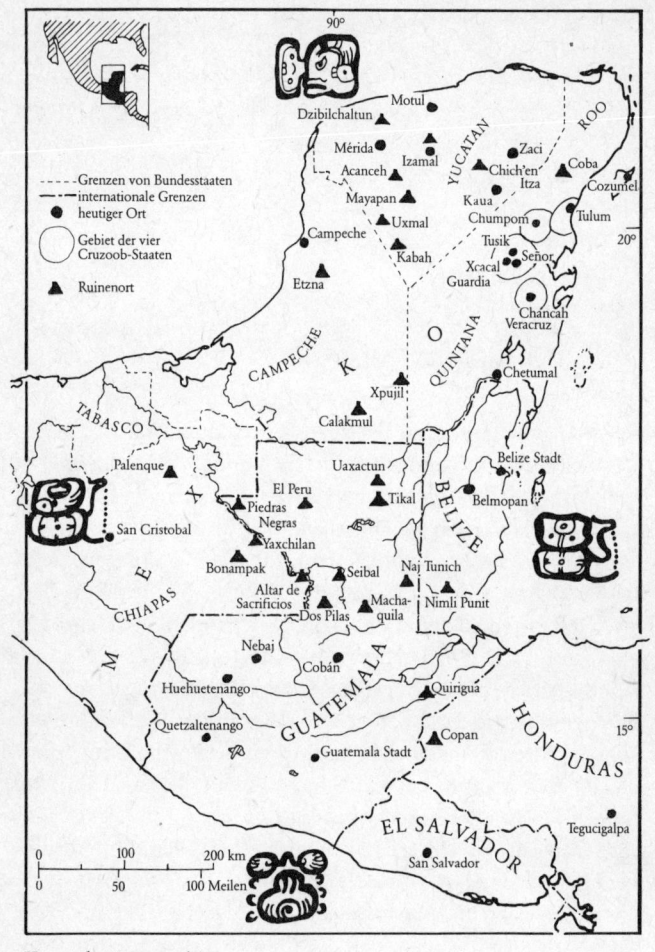

Karte des Mayagebietes.

erobern, im Jahr 1528 begann. Der schwere Krieg gegen die in der Deckung des Dschungels kämpfenden Maya führte erst 1542 zu einem Erfolg, als den Spaniern die Unterwerfung des nordwestlichen Teiles der Halbinsel gelang. Bis 1697 gab es immer noch Regionen, in denen die Maya unabhängig lebten. Wer die Geschichte der Maya weiter verfolgt, stößt auf viele blutige Aufstände, in denen sich die auf den Haciendas der Eroberer arbeitenden Maya von der Unterjochung befreien wollten. Der Kastenkrieg von 1848, bei dem die Maya ihr Ziel nur um ein Haar verfehlten, geht für vier unabhängige Mayafürstentümer in den Wäldern des Bundesstaates Quintana Roo noch in diesen Tagen weiter.

Die alten Städte, die steinernen Tempel und Paläste sind verlassen, aber die Maya leben noch. Jede Fahrt mit dem Bus, jeder Halt in einem der zahlreichen Dörfer, jeder Weg abseits der großen Touristenstrecken, und schon ein Gang durch den Markt von Hó', wie Mérida heute bei den Maya heißt, zeigen, wie sich das tägliche Leben der Maya erhalten hat. Das Radiogerät in der palmstrohgedeckten Hütte sendet Nachrichten in Mayathan, und zur gleichen Zeit bereitet sich ein Hmèn (»Macher«) auf eine Zeremonie zu Ehren der Herren des Waldes vor.

Die Spuren der Vorfahren dieses Hmèn lassen sich mehrere tausend Jahre in die Vergangenheit verfolgen.

Archäologische Spuren

Die ältesten Zeugnisse menschlicher Besiedlung der Tieflandgebiete Guatemalas, Belizes und Yucatáns sind einige Pfeilspitzen, die Archäologen im heutigen Belize fanden. Man schätzt ihr Alter auf etwa zehntausend Jahre. Niemand kann allerdings sagen, ob die Hersteller dieser Pfeilspitzen bereits Maya waren. Die Besiedlung dieser Region begann wahrscheinlich zwischen 9000 und 7500 v. Chr. durch umherziehende kleine Verbände von

Wildbeutern, die von der Jagd und dem Sammeln von Pflanzen lebten. Erste Anzeichen für die Umstellung der Versorgung auf Feldbau sind für das zweite Jahrtausend v. Chr. nachweisbar. Die nun in Siedlungen zusammenlebenden Menschen ernährten sich von den Früchten des Brotnußbaumes und einer Vorform des Mais. Sprachforscher vermuten, daß die damalige Bevölkerung eine sehr frühe Form des yucatekischen Maya sprach, der Mayasprache, die noch heute in den mexikanischen Bundesstaaten Campeche, Yucatán und Quintana Roo gesprochen wird. Erst mehrere hundert Jahre nach der sich langsam vollziehenden Umstellung zur Seßhaftigkeit tauchen Gegenstände aus gebranntem Ton auf. Archäologen und Sprachforscher bringen diese Gegenstände in Verbindung mit der Einwanderung einer Bevölkerung, die eine Vorform der heute noch in dem Bundesstaat Chiapas und im Osten Guatemalas gesprochenen Chol-Sprachen sprach. Diese Bevölkerung sei möglicherweise aufgrund eines Vulkanausbruches aus ihrer ursprünglichen Heimat in El Salvador vertrieben worden und habe sich mit der Bevölkerung der Tieflandgebiete vermischt. Von der Frühzeit der Mayakultur haben die Forscher bislang ein nur vages und sehr spekulatives Bild. Es scheint sich jedoch in der unterschiedlich reichen Ausstattung von Gräbern der Beginn von sozialen Differenzierungen abzuzeichnen.

Die Bevölkerung wuchs über mehrere Jahrhunderte kontinuierlich an, was sich an der Vermehrung der Fundplätze leicht verfolgen läßt. Ab etwa 300 v. Chr. setzt dann aber ein unterschiedlich intensives Wachstum der Siedlungen ein. Eine Langzeitfolge dieses Prozesses ist die Hierarchisierung der Siedlungsplätze. Es gibt nun zentrale Orte mit überregionaler Bedeutung, mit öffentlichen Gebäuden und einem größeren Einzugsbereich, der sich auch auf ausgedehnte Handelsbeziehungen erstreckt. Es entsteht ein komplexes Netz von Handelswegen und Austauschplätzen, das dazu dient, den Bedürfnissen einer wachsenden sozialen Elite nach Luxusgütern zu entsprechen. In den zwischen 300 v. Chr. und 250 n. Chr. ablaufenden Evolutionsprozessen werden nun die Grundlagen für das Wachstum der klassischen Mayakultur gelegt. Alles, was wir als »Kulturleistungen« der klassischen Maya kennen, hat seine Wurzeln in der mittel- und spätformativen Zeit. In vielen Orten finden sich nun schon steinerne Monumentalbauten, die einen Hinweis auf komplexe Organisationsstrukturen geben. Es mußte den Herrschern möglich sein, eine große Anzahl von Arbeitskräften zum Bau der Monumente herbeizuschaffen und zu beaufsichtigen. An den Bauwerken tritt uns bereits eine reich entwickelte Bildsprache entgegen. Vielerorts sind Bauten mit anthropomorphen Masken und polychromen Malereien geschmückt, die möglicherweise übernatürliche Kräfte darstellen, zu denen die Angehörigen der Elite einen unmittelbaren Zugang hatten. Ein anderer Beitrag zur Legitimation der Herrschaft ist die Errichtung steinerner Gedenkmonumente in der Spätformativen Epoche. Diese unter der Bezeichnung »Stelen« bekannten, oft mehrere Meter hohen Steinplatten tragen neben Abbildungen des Herrschers lange Texte in Hieroglyphenschrift. Die frühesten uns bekannten Stelen aus dem Tieflandgebiet zeigen noch keine Hieroglyphentexte, sondern Darstellungen, die künstlerisch auf Vorbilder aus dem Süden Guatemalas zurückgehen.

Die erste, durch hierorglyphenschriftlich fixierte Kalenderangaben datierbare Stele aus dem Tiefland ist die Stele 29 aus Tikal.[1] Ihre kalendarische Inschrift gibt nach dem meist gebräuchlichen Umrechnungsfaktor (der von den Forschern Goodman, Martinez und Thompson entwickelten Korrelation) den 6. Juli des Jahres 292 n. Chr. als Tag der Anfertigung oder Errichtung des Monumentes an. Dieses Datum fällt aber schon in die beginnende klassische Epoche.

Glaubte man lange Zeit, daß die Hieroglyphenschrift der Maya

---

1 Linda Schele (1985 : 135-138) zeigte auf einem Konferenzbeitrag, daß das Datum der sogenannten »Hauberg-Stele« rund hundert Jahre älter ist als das von Tikal St. 29. Vorausgesetzt ihre Entzifferung des Datums ist korrekt, so trägt dieses Monument wahrscheinlich das Datum 10. Oktober 199 n. Chr. Der Fundort der »Hauberg-Stele« ist unbekannt.

im Tiefland »erfunden« worden sei, so weiß man heute durch neue Funde aus den Ruinenorten El Baul und Abaj Takalik an der dem Pazifik zugewandten Küstenniederung Guatemalas, daß dort viel früher genau datierte Monumente im Stil der Maya-Stelen entstanden. Die Stelen wurden in dem Zeitraum zwischen 36 v. Chr. und 126 n. Chr. errichtet.

Wahrscheinlich aber sind auch in diesem Teil Guatemalas Schrift und Kalender nicht aus sich heraus entstanden, sondern empfingen Anregungen von der in Oaxaca blühenden Kultur der Zapoteken, die bereits mehrere Jahrhunderte vor der Zeitwende Schrift und Kalender kannten.

Etwa in der Mitte des dritten nachchristlichen Jahrhunderts setzt in der heute von Regenwald eingenommenen guatemaltekischen Provinz El Petén, im Nordwesten Honduras', den mexikanischen Bundesstaaten Chiapas, Tabasco, Campeche, Yucatán und Quintana Roo sowie in Belize die Zeitepoche ein, die wir als die »klassische Periode« der Mayakultur bezeichnen. Kennzeichen des Überganges von der formativen zur klassischen Periode ist die Einführung des falschen Gewölbes (=Kragsteingewölbe) und die rasche Ausbreitung des Stelenkultes. Beide Elemente können geradezu als »Leitfossilien« für die Ausbreitung der klassischen Mayakultur betrachtet werden.

Die Bevölkerung der bereits in der formativen Periode existierenden Städte wächst in der klassischen Periode sprunghaft an. Immer neue Städte werden gegründet. Die Gründung der Städte läßt sich annähernd genau datieren, denn in jedem neuen Ort mit zentralörtlichen Funktionen begannen die Herrschenden mit der Aufstellung von datierten Stelen. Die erste Stele in Tikal wird 292 n. Chr. errichtet, es folgen Uaxactun (328 n. Chr.), Xultun (336 n. Chr.), Yaxha (355 n. Chr.) und El Zapote (378 n. Chr.). Bis heute sind etwa 150 Orte bekannt, in denen datierte Monumente errichtet wurden. Die Zahl der Orte, in denen überhaupt Hieroglyphen-Inschriften existieren, also auch nicht-kalendarische Inschriften, ist erheblich höher. Eine kürzlich von Ian Graham zusammengestellte Liste nennt etwa 280 Inschriftenorte, und unter Hinzurechnung einiger neu entdeckter Inschriftenorte erhöht sich die Zahl wohl auf dreihundert. Wie viele Ruinenstädte mit Inschriften noch im Urwald verborgen sind, weiß niemand zu schätzen.

Die große Anzahl der Orte mit Hieroglyphen-Inschriften und Monumentalbauten deutet auf eine sehr hohe Siedlungsdichte hin.

Landwirtschaft und Subsistenz

Man schätzt heute, daß in der klassischen Zeit nicht weniger als fünfzehn Millionen Menschen in dem heute dünnbesiedelten südlichen Tieflandgebiet lebten. Sogar in den ländlichen Regionen des Tieflandes erreichte nach Berechnungen von Archäologen die Zahl der dort lebenden Menschen eine Dichte von bis zu 210 Einwohnern/km^2. Eine solche Bevölkerungsdichte konnte nur durch eine hochentwickelte Landwirtschaft getragen werden, in der künstliche Bewässerung mit Terrassen und Kanälen, intensiver Gartenbau und die Kultivierung von ertrag- und nährstoffreichen Pflanzenarten eingesetzt wurden. Obgleich zu allen Zeiten der Anbau von Mais im Brandrodungsfeldbau auf wechselnden Feldern im Mittelpunkt der Subsistenz stand, wurden in der klassischen Zeit verschiedene andere Kulturgewächse extensiv angebaut, wie Bohnen, Kürbisse, Maniok, Süßkartoffeln, Avocados, Chilipfeffer, Kakao und die Jícama (eine Knollenfrucht). Darüber hinaus lieferten die Früchte des wildwachsenden Brotnußbaumes eine Ergänzung der begrenzten Nahrungsressourcen. Als Eiweißlieferanten wurden Truthähne gezähmt, man jagte Vögel, Affen und die kleinen mittelamerikanischen Hirsche. Durch Funde von Muschelschalen, Rückständen von Meerestieren, Süßwasserschnecken und Fischen weiß man, daß auch diese Tiere der Ergänzung der Proteinversorgung dienten.

Die herrschende Elite

Die Organisation der Produktion und Verteilung von Nahrungsmitteln über eine so dichte Bevölkerung muß von zentralen Verwaltungsstellen übernommen worden sein. Malereien auf Keramiken mit Darstellungen von Palastszenen und die sozialräumliche Organisation der Städte machen einen hohen Grad der sozialen Differenzierung innerhalb der Bevölkerung wahrscheinlich. Die Hieroglypheninschriften auf Steinmonumenten und Keramiken weisen auf eine bedeutende Adelsschicht hin, die in den Bauwerken der Stadtanlagen residierte und aus deren Reihen sich religiöse und weltliche Funktionäre rekrutierten. Der weltliche Herrscher scheint zugleich die Funktion eines obersten Priesters gehabt zu haben. Jedenfalls gibt es keinerlei Anzeichen dafür, daß an der Spitze der Maya-Gesellschaft zwei Personen gestanden hätten, die religiöse und säkulare Aufgaben getrennt voneinander wahrnahmen. Dafür zeigen zahlreiche Darstellungen, daß Herrscher religiöse Zeremonien vollzogen, Blut opferten und auf viele Weise ihre besondere Stellung gegenüber der göttlichen Welt betonten. Die Herrschergewalt wurde, wie wir aus den entzifferten Teilen der Inschriften wissen, meist patrilinear vererbt. Die Inschriften berichten davon, daß bereits Kinder im Alter von sechs Jahren zu Herrschern ernannt werden konnten. Die Mitglieder der adligen Elite hatten eine sehr hohe Lebenserwartung, die durch ihre privilegierte Versorgung zu erklären ist. Zahlenmäßig gering war die Elite dennoch der bestimmende und alles organisierende Faktor des öffentlichen Lebens. In den Städten gab es wohl auch eine Mittelschicht, die hauptsächlich aus Handwerkern, Händlern, Tempelbediensteten und Beamten bestand. Diese lebten nicht im Zentrum der Städte, sondern in einem Ring darum. Noch weiter vom Stadtzentrum entfernt lagen die Strohhütten der Bauern, der an Menschenzahl bedeutendsten Schicht. Sie sicherte die Versorgung mit Grundnahrungsmitteln und leistete Fronarbeit bei dem Bau von Tempeln und Palästen.

Die politische Organisation

Nicht alle der heutigen Ruinenorte waren in der klassischen Zeit zentrale Orte mit gleichzeitiger ständiger Wohnbevölkerung, also das, was wir heute »Stadt« nennen würden. Zu den richtigen Städten mögen Tikal, Naranjo, Uaxactun, Copán, Yaxchilan, Toniná und noch einige Orte mehr gezählt haben. Daneben gab es Hunderte kleinerer Orte, deren Monumentalbauwerke in erster Linie dem Kult dienten.

Während man vor fünfzig Jahren für die klassische Mayakultur die Bezeichnung »Altes Reich« gebrauchte, weiß man heute, daß es nie ein »Mayareich« gegeben hat. Das Tiefland war zersplittert in voneinander unabhängige Polis (Stadtstaaten), die keiner Zentralgewalt hörig waren. Verschiedene Forscher glauben, daß das Tiefland in vier Provinzen unterteilt war. Dieses Modell stellt sich jedoch immer mehr als unbrauchbar heraus, und andere Forscher nehmen an, daß es etwa fünfzehn mehr oder weniger gleichrangige Stadtstaaten gab, die keineswegs in friedlicher Koexistenz nebeneinander lebten. Der alte Glaube, daß die Maya ein weltfernes, nur an intellektuellen Problemen und Astronomie interessiertes Volk gewesen seien, wurde in den letzten Jahren gründlich widerlegt. Die Inschriften berichten, daß Kriege gegen benachbarte Fürstentümer zu den wichtigsten Unternehmungen von Herrschern gehörten. Eine andere Form der Außen»politik« waren Heiratsallianzen, in denen Fürstenfamilien ihre Söhne und Töchter in benachbarte Dynastien einheiraten ließen. Durch solche Allianzen gewannen auch Frauen große Bedeutung in der Politik.

Ein Ereignis, dessen Hintergründe trotz jahrzehntelanger Forschung immer noch ungeklärt sind, ist der Zusammenbruch der klassischen Mayakultur gegen Ende des 9. Jahrhunderts n. Chr. Der Zusammenbruch vollzieht sich nicht plötzlich, sondern führt zu einem sich über Jahrzehnte hinziehenden Exodus: immer mehr Städte und Kultzentren werden verlassen. Symptome dieser Kulturwende sind die Aufgabe des Stelenkultes, die Beendigung aller baulichen Tätigkeiten, aller zeremonieller Aktivitäten und das Nachlassen in der Produktion polychromer Keramik. Da Stelen, Steinbauwerke und polychrome Keramik Elemente der »Elitekultur« sind, muß man wohl an die Entmachtung oder den Exodus der führenden Adelsschichten denken. Die Städte selbst scheinen noch lange Zeit nach der Beendigung der kulturellen Aktivitäten von einer Bevölkerung besiedelt gewesen zu sein, die mit dem Kult, dem Kalender und der Religion nicht mehr vertraut war. Die Ursachen für diese Vorgänge bieten schon seit langem Anlaß zu heftigen Spekulationen.

Verschiedene Forscher machen die Überbevölkerung des Tieflandes und die daraus resultierende Knappheit der Ressourcen für den Niedergang verantwortlich. Als mögliche Ursachen wurden auch ins Feld geführt: eine einseitige Ernährung, Proteinmangel, die Auslaugung des Urwaldbodens, Klimaveränderungen, Heuschreckeneinfälle, Erdbeben, Krankheiten und Epidemien, ferner eine allgemeine Dekadenz des Adels, die Invasion mexikanischer Krieger, der Abbruch von Handelsbeziehungen und sogar die Einwirkung von außerirdischen Lebewesen. Die bunte Palette der Spekulationen zeigt die Hilflosigkeit der Forscher vor diesem Problem.

Die postklassische Periode

Mit dem Zusammenbruch der klassischen Mayakultur im südlichen Tiefland beginnt eine neue Periode in der kulturellen Entwicklung der Mayavölker. Sie vollzieht sich in jeder Region unterschiedlich. Allgemein beginnt jedoch um 900 n. Chr. eine Zeit der kulturellen Umwälzungen in ganz Mesoamerika, als deren Ergebnis sich die Kulturen der postklassischen Periode ausprägen. Dieser Wechsel vollzieht sich in Yucatán anders als im Gebiet des südlichen Tieflandes, in dem es nach dem Kollaps der klassischen Mayakultur zu keinem neuen Aufblühen mehr kommt.

In den mexikanischen Bundesstaaten Campeche, Yucatán und Quintana Roo bestanden schon in der klassischen Zeit große Städte, die sich weniger durch Inschriftenmonumente als durch eine ganz eigenwillige Architektur auszeichnen. Diese Architektur, unter dem Namen »Puuc«- und »Chenes«-Stil bekannt, kann als architektonischer Höhepunkt der Mayakultur angesehen werden.

Der Puuc-Stil hält sich bis etwa 1000 n. Chr. Sein Ende ist weniger die Folge eines Exodus als die der Invasion mexikanischer Krieger aus dem zentralmexikanischen Hochland unter ihrem legendären Führer Quetzalcoatl. Darf man postkolonialen Maya-Chroniken Glauben schenken, so fand diese Invasion in einem Katun 4 Ahau, der 987 n. Chr. endete, statt. Leider korrelieren die Beschreibungen dieser Ereignisse aus der Kolonialzeit nicht immer mit den archäologischen Befunden, so daß eine Rekonstruktion der postklassischen Geschichte mit vielen Widersprüchen zu kämpfen hat. Der legendäre Kukulcán (d. i. die Maya-Übersetzung von Quetzalcoatl) riß jedenfalls die Macht an sich und gründete am Rande eines natürlichen Karstbrunnens seine neue Hauptstadt Chichén Itzá, »am Brunnenmund der Itzá«. Die mexikanischen Invasoren vermischten sich bald mit den Maya, und so kam es auch in der Kunst zu einem einzigartigen Maya-mexikanischen Mischstil, der nirgendwo im Mayagebiet eine Entsprechung hat. Chichén Itzá wurde bald zu einer prächtigen Stadt, mußte aber schon in einem 1224 n. Chr. endenden Katun 4 Ahau verlassen werden, da ein neues Volk die historische Bühne betrat: die Itzá.

Nach historischen Überlieferungen waren die Itzá ein Maya-Volk, das stark von mexikanischen Einflüssen durchdrungen war. Ihre ursprüngliche Heimat soll im Gebiet des heutigen Tabasco gelegen haben, von wo sie in einem langen Marsch durch die Urwälder Yucatáns nach Chichén Itzá gelangt seien. Dort hielten sie sich aber nur kurz auf und gründeten in einem

Katun 13 Ahau, der 1283 endete, die Stadt Mayapán. Unter der Führung der Fürstenfamilie der Cocom bauten sie Mayapán zu einer großen mauerumgürteten Stadt aus und beherrschten von dort aus die gesamte Halbinsel. Mayapán war eine Metropole, in deren Mauern zeitweilig mehr als 20 000 Personen lebten. Die Vorherrschaft Mayapáns war nur kurz und kam etwa 200 Jahre nach Gründung der Stadt durch Streitigkeiten der Fürstenfamilien der Xiu, der Cocom und der Itzá zum Ende. Die Itzá wurden vertrieben und ließen sich am heutigen Lago Petén Itzá in Guatemala nieder, gründeten eine neue Hauptstadt mit dem Namen Tayasal und bewahrten bis 1697 ihre Unabhängigkeit. Noch heute leben in den zwei Dörfern San Andres und San José am Lago Petén Itzá etwa 300 Nachkommen dieses die Geschichte Yucatáns so prägenden Volkes.

Nachdem sich die Itzá aus Yucatán zurückgezogen hatten, folgte dort eine Periode der »Entmexikanisierung«. Mexikanische Götter und mexikanische Kunst verloren offenbar an Bedeutung. Die verbliebenen Anteile mexikanischer Bevölkerung waren so gering, daß sie in der viel größeren Maya-Bevölkerung vollständig aufgingen. In den hundert Jahren zwischen dem Fall von Mayapán und der Ankunft der Spanier war das nördliche Tiefland wieder in sechzehn rivalisierende Fürstentümer aufgesplittert.

Mit der Eroberung begann für die Maya ihr bis heute andauernder Leidensweg.

buluc ahau hulciob kul uinicob ti lakin. U yah-talzah-ulob u yax chun uay tac luumil coon Maya uinice

»11 Ahau (war der Katun), als die mächtigen Menschen aus dem Osten kamen. Sie waren die ersten, die Leiden brachten in unser Land, das Land der Maya« (*Chilam-Balam von Chumayel*, p. 77).

Die Handschriften

Die Quellen, die zur Rekonstruktion der Religion der Maya in der postklassischen Zeit, also etwa für das halbe Jahrtausend zwischen 1000 und 1500 n. Chr. herangezogen werden können, sind entweder Quellen aus der Zeit vor der spanischen Eroberung oder spätere aus den Jahrhunderten des Kontaktes der Maya mit Europäern. Die Quellen, die wir aus der Zeit vor der Eroberung besitzen, sind durch die Methoden der Archäologie erschließbar. Bei den Quellen aus der Zeit nach der Eroberung handelt es sich entweder um in lateinischer Schrift und in Spanisch oder Maya niedergeschriebene Texte oder um Quellen aus jüngster Zeit, die von Ethnologen gewonnen wurden. Dazu zählen Photographien moderner Maya-Zeremonien und Tonbandaufnahmen von Gebeten und Zaubersprüchen. Es ist offensichtlich, daß sich Quellen um so eher zur Rekonstruktion der vorspanischen Mayareligion eignen, wie sie in die Vergangenheit reichen. Die einzigen wirklich »originalen« Quellen zur vorspanischen Mayareligion können daher nur archäologisch gewonnene Quellen sein. Dazu gehören Tonfiguren, die Gottheiten abbilden, Wandmalereien und Malereien auf Gewölbe-Decksteinen, aber auch Tempelanlagen, die Rückschlüsse auf den Kult und die Bedeutung von Göttern zulassen.

In den vergangenen zehn Jahren sind die Malereien auf Keramiken als eine besonders ergiebige und komplexe Quelle zur Religion und Mythologie der alten Maya entdeckt worden. Auf zahlreichen Steinskulpturen werden Herrscher mit göttlichen Attributen oder Götter selbst dargestellt. Die wohl wertvollste Originalquelle für die Religion der vorspanischen Maya sind aber die drei erhaltenen handgeschriebenen Maya-Bücher, die heute in Europa aufbewahrt werden. Nur drei von ursprünglich Hunderten von Handschriften, die in Bibliotheken und Tempelarchiven der Maya gehütet wurden, haben die von den Conquistadoren in fanatischem Glaubenseifer initiierten Bücherverbrennungen überlebt. Die übriggebliebenen drei Handschriften heißen nach den Orten, in denen sie sich heute befinden, oder nach den Namen ihrer früheren Besitzer *Codex Dresdensis* (Sächsische Landesbibliothek, Dresden), *Codex Tro-Cortesianus* (Museo de América, Madrid) und *Codex Peresianus* (Bibliothèque Nationale, Paris). Jeder Codex besteht aus einem Stück Papier, das etwa 20–23 cm hoch und mehrere Meter lang ist. Das Schreibmaterial wurde aus den breitgeklopften und mit Stärkemasse bearbeiteten Fasern der Rinde eines Feigenbaumes (→ Copo) gewonnen. Um darauf schreiben zu können, überzog man den Untergrund mit einer weißen Kalkschicht. Der lange Streifen wurde dann in Leporelloart zusammengefaltet, so daß man einzelne Seiten in den Ausmaßen 8,5 x 20,5 cm (Codex Dresdensis) bis 12,6 x 24 cm (Codex Peresianus) erhielt. Die Seitenmaße des Codex Tro-Cortesianus liegen dazwischen. Die Blätter wurden anschließend auf beiden Seiten (oft auch mehrfarbig) bemalt und mit Hieroglyphenschrift beschrieben.

Der Codex Dresdensis ist der älteste und wohl auch schönste der drei Codices. Er ist auseinandergefaltet 3,4 m lang. Verschiedene Indizien sprechen dafür, daß er eine Abschrift einer Handschrift aus der klassischen Zeit ist. Über seine genaue Entstehungszeit herrscht keine Einigkeit; der englische Mayaforscher Sir Eric Thompson, der den Codex am gründlichsten studiert hat, datiert ihn zwischen 1200 und 1250 n. Chr. (THOMPSON 1972, p. 15–16).

Aus zwei Teilen besteht der Codex Tro-Cortesianus. Beide Teile wurden ursprünglich getrennt aufbewahrt, sie sind jedoch seit 1875 wieder vereint. Der Codex, der mit 7 m Länge doppelt so lang ist wie der Codex Dresdensis, ist gröber und nachlässiger in der Ausführung, weshalb man ihn auch später datiert (ca. Ende 15. Jh.).

Der Codex Peresianus wurde 1859 in einem Müllkorb der damaligen kaiserlichen Bibliothek zu Paris gefunden. Wie der Codex dorthin gelangen konnte, wird wohl für immer ein Rätsel bleiben. Er ist mit 1,4 Länge die kürzeste Handschrift und ist nicht vollständig erhalten. Die Malereien des Codex Peresianus sind im Laufe der Zeit erheblich verwittert, so daß die ursprüngliche Beschriftung und Bemalung nur noch im Mittelteil der Seiten zu erkennen sind. Stilistisch steht der Codex zwischen dem Codex Dresdensis und dem Codex Tro-Cortesianus. Er dürfte in der Zeit zwischen 1300 und 1500 n. Chr. entstanden sein.

Der Inhalt der drei Codices ist religiöser und astronomischer Natur: Almanache für Glücks- und Unglückstage; Listen von Tagen, an denen Krankheiten drohten; Almanache für die Landwirtschaft, für die Bienenzucht, die Winde und Regen; Ritualkalender für die Durchführung von Opferzeremonien; Tabellen von Venusphänomenen und Sonnenfinsternissen; Multiplikationstafeln für Kalenderberechnungen und Tafeln zur Ausführung von Neujahrszeremonien.

Die Hieroglyphenschrift der Maya

Kein anderes Volk auf dem amerikanischen Doppelkontinent hat jemals eine Schriftkultur entwickelt, die der der Maya vergleichbar wäre. Die Hieroglyphenschriften der Maya stellen die wertvollste Quelle über Geschichte, Leben und Denken der vorspanischen Maya dar, die wir besitzen. Tausende von Inschriften sind den Archäologen bis jetzt bekannt, und noch immer gibt der Urwald neue Ruinenstädte mit in Stein gemeißelten Botschaften preis. Die Materialien, auf denen die Maya ihre Texte schrieben, sind äußerst vielfältig. Das meistgebrauchte Material war Stein, aus ihm wurden Stelen, Altäre, Türoberschwellen, Treppen, Schmuckfriese und Gewölbeschlußsteine gehauen und mit langen Schrifttexten versehen. Neben Stein spielten aber auch Jade, Knochen, Obsidian, Holz und Muschelschalen als Schreibgrund eine wichtige Rolle, in die Hieroglyphen geritzt und geschnitzt wurden. Die Maya waren auch Kalligraphen, sie gingen sehr geschickt mit Pinsel und Farbe um, um auf Keramiken oder in Codices Hieroglyphentexte zu malen.

Die Maya benutzten ein Schriftsystem, das auf etwa 1000 Schriftzeichen beruhte. Die Forscher unterscheiden zwischen zwei Arten von Schriftzeichen: Hauptzeichen und Affixen. Ein Hauptzeichen ist gewöhnlich größer als ein Affix und hat eine ovale bis kieselsteinförmige Umrißlinie. Affixe sind, wie der Name sagt, an das Hauptzeichen »affigiert«, also angefügt. Affixe können vor, über, unter und hinter dem Hauptzeichen stehen. Nicht selten werden Affixe jedoch auch direkt in das Hauptzeichen eingefügt, dann nennt man sie »Infixe«. Die Maya machten wohl nicht immer eine klare Trennung zwischen Hauptzeichen und Affixen. Gelegentlich erscheinen Hauptzeichen als Affixe und umgekehrt.

Es gibt etwa gleichviele Affixe wie Hauptzeichen. Der erste, 1962 von Thompson angefertigte Hieroglyphenkatalog, der eine Liste aller damals bekannten Schriftzeichen in den Inschriften und Codices enthält, verzeichnet lediglich etwa 750 verschiedene Schriftzeichen. Die zahlreichen seitdem neu gefundenen Inschriftentexte auf Steinmonumenten und Keramiken erhöhen diese Zahl jedoch auf etwa 1000.

Die aus Affixen und Hauptzeichen zusammengesetzten Hieroglyphen werden paarweise von links nach rechts und in senkrechten Kolumnen gelesen. Die Lesrichtung von Schrifttexten ist:

1	2		7	8		11	12
3	4		9	10		13	14
5	6					15	16

Dieser Schreibstil, paarweise und in Kolumnen, bestimmt sämtliche Schrifttexte der frühen klassischen Zeit bis hin zu den relativ späten Texten der Codices.

Die Entzifferung der Hieroglyphenschrift der Maya war trotz der über hundert Jahre andauernden Forschungsarbeit nicht von Erfolg gekrönt. Obgleich man schon einige Textpassagen in Inschriften und Codices versteht, ist man noch nicht in der Lage, einen ganzen Abschnitt sprachlich zu lesen. Von vielen

Hieroglyphen, besonders wenn sie kalendarische oder historische Inhalte bezeichnen, weiß man die Bedeutung; dies heißt jedoch nicht, daß man deren sprachliche Umsetzung kennt. Es gibt zwar schon Entzifferungsvorschläge für viele Schriftzeichen, doch gibt es für jedes Schriftzeichen ebenso viele Lesungen wie Forscher. Nur mit größter Systematik und Klarheit und unter Einbeziehung der Ergebnisse der Sprachwissenschaft wird es eines Tages möglich sein, die Inschriften so zu lesen, wie sie ein Schriftgelehrter der Maya schreiben und verstehen konnte.

Kalendersystem und Venustafeln

Das Wachstum der Maispflanzen, das tägliche Leben, die Kriegszüge von Fürsten und die Erscheinungen des Himmels – sie waren ineinander vernetzt und verwoben, den Göttern gehorchend, die Zeit und Raum regierten. Das Gleichgewicht von Erde, Himmel und Unterwelt und das Fortbestehen der Zeitzyklen mußte durch kostbare Opfer, die die Götter forderten, täglich aufs neue gesichert werden. Kein Mais konnte wachsen, ohne daß ein Truthahn auf dem Feld den Wächtern des Waldes, des Regens und des Windes zur Speisung dargeboten wurde. Kein Kriegszug konnte erfolgreich enden, wenn der Fürst sich nicht durch tagelanges Fasten der Unterstützung der Götter der Venus und der Unterwelt versicherte. So war denn sowohl das Leben der Adligen wie auch das der einfachen Bauern von einer Unterwerfung unter die in Zyklen herrschenden göttlichen Mächte gekennzeichnet. Jeder, der die alte und die jetzige Mayakultur verstehen will, muß sich daher mit den Gesetzen bekannt machen, denen sich das Leben der Maya unterordnete, und die noch heute den Maya-Bauern im Dorf oder auf seinem Feld begleiten. Wenn auch Mathematik und Kalender für den einfachen Bauern keine Rolle mehr spielen, so ist dies doch die Wurzel, aus der auch die heutigen Götter wuchsen.

Die Mathematik der Maya

Die Maya kannten seit der formativen Periode ein Zeichen für »Null« und basierten ihre Mathematik auf dem Prinzip des Stellenwertes. Die Maya rechneten mit einem Vigesimal (= Zwanziger)-system, das heißt, daß die nächsthöhere Stelle erst nach der Vollendung der »Zwanzig« begann. Die nächsthöhere Stelle müßte logischerweise 20^2, also 400 sein, gefolgt von $20^3 = 8000$. Um ihre Mathematik aber dem Kalender anzugleichen, war die zweite Stelle nicht 20 x 20, sondern 20 x 18 = 360, eine Zahl, die nur um fünf niedriger ist als die Zahl der Tage des Sonnenjahres. Die nächsthöheren Einheiten folgten wieder dem Vigesimalsystem: 360 x 20 = 7200, und 7200 x 20 = 144 000.

Die Maya schrieben ihre Zahlen in zwei verschiedenen Notationen. Die einfachste war die Punkt-Strich-Notation. Dabei wurden die Zahlen »eins« bis »vier« als entsprechend viele Punkte geschrieben. Ein Balken bedeutete die Zahl »fünf«. Drei Balken und drei Punkte wurden gebraucht, um die Zahl 18 zu schreiben. Mit diesem System und unter Ausnutzung des Stellenwertes konnte jede Zahl platzsparend geschrieben werden.

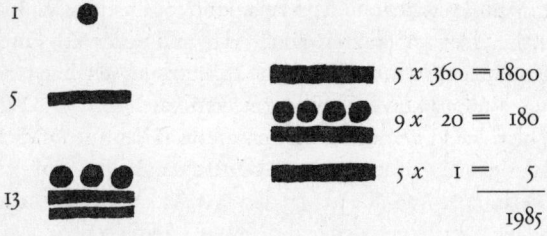

Eine andere Möglichkeit, Zahlen zu schreiben, war die Abbildung von Götterköpfen oder sogar von ganzen Personen. Da Zahlen keine abstrakten mathematischen Einheiten waren, sondern von Göttern beherrscht wurden, und da eine jede mit Bedeutungen und Vorzeichen assoziiert war (→ *Zahlensymbolik*), konnte man sie durch die sie personifizierenden Götter darstellen. In der klassischen Zeit war dieses System besonders ausgeprägt und fand vorrangig Verwendung beim Schreiben von Daten in der »Langen Zählung«. Die Götter der Zahlen waren:

eins – der Kopf der jungen Mondgöttin (→ *Göttin I*)

zwei – der Kopf eines jungen Gottes mit einer Hand als Kopfschmuck

drei – Kopf mit dem Zeichen *ik* »Wind«, der Kopf des Windgottes

vier – der Kopf des alten Sonnengottes (→ *Gott G*)

fünf – der Kopf des alten Gottes (→ *Gott N?*)

sechs – wahrscheinlich der Kopf des → *Gottes B,* des Regengottes

sieben – der Kopf eines alten bärtigen Gottes mit großen Augen

acht – der Kopf des jungen Maisgottes (→ *Gott E*)

neun – der Kopf des → *Gottes CH*

zehn – der Schädel des Todesgottes (→ *Gott A*)

Die Kopfvarianten der Zahlen elf bis zwanzig schrieb man als Kombinationen der Zahlen eins bis neun, denen man die Unterkiefer des Todesgottes für die Zahl zehn zufügte.

Der Kalender der Maya

Es gibt nicht *den* Kalender der Maya, sondern drei miteinander verzahnte Zyklen: einen Zyklus zu 260 Tagen, einen Zyklus zu 365 Tagen und eine ununterbrochene Zählung der seit einem bestimmten Nullpunkt der Chronologie verflossenen Tage. Diese drei Zyklen liefen wie drei ungleich große Räder in ständiger Drehung nebeneinander und miteinander her.

Die »Lange Zählung«

Die »Lange Zählung« war eine ebenso einfache wie geniale »Erfindung« der Maya. Sie basierte auf der Zählung aller Tage, die seit einem genau fixierten »Nullpunkt« des Kalenders vergangen sind. Gezählt wurden die Tage mit Hilfe des oben beschriebenen Vigesimalsystems.

Dabei hatten die Zeiteinheiten besondere Namen:

der Tag *kin*

der Monat *uinal*	=	20 *kin*	=	20 Tage
das Jahr *tun*	=	18 *uinal*	=	360 Tage
die Periode *katun*	=	20 *tun*	=	7 200 Tage
die Periode *baktun*	=	20 *katun*	=	144 000 Tage.

Diese Einheiten reichten zur Fixierung aller gewöhnlichen Daten aus. Für Rechnungen in die Vergangenheit und in die Zukunft kannte man jedoch noch weitere Einheiten bis hin zum *alautun* (230 400 000 000 Tage). Nach der (»Goodman-Martinez-Thompson-Korrelation«[1], die allen Datenangaben in diesem Buch zugrunde liegt, datiert der Anfangspunkt des Mayakalenders auf den 10. August 3114 v. Chr. Das Datum kann kaum auf ein aufgezeichnetes historisches Ereignis zurückgehen, sondern ist wahrscheinlich ein nachträglich errechneter mythischer Ausgangspunkt der Zeit. Mit Kenntnis dieses Ausgangspunktes läßt sich ein Datum des Mayakalenders leicht in unsere Zeitrechnung konvertieren. Als Beispiel ist hier eines der Daten der Eröffnungsseite der Venustafeln des Codex Dresdensis (Seite 25) gewählt:

9 *baktun*	=	9 x 144 000 Tage =	1 296 000 Tage
9 *katun*	=	9 x 7 200 Tage =	64 800 Tage
9 *tun*	=	9 x 360 Tage =	3 240 Tage
16 *uinal*	=	16 x 20 Tage =	320 Tage
0 *kin*	=	0 x 1 Tag =	0 Tage
			1 364 360 Tage

Das Datum auf Seite 24 bezeichnet also einen Tag 1 364 360 Tage nach dem 10. August 3114 v. Chr. als Äquivalent des Mayadatums in unserem Kalender, das entspricht dem 6. Februar 623. Die Fixierung von Daten in der Langen Zählung, die in der klassischen Zeit so weit verbreitet war, erscheint in den drei Handschriften nur noch im Codex Dresdensis.

---

[1] Ein nach drei Mayaforschern benannter Umrechnungsfaktor für Daten des Mayakalenders in unsere Zeitrechnung.

Die Kalenderrunde

Eine andere Methode um Daten aufzuschreiben war die von
Forschern so benannte »Kalenderrunde«. Eine Kalenderrunde
ist aus zwei verschiedenen Kalenderzyklen zusammengesetzt:
dem 260tägigen Ritualzyklus und dem 365tägigen angenäherten
Sonnenjahr. Beide Kalenderzyklen waren bei allen Völkern
Mesoamerikas seit der formativen Periode bekannt und bestehen in Teilen Mexikos und Guatemalas noch heute. Der
260tägige Kalender war in erster Linie ein Ritualkalender, der
augurischen Zwecken diente. Die Funktionsweise des 260tägi-
gen Kalenders ist äußerst einfach: es gab zwanzig Tageszeichen,
diese wurden mit den Zahlen 1 bis 13 gekoppelt. Nachdem jedes
Tageszeichen einmal mit jeder Zahl von 1 bis 13 verbunden war,
war ein Zyklus von 260 Tagen vollendet. Der »erste Tag« des
Kalendes war ein Tag 1 Imix, darauf folgte 2 Ik, 3 Akbal, 4 Kan
usw. bis 13 Ben, nachdem man wieder mit 1 zu zählen begann: 1
Ix, 2 Men usw. Die Hieroglyphen der zwanzig Tageszeichen hat
uns Diego de Landa überliefert (siehe S. 199). Sie kommen auch
in einigen Chilam-Balam-Büchern vor. Die Bedeutungen der
Tageszeichen waren in Mesoamerika weitgehend gleich, die
Namen wurden lediglich in die jeweilige Sprache übersetzt. Oftmals läßt sich schon aus dem Namen eines Tageszeichens erse-
hen, welche augurische Bedeutung es hatte und welcher Gott
über den Tag herrschte. Das Tageszeichen Cimi etwa bedeutet
im yucatekischen Maya »Tod«, und es wurde von Gott A, dem
Todesgott beherrscht. Die Tagesgötter beeinflußten das Geschehen des Tages, und Neugeborene standen zeitlebens unter dem
Vorzeichen, das ihnen ihr Geburts-Tageszeichen verhieß.

Einen ganz anderen Charakter hat der heute weitgehend ver-
schwundene 365tägige Kalender, der aus 18 Monaten zu zwanzig
Tagen und einem Kurzmonat zu fünf Tagen bestand. Mit 365
Tagen ist dieser Zyklus dem um einen Vierteltag längeren Sonnenjahr angenähert. Da die Maya kein Schaltjahr einfügten, verschob sich der Jahresbeginn gegenüber dem Sonnenjahr etwa

alle vier Jahre um einen Tag. Die Hieroglyphen der Monate und ihre Namen sind ebenfalls von Diego de Landa und in den Chilam-Balam-Büchern festgehalten. Die Monate wurden von »eins« bis »zwanzig«[1] einzeln durchgezählt, nur der letzte Monat mit dem Namen Uayeb galt als unglückbringend und hatte nur fünf Tage.

Nach dem Ablauf von 365 Tagen kehrte der erste Tag des Jahres wieder. Für sich genommen waren also beide Kalenderzyklen ungeeignet, um Daten so zu fixieren, daß eine Verwechslung ausgeschlossen war. Die Maya lösten dieses Problem, indem sie beide Kalender zu einer sogenannten »Kalenderrunde« kombinierten. Jeder Tag des 260tägigen Kalenders wurde mit einem Tag des 365tägigen Jahres verbunden. Ein Tag 1 Imix aus dem 260tägigen Kalender konnte mit einem Tag 19 Cumku des angenäherten Jahres gekoppelt werden. Der folgende Tag mußte als Kalenderrunddatum 2 Ik »20« Cumku heißen, der nächste war 3 Abkal 1 Uayeb usw. Der Vorteil dieser Datierungsmethode war, daß ein beliebiges Datum erst nach 18 980 Tagen (= 52 Jahre zu 365 Tagen oder 73 Zyklen zu 260 Tagen) wiederkehren konnte. Das oben als Beispiel für ein Datum der Langen Zählung gewählte Datum auf Seite 24 des Codex Dresdensis muß als Kalenderrunddatum 1 Ahau 18 Kayab lauten.

Jahresträger, Farben und Weltrichtungen

Die Koppelung des 260tägigen Kalendes mit dem 365tägigen Jahr brachte weitere Möglichkeiten für Kalenderrechnungen mit sich. Nach Vollendung eines 365tägigen Jahres war ein ganzer Zyklus zu 260 Tagen und weitere 105 Tage eines zweiten solchen Zyklus abgelaufen. Daraus ergibt sich, daß sich nach Vollendung eines Jahres von 365 Tagen die Jahresanfangstage im 260-tägigen Kalender um fünf Stellen verschoben, so daß von den

---

1 Tatsächlich benutzten die Maya nicht die Zahl »zwanzig« für die letzte Position eines Monats, sondern nannten den letzten Tag »Vollendung des Monats« oder »das Setzen des neuen Monats«.

zwanzig Tageszeichen nur vier auf die Anfänge des 365tägigen Jahres fallen konnten (365 : 20 = 18, Rest 5). Der Koeffizient des Tageszeichens im 260tägigen Kalender verschob sich bei Beginn des angenäherten Sonnenjahres dagegen nur um eine Position (365 : 13 = 28, Rest 1). Erst nach 52 Jahren, nachdem jedes der vier Tageszeichen für den Jahresbeginn einmal mit jedem Koeffizienten von 1 bis 13 verbunden war, erhielt der Tag des Jahresanfangs wieder den Koeffizienten und das Tageszeichen des ersten Tages des ersten Jahres. Die vier Tageszeichen des 260tägigen Kalenders, auf die der Beginn des 365tägigen Jahres fallen kann, heißen noch heute »Jahresträger«. Aufgrund von detaillierten Beschreibungen von Jahresträger-Zeremonien bei Diego de Landa konnten in allen drei Codices Seiten identifiziert werden, die die Riten bei der Ablösung der Jahresträger zum neuen Jahr darstellen. Der Beginn des neuen Jahres, ein Tag 1 Pop im 365tägigen Jahr, konnte entweder auf die Jahresträger Akbal, Lamat, Ben und Edznab (Codex Dresdensis, Codex Peresianus) oder auf die Tage Kan, Muluc, Ix und Cauac (Codex Tro-Cortesianus) fallen.

Diego de Landa berichtet uns, daß das System der Jahresträger dazu diente, den das Jahr beherrschenden Gott herauszufinden

Ein Jahresträger-Gott trägt Gott K auf dem Rücken (Codex Dresdensis S. 25).

und so das für das Jahr zu erwartende Schicksal prophezeien zu können. Zum anderen wurden laufende Jahre nach dem »amtierenden« Jahresträger benannt. Aus den Seiten 25 bis 28 des Codex Dresdensis geht hervor, daß jeder Jahresträger mit einer Farbe und einer der Himmelsrichtungen assoziiert war. Im obersten Abschnitt der vier »Neujahrsseiten« ist ein Opossumgott dargestellt, der einen Zeremonialstab in der rechten und einen Wedel (?) in der linken Hand hält. Auf dem Rücken trägt er ein Bündel, in dem jedesmal ein anderer Gott sitzt. Wahrscheinlich zeigen diese vier Bilder die von Landa beschriebenen Prozessionen, bei der das Bild des im letzten Jahr herrschenden Gottes gegen das Bild des im neuen Jahr regierenden Gottes ausgetauscht wird.

Der Hieroglyphentext oberhalb der unteren Szenen auf den Neujahrsseiten nennt die vier Himmelsrichtungen, die mit den vier Jahresträgern assoziiert waren:
S. 25: Ben/Osten, S. 26: Edznab/Süden, S. 27: Akbal/Westen, S. 28: Lamat/Norden. Die vier Himmelsrichtungen wiederum waren mit vier Farben verbunden:

Osten *(lakin)* – rot *(chac)*
Süden *(nohol)* – gelb *(kan)*
Westen *(chikin)* – schwarz *(ek)*
Norden *(xaman)* – weiß *(zac)*

Im Codex Peresianus sind die Seiten, die die Jahresträger behandeln, zu verwittert, um Zuordnungen von Göttern, Farben und Weltrichtungen zu den Jahresträgern zuzulassen.

Im Codex Tro-Cortesianus, der das Kan-Muluc-Jahresträgersystem verwendet, ist auf den Seiten 75 und 76 eine Art »Welt-Zeit-Diagramm« dargestellt (siehe Seiten 16/17). Die Doppelseite ist in vier Teile und ein Mittelfeld gegliedert. Jedes der vier Teile ist einer Himmelsrichtung zugeordnet. Jede Himmelsrichtung ist wiederum einem Abschnitt von 65 Tagen (4 x 65 = 260), zwei Göttern, fünf der zwanzig Tageszeichen und einem Jahresträger zugeordnet:

Westen: Caban/Ben/Muluc/Chichan/Imix – Gott D und Göttin O

Süden: Edznab/Ix/Oc/Cimi/Ik – zwei junge (?) Götter

Osten: Cauac/Men/Chuen/Manik/Akbal – Gott D und ein junger Gott

Norden: Ahau/Cib/Eb/Lamat/Kan – Gott A und Gott Q

Die Verbindung von Himmelsrichtungen zu Tageszeichen ist verschieden von der Kombination der Jahresträger mit den Himmelsrichtungen. Interessant an diesem Welt-Zeit-Diagramm ist die Darstellung eines Menschenopfers im Feld der Himmelsrichtung Norden. Gott A, der Todesgott und Gott Q, möglicherweise Gott des Opfers und des Krieges, sitzen zu beiden Seiten eines über einem Opferstein gekrümmten Menschen, in dessen hevorgewölbtem Brustkorb eine blutende Wunde, verursacht durch ein Feuersteinmesser, klafft. Leider sind die Darstellungen in den anderen Feldern entweder zu verwittert oder noch nicht schlüssig zu deuten, so daß eine Zuordnung von Himmelsrichtungen zu bestimmten Formen des Opfers rein spekulativ wäre.

U Kahlay Katunoob – Das Erinnern der Katune

Für die Maya der klassischen und der postklassischen Zeit war der Katun, die Zeiteinheit von 20 Jahren zu 360 Tagen, von größter Bedeutung. Ein Katun erhielt seinen Namen nicht von dem Tag, an dem er begann, sondern von dem Tag, auf dem er endete. Dieser Tag konnte aufgrund der Struktur des Kalenders nur ein Tag Ahau sein. Der Koeffizient des Tages Ahau nahm von einem Katun auf den folgenden um zwei ab, so daß die Namen der Katunoob lauteten: 13 Ahau – 11 Ahau – 9 Ahau – 7 Ahau – 5 Ahau – 3 Ahau – 1 Ahau – 12 Ahau – 10 Ahau – 8 Ahau – 6 Ahau – 4 Ahau – 2 Ahau und dann wieder 13 Ahau. Daraus ergab sich, daß sich nach dreizehn Katunoob = 13 x 7200 Tage = etwa 256 unserer Jahre ein Katun gleichen Namens wiederholte.

Nun äußerte sich in jedem Katun die Macht von bestimmten Göttern. Kehrte ein Katun gleichen Namens nach 256 Jahren wieder, so erwarteten die Maya, daß sich die gleichen Einflüsse göttlicher Mächte erneut bemerkbar machten, ja sogar, daß sich bestimmte Ereignisse wiederholten. Trat ein neuer Katun ein, so befragten Priester und Herrscher der Maya ihre Almanache, welche Zukunft ihnen prophezeit sei. Aus den Ereignissen vergangener Katunoob gleichen Namens schlossen sie dann auf das zu erwartende Schicksal. Die Ursprünge der Katunprophezeiungen scheinen bereits im Frühklassikum zu liegen, und die Ergebenheit in das offenbarte Schicksal mag auch einer der Gründe gewesen sein, die zum Kollaps der klassischen Mayakultur beitrugen (GRUBE 1985).

In zwei der Mayahandschriften wird auf Katunprophezeiungen eingegangen: im Codex Dresdensis und im Codex Peresianus. Am interessantesten ist die Katunserie auf den Seiten 1 bis 13 des Codex Peresianus. Dort wird eine fast vollständige Katunserie, beginnend bei 4 Ahau abgebildet. Es fehlt allerdings die ursprünglich erste Seite, die den Katun 6 Ahau betraf. Jede Seite nennt in den langen Hieroglyphentexten die Namen der den Katun beherrschenden Götter, die zu erwartenden Ereignisse und Vorzeichen. In der Mitte jeder Seite sind zwei der den Katun regierenden Götter abgebildet.

Im Codex Dresdensis berichtet nur eine Seite, die Seite 60, über Ereignisse und Prophezeiungen anläßlich eines Katun. Diese Seite ist eine Darstellung kriegerischer Ereignisse in einem Katun 11 Ahau.

In Santa Rita, einem kleinen Ruinenort im Norden von Belize unweit der Stadt Corozal, gibt es einen Tempel mit Wandmalereien, die verschiedene Katungötter zeigen. Die Wandmalereien von Santa Rita sind den Zeichnungen im Codex Peresianus so ähnlich, daß viele Forscher die Herkunft dieser Handschrift aus der karibischen Küstenregion annehmen.

Kambalil Ekoob – Die Wissenschaft von den Sternen

Sterne bewegen sich über den Menschen, Sterne begleiten ihn durch die Zeit, sie zeigen den Wechsel der Jahreszeiten an, ihre Bahnen sind in den unendlich wiederkehrenden Zyklen der Kalender eingewoben.

Gestirne waren für die Maya keine unbelebten Massenkörper, sondern Götter. Der alte Sonnengott Ahau Kin (→ *Gott G*) und die junge Mondgöttin (→ *Göttin I*) wurden schon seit frühester Zeit verehrt. Neben Sonne und Mond war die Venus für die Maya von größter Bedeutung.

Wir wissen nicht mit Sicherheit, ob die Maya die Bahn der Sonne in Tierkreiszeichen einteilten. Es gibt nur Anhaltspunkte, einmal eine Textstelle im Codex Peresianus, zum anderen einen Schmuckfries über dem Türeingang des Ostflügels der Casa de las Monjas in Chichén Itzá. Demnach ist es möglich, daß die Maya die Bahn der Sonne in dreizehn Zodiakzeichen gliederten. Danach trat die Sonne alle 28 Tage in ein neues der dreizehn Sternbilder (13 x 28 = 364). Weitere Hinweise über die Existenz von Sternbildern erhalten wir aus kolonialzeitlichen Wörterbüchern. Den Namen *ac*, Schildkröte, hatte ein Sternzeichen in unserem Sternbild der Zwillinge, und die Pleiaden, die sich bei uns im Sternbild des Stieres befinden, wurden in der vorspanischen Zeit wie auch heute noch *tzab*, »Rassel der Klapperschlange«, genannt.

Chac Ek, Die Venus

Die wichtigste Erscheinung, die die Maya am Himmel beobachteten, war die Venus. Der Codex Dresdensis enthält auf den Seiten 24 und 46–50 ein ganzes Kapitel, das ausschließlich dem Lauf der Venus gewidmet ist, und vor allem den Daten, an denen sie in ihre unterschiedlichen Phasen eintritt. Jede der fünf Seiten im Codex Dresdensis 46–50 behandelt dreizehn Venusumläufe zu 584 Tagen, so daß die Venustabellen insgesamt einen Zeitraum von 5 x 13 x 584 Tagen = 37 960 Tage abdecken. Die

Maya wählten diesen Zeitraum wohl deshalb, weil 37 960 Tage genau 104 Jahre zu 365 Tagen und darüber hinaus 146 Zyklen zu 260 Tagen waren. Die Seite 24 ist eine Zusammenfassung der Tabellen von Seite 46–50 und verankert sie in die Lange Zählung.

Jede der fünf Tabellenseiten enthält in der linken Hälfte vier Kolumnen von verschiedenen Hieroglyphen und in der rechten Hälfte untereinander drei Bilder mit Begleittext. Die ersten dreizehn Zeichen in den Kolumnen sind Tage aus dem 260tägigen Kalender. Die weiteren Zeichen in den Kolumnen sind die Hieroglyphen der Himmelsrichtungen, mit den ihnen assoziierten Gottheiten, und die Hieroglyphe für den Planeten Venus. Die Zeitintervalle zwischen den vier Kolumnen auf jeder Seite sind von der ersten zur zweiten Kolumne 236 Tage, von der zweiten zur dritten Kolumne 90 Tage, von der dritten zur vierten 250 Tage und von der vierten zur ersten Kolumne 8 Tage. Zählt man die Intervalle zusammen, die in einer Zeile der vier Kolumnen enthalten sind, so erhält man 584 Tage (236 + 90 + 250 + 8 = 584). Es ist der Verdienst des Dresdner Bibliothekars Ernst Förstermann, die Bedeutung dieser Tabellen herausgefunden zu haben. Er erkannte in den Tabellen einen Kalender, nach dem die Maya die Phasen des Planeten Venus berechnen und vorhersagen konnten. Die Intervalle zwischen den vier Kolumnen jeder Seite können als die vier Venusphasen erklärt werden. Die Maya berechneten, daß die Venus 236 Tage als Morgenstern zu sehen sei und dann 90 Tage unsichtbar wird. Danach erschiene sie als Abendstern und leuchtete 250 Tage bis zu ihrer erneuten achttägigen Unsichtbarkeit, aus der sie wieder im Osten als Morgenstern erscheint. Die Zeitperioden, die die Maya für die einzelnen Venusphasen errechneten, stimmen nicht ganz mit den tatsächlichen astronomischen Phasen überein. Den Zeitintervallen lie-

---

1 Die zweimalige Unsichtbarkeit der Venus hängt damit zusammen, daß der Planet einmal von der Sonnenscheibe verdeckt wird (äußere Konjunktion) und ein anderes mal für einen Betrachter von der Erde vor der Sonne vorüberläuft (innere Konjunktion).

gen wohl noch andere, vielleicht mythologisch beeinflußte Konzepte zugrunde, die wir nicht kennen.

Hauptanliegen der Tabellen war es, die Daten vorherzubestimmen, an denen die Venus nach den acht Tagen ihrer Unsichtbarkeit in der unteren Konjunktion zum ersten Mal wieder als Morgenstern im Osten sichtbar wird. Das erstmalige Erscheinen des Morgensterns wurde von allen Völkern Mittelamerikas, besonders aber von den Maya gefürchtet und als unglückbringend angesehen. Die vierte, also letzte Kolumne von Tageszeichen auf jeder Seite gibt nun an, wann dieses Datum zu erwarten war. Auf jeder der fünf Seiten sind neben den Kalenderdaten, die diese Phase kennzeichnen, drei Bilder mit Beitexten zu sehen. Die Bilder und ihre Beitexte sind erstmals 1952 von dem Hieroglyphenforscher Thomas Barthel entschlüsselt worden (BARTHEL 1952). Er zeigte, daß das oberste Bild auf jeder Seite einen Venusregenten darstellt, der auf einem Himmelsthron sitzt und ein Gefäß in der Hand hält. Das mittlere und das untere Bild gehören zusammen. Im mittleren Bild wird der Gott des Morgensterns mit Speeren in der Hand gezeigt. Im unteren Bild ist das Opfer dargestellt, welches von den Speeren des Morgensterngottes durchbohrt wird. Die Vorstellung, daß der Morgensterngott mit Pfeilen auf verschiedene Opfer schießt, war in Mesoamerika weit verbreitet. In den aztekischen ‚Anales de Cuauhtitlan' finden wir nun eine Passage, die als (aztekisches) Äquivalent, als Erläuterung zu den Bildern des Codex Dresdensis dienen kann. Auch wenn die Tagesnamen verschieden und einzelne Götter anders sind, so sind doch die Parallelen so offensichtlich, daß der betreffende Textteil in der Übersetzung Walter Lehmanns herangezogen werden soll:

> »(Erst) nach acht Tagen kam (wieder) zur Erscheinung der große Stern, den man Quetzalcoatl nannte (d. i. der Morgenstern). Sie sagten, dann bestieg er den Herrscherthron (am Morgenhimmel). Und so sie es wußten, wenn er erscheint (aufgeht), je nach welchem Zeichen, in dem (er erscheint), schleudert er seine Strahlenpfeile auf ver-

schiedene Klassen von Wesen, schießt er sie (mit Pfeilen), zürnt er ihnen. Wenn er im Zeichen »1 Krokodil« kommt, schießt er die alten Männer, die alten Frauen. Ganz so, wenn (er aufgeht in) »1 Jaguar«, wenn (in) »1 Hirsch«, wenn (in) »1 Blume«, schießt er die kleinen Kinder. …«
(LEHMANN 1938: §§ 143–154)

Der Hieroglyphentext oberhalb der mittleren Bilder auf den Venusseiten kann zu einem Teil gelesen werden. Die Ähnlichkeit zu dem aztekischen Text ist dabei auffallend. Beispielhaft für einen dieser Beitexte sei hier der Text zum mittleren Bild auf Seite 50 des Codex Dresdensis in einer Lesung der Hieroglyphen gebracht:

il-lah-ah – la-kin-(ne)
es wird gesehen – im Osten

(c)a-ca-tu-na-la – chac ek
Acatunal – großer/roter Stern
(= Venus)

(Gott Q) – u lom
Gott Q – er durchbohrt

u-…–ca – …–…
(negatives Attribut) – ??

u-…–ca – ahau-(ua) hel
(negatives Attribut) –
Wechsel des Herrschers

u-mu-ca – (Gott E)
sein Geheimnis (?) – Gott E

»Wenn im Osten Acatunal als Venus(gott) gesehen wird, dann durchbohrt er Gott Q …«.

So unklar der Text am Ende ist, so deutlich bezeichnet der Anfang → *Gott Q* als das Opfer des Venusgottes Acatunal, dessen Name eine verballhornte Version des mexikanischen Venusgottes *ce acatl tunalli* »eins Rohr« ist (RIESE 1983).

Der Morgensterngott von Seite 46 ist der auch aus anderen Teilen des Codex Dresdensis bekannte → *Gott L.* Sein von einem Speer durchbohrtes Opfer ist → *Gott K.* Der Morgensterngott auf Seite 47 ist *Lahun Chan.* Sein Name geht eindeutig aus der Hieroglyphe hervor. Sein Opfer ist *chac balam,* der rote Jaguar. Unklar ist, welcher Morgensterngott auf Seite 48 abgebildet ist, da die Hieroglyphe bislang noch nicht gelesen werden kann. Die Hieroglyphe besteht aus fünf bis sechs Schriftzeichen, nach Riese (1983, S. 38) ein Indiz dafür, daß die Maya versucht haben, einen ihnen fremden (vielleicht aztekischen) Namen phonetisch zu schreiben. Das Bild zeigt einen Gott mit dem Kopf eines Nagetiers, einem Halsschmuck mit einer Muschel und dunklen Flecken auf den entblößten Stellen seines Körpers, die »Verwesung« bedeuten. Sein Opfer ist → *Gott E,* der junge Maisgott. Die Hieroglyphe des Morgensterngottes auf Seite 49 ist ebenfalls noch nicht entziffert. Der Gott hat eine Gesichtsbemalung aus waagerechten schwarzen Streifen, aus seinem Mund wächst der Kopf einer Schlange, sein Kopfputz besteht aus Federn und einem Vogelbalg, und er trägt einen Lendenschurz aus Jaguarfell. Wie alle Morgensterngötter hält er Speere und einen Atlatl, eine von mexikanischen Einwanderern nach Yucatán gebrachte Speerschleuder in den Händen. Sein Opfer ist eine Schildkröte. Die genaue Bedeutung der Opfer, vor allem die Frage, ob die Opfergestalten für bestimmte, vom Morgensterngott bedrohte Lebensaspekte standen, bleibt unbeantwortet.

Zu erwähnen bleibt noch, daß in den fünf Venustabellen zwei Sequenzen von zwanzig Göttern vorkommen. Die Götter in beiden Sequenzen sind identisch. Da sie in Verbindung mit den Hieroglyphen der Himmelsrichtungen auftreten, hat Thompson sie als »Richtungsgötter der Venus« bezeichnet. In jeder der vier Kolumnen einer Seite erscheinen zwei Namenshierogly-

1   2   3   4

5   6   7   8

9   10   11   12

13   14   15   16

17   18   19   20

NORDEN   WESTEN   SÜDEN   OSTEN

Der Venusgott Lahun Chan, »Zehn Himmel« (Codex Dresdensis S. 47– Venustafeln).

phen von Göttern. Von einigen Göttern sind nur deren Hieroglyphen bekannt, andere können mit Abbildungen häufig in den Handschriften vorkommender Götter identifiziert werden. Welche Funktion diese Götter im Zusammenhang mit den Himmelsrichtungen hatten, ist ebenfalls noch nicht geklärt.

Die Götter und ihre Attribute – Versuch einer Ikonographie

Die Erforschung der Götterwelt der Maya begann Ende des vergangenen Jahrhunderts, als die ersten Ansätze zum Verständnis des Kalenders und der Astronomie der Maya gelegt wurden. In der Zeit, als die Venus- und die Finsternistabellen im Codex Dresdensis entschlüsselt wurden, begann Paul Schellhas mit dem Studium der Göttergestalten in den drei erhaltenen Codices (SCHELLHAS 1904). Er erkannte, daß fast jeder Gestalt in den drei Handschriften eine, in wenigen Fällen auch mehrere Hieroglyphen zugeordnet waren, die ganz offensichtlich deren Namen bezeichneten. Um nicht von vorneherein durch spekulative Deutungen die Forschung in eine möglicherweise falsche Richtung zu bringen, verzichtete Schellhas auf die Benennung der Götter mit Mayanamen. Er führte statt dessen ein System von Buchstaben ein, mit dem jeder einzelne Gott bezeichnet wurde. Dieses System, obgleich es wenig anschaulich klingt, hat sich bis heute bewährt und wird in allen Arbeiten über die Götter der Codices angewendet. Es empfiehlt sich daher, es so lange weiter zu benutzen, bis wir die tatsächlichen Namen der dargestellten Götter durch die Lesung ihrer Namenshieroglyphen kennen. In einigen Fällen war jedoch eine Revision des Schellhasschen Systems notwendig, nämlich dort, wo er versehentlich verschiedene Götter nicht unterschieden und unter einem gemeinsamen Buchstaben zusammengefaßt hat. Das System der Bezeichnung von Göttern, das im folgenden angewendet wird, ist weitgehend das von Schellhas, unter Berücksichtigung der grundlegenden Arbeit über die Hieroglyphen und Götter der Codices von Günter Zimmermann (1956).

Die Anzahl der Götterabbildungen in den drei Handschriften beläuft sich auf mehrere hundert. Es können etwa dreißig verschiedene Götter identifiziert werden, rechnet man einige Tiergestalten, die eindeutig als Götter agieren, hinzu.

Bemerkenswert ist das Übergewicht der männlichen Göttergestalten. Etwa zwei Dutzend männliche Götter stehen zwei weiblichen Göttern gegenüber. Einer der weiblichen Gottheiten, der jungen Mondgöttin I, ist im Codex Dresdensis allerdings ein ganzes Kapitel gewidmet. Weit weniger häufig begegnet uns die alte Göttin O, die wahrscheinlich Patronin der Webkunst war. Aufgrund ikonographischer Kriterien läßt sich das Pantheon nochmals teilen: in zwei Generationen von Göttern. Die Götter der alten Generation (die Mehrzahl) haben, sofern sie keinen Kopfputz tragen, eine durch einen oder zwei Halbkreise von

Punkten dargestellte eigenartige Frisur; die Augen sind von einem U-förmigen Gebilde eingerahmt, das vielleicht die Tränensäcke darstellt; die Nase ist groß und kantig, und die Backen sind eingefallen, so daß die Kiefernknochen als Linie sichtbar sind. Oft wird im Mund noch ein einzelner Backenzahn gezeigt, ein Zeichen dafür, daß die Gottheit ansonsten zahnlos ist.

Wenn die für die Götter der alten Generation charakteristische Augenumrahmung tatsächlich Tränen darstellt, so läßt sich daraus ein Wortspiel ableiten, das zur Erklärung dieses Attributes dienen könnte. Im kolonialzeitlichen Maya von Yucatán heißen Tränen *itz*. Nun gibt es in der gleichen Sprache den Wortstamm *idz*, der als Adjektiv *idzat* die Bedeutung »gelehrt, weise, zauberkräftig« hat. Vielleicht sollte durch die ähnlichen Laute eine im Alter erworbene Weisheit und besondere Wirksamkeit in der Durchführung göttlicher Handlungen unterstrichen werden.

Die Götter der jungen Generation zeichnen sich durch mandelförmige Augen, eine hohe und deformierte Stirn und eine lange Nase mit einem stark betonten Nasenbein aus.

Weibliche Gottheiten unterscheiden sich von den männlichen Gestalten durch die groß dargestellte weibliche Brust, die Kleidung (die alte Göttin O ist stets mit einem Wickelrock gemalt) und durch die Frisur. Diese ist mit für beide weibliche Gottheiten typischen Attributen versehen und soll daher im Zusammenhang mit den Göttinnen selbst näher beschrieben werden.

Neben solch generellen, Geschlecht und Alter der Götter betreffenden Merkmalen gibt es noch eine große Anzahl von Attributen, die ausschließlich individuelle Eigenschaften der jeweiligen Gestalten bezeichnen. Diese Attribute manifestieren sich besonders in der Form des Kopfputzes, der Körperbemalung, der Ohrringe, der Kleidung und im Schmuck der Göttergestalten.

Die Form von Götterdarstellungen und ihrer Hieroglyphen variiert in den drei Codices erstaunlich wenig. Anscheinend gab es ein einheitliches Pantheon in weiten Gebieten der Halbinsel Yucatán. Es ist auch erstaunlich, wie wenig die individuelle

Hand der Schreiber und Künstler in den Codices sichtbar wird. Die an der Herstellung eines Codex beteiligten Künstler mußten sich wohl an einen strengen Formenkanon halten, der nur in wenigen Fällen freie schöpferische Entfaltung gewährte. Aufgrund von Stilvergleichen konnte Zimmermann (1956: Tafel 5) nachweisen, daß am Codex Dresdensis wohl acht verschiedene Schreiber beteiligt waren.

Die Zeichnungen in den Codices scheinen auf das wesentliche beschränkt zu sein. Es fehlt der Hintergrund, nur dort, wo bestimmte Situationen ein spezielles »Setting« erfordern, wird dieses als stilisierte und standardisierte Darstellung etwa eines Tempels oder eines Maisfeldes gegeben. Den Maya der vorspanischen Zeit scheint schmückendes Beiwerk als Bestandteil der Ikonographie völlig fremd gewesen zu sein. Jedes Zeichen, jede Veränderung der Darstellung und jede Farbe waren offensichtlich bedeutungsvoll. Jede Veränderung in der Darstellung von Göttern muß in einer Beschreibung der Göttergestalten berücksichtigt werden. Leider aber wissen wir von kaum einem der Bildzeichen, welchen Sinngehalt es für die Maya trug. Wir sind daher für die Deutung von Attributen fast ausschließlich auf Spekulationen angewiesen.

Ein weiteres Problem, das die Mayaforschung schon seit mehreren Jahrzehnten beschäftigt, ist die Identifizierung der Götter in den Codices mit den in anderen Quellen erwähnten Göttern. Lassen sich diese Götter mit denen, über die wir Dokumente in lateinischer Schrift besitzen, in Verbindung bringen? Nur wenige Götter der Codices konnten bis jetzt überzeugend gedeutet werden. Und selbst bei einer erfolgreichen Deutung der gezeichneten Gestalt war es nicht immer möglich, auch die entsprechende Namenshieroglyphe zu entziffern. Vielleicht erklären sich die Schwierigkeiten in der Parallelisierung der Götter der Codices mit den Göttern der Chilam-Balam-Bücher durch die Tatsache, daß die Götter der Codices vielfach bereits in klassischer Zeit verehrt wurden und auf sehr alte Traditionen zurückzuführen sind.

Jeder Versuch der Entzifferung der Namenshieroglyphen von Göttern der Codices sollte daher auf die Sprachen zurückgreifen, die wahrscheinlich zur Zeit der klassischen Mayakultur im Tiefland gesprochen wurden. Heute nimmt man an, daß dies die yucatekischen Sprachen, wie yucatekisches Maya, Lakandon, Itzá und Mopán, sowie Sprachen der Chol-Gruppe, wie Chontal, Chol und Chorti, waren. Diese Sprachen werden noch heute gesprochen, und für einige von ihnen gibt es Wörterbücher und Grammatiken. Ihre Verwendung stößt aber auf das Problem, daß sie zum größten Teil von eifrigen Missionaren geschrieben wurden, denen die alten Götter »Teufelszeug« waren, die nicht in ein Lexikon aufgenommen werden durften.

Gott B, der Regengott

Der in allen drei Codices am häufigsten abgebildete Gott ist Gott B, eine Gestalt, die gemeinhin als Regengott gedeutet wird. Sie erscheint allein im Codex Dresdensis 134mal, mehrere Kapitel in der Handschrift scheinen ausschließlich ihr gewidmet zu sein (Seiten 29–44 und 65–69). Das individuelle Attribut von Gott B, das ihn von allen anderen Göttern unterscheidet, ist eine lange, rüsselförmige Nase mit wurmartigen Auswüchsen oberhalb des Nasenrückens. Die in einigen Fällen sichtbare Haarfrisur, die Tränen-Augenumrahmung und die oft aus dem Mundwinkel hängende Zunge weisen Gott B als Angehörigen der alten Generation von Göttern aus. Der Kopfputz von Gott B fällt verschieden aus. Auf Seite 41 des Codex Dresdensis trägt er den Maistrieb-Kopfputz, der sonst charakteristisch ist für Gott E, den jungen Maisgott. In anderen Darstellungen trägt er ein Stirnband mit einem Kreuzmotiv auf der Stirnseite, ein Schmuck, der ansonsten den Göttern H, CH, R und E vorbehalten ist. Am meisten ist jedoch sein Haupt von einem schleifenartig gebundenen Kopfputz bedeckt. Auch die Form des Ohrschmuckes teilt Gott B mit verschiedenen Gottheiten. Allerdings gibt es einen Ohrschmuck, der ausschließlich mit Gott B

Gott B, der Regengott (Codex Dresdensis S. 40).

auftritt; es ist ein runder Ohrpflock, auf den oben das Ende eines Jaguarschwanzes gesetzt ist.

Anscheinend kann Gott B in verschiedenen Manifestationen erscheinen. An einigen Stellen des Codex Dresdensis werden vier mit den Farben und Himmelsrichtungen assoziierte Gott Bs genannt: ein weißer Gott B des Nordens, ein schwarzer Gott B des Westens, ein gelber Gott B des Südens und ein roter Gott B des Ostens. Der schwarze Gott B des Westens wird nicht nur im Hieroglyphentext so genannt, sondern er ist im darunterstehenden Bild tatsächlich schwarz gemalt.

Gott B ist assoziiert mit Wasser, landwirtschaftlichen Szenen und einer Reihe von Himmelsregionen (BARTHEL 1953, S. 86 bis 105). Die Tatsache, daß er häufig ein Beil in der Hand hält, kann als Argument für die Deutung als Regengott herangezogen werden. Noch heute erklären sich viele Mayavölker den Donner als ein von den Regengöttern geworfenes Steinbeil. In zahlreichen Mayasprachen ist das Wort *bat* sowohl das Wort für »Donner« als auch für »Beil« und »Hagel«. Der erste, der die Gestalt des Gottes B als Regengott deutete, war der illustre Brasseur de Bourbourg, der Ende des letzten Jahrhunderts auch die erste

Edition des Codex Troano herausgab. Diese Deutung ist inzwischen opinio communis, obgleich bislang die Entzifferung der Namenshieroglyphe des Gottes B erfolglos war. Der Name des Regengottes bei den heutigen Maya von Yucatán und Quintana Roo ist Chac, ein Name, der bereits in fast allen Quellen der frühen Kolonialzeit auftaucht. Unter dem Eintrag *chac* finden wir in dem ältesten erhaltenen Mayawörterbuch die Übersetzung »Chac war ein Riese, der sie (die Maya) in Landwirtschaft unterwies und den sie als Gott des Brotes (der Nahrungsmittel), des Wassers, des Donners und Blitzes betrachteten« (Diccionario de Motul). Diese Beschreibung Chacs trifft genau auf die Zusammenhänge zu, in denen Gott B in den Codices erscheint. Daß Chac ein Riese war, läßt sich allerdings den Bildern der Handschriften nicht entnehmen. Als eine weitere Parallele zwischen Gott B und den Chacoob kann das linke Bild in der mittleren Reihe der Seite 37 des Codex Dresdensis herangezogen werden. Hier ist ein urinierender Gott B gezeichnet. Noch bei den heutigen Maya hat Chac den Beinamen *ah hoya'* »der Pinkler«. Die Verbindung zwischen Chac und Gewittern ist sogar noch bei Mayavölkern existent, die heute keinen Gott Chac mehr kennen. In zahlreichen Komposita, die »Blitz« bedeuten, ist bei ihnen das Wort *chac* enthalten[1].

Die Namenshieroglyphe des Gottes B ist aus zwei Teilen zusammengesetzt: einem Hauptzeichen und einem Affix. Das Hauptzeichen hat als Grundform eine Hand mit dem Daumen rechts oben, in die ein Gesicht eingefügt ist. Das Auge ist T-förmig und ist als Symbol für *ik*, den Wind, bekannt. Für das Hauptzeichen gibt es noch keine Lesung. Ich schlage vor, es *cha* zu lesen, da sich

---

1 Itzá: *chac* »Donner«; Chol: *chajc* »Blitz«; Chontal: *chawuc* »Blitz« Tzotzil: *chauc* »Blitz«; Tzeltal: *chahwuc* »Blitz, Donner«

eine solche Lesung mit der Deutung des Gottes B als Regengott Chac verträgt und weil diese Lesung zugleich die Handform erklären kann. In den Sprachen Mopan, yucatekisches Maya, Chontal, Tzeltal, Kekchi und Kanjobal ist *cha* oder *ch'a* der Stamm des Verbums »nehmen«[1]. Für das in der Namenshieroglyphe obligatorische Affix gibt es zwei konkurrierende Lesungen, *al* oder *c(i)*. Obgleich in vielen Kontexten die Lesung dieses Affixes als *al* überzeugend ist, scheint hier die von amerikanischen Linguisten und Hieroglyphenforschern erarbeitete Lesung *c(i)* besser zu passen *(cha-c[i])*. Ich muß zugeben, daß die vorgeschlagene Entzifferung spekulativ klingt – eine bessere kann gegenwärtig nicht angeboten werden. Leider kommt die Hieroglyphe nur selten außerhalb der Codices vor, was eine Entzifferung erheblich erschwert. In der klassischen Zeit scheint Gott B in *dieser* Form nicht existiert zu haben.

Gott D, Itzamna

Nur etwa halb so oft wie Gott B, aber immer noch 125mal finden wir Gott D, den Schöpfergott Itzamna, in den drei Codices abgebildet. Die in manchen Bildern sichtbare Frisur, die Tränenvolute, die Hakennase und die eingefallenen Backen ordnen Gott D der alten Göttergeneration zu. Sein Kopfputz ist manchmal der gleiche schleifenartig gebundene, den auch Gott B trägt, oder er beschränkt sich auf einen eigentümlichen, mehrteiligen Anhang über der Stirn. Dieser Anhang, von vielen Forschern als typisches Attribut des Gottes D bezeichnet, kommt jedoch im Codex Dresdensis nur siebenmal im Zusammenhang mit Gott D vor (ZIMMERMANN 1956, S. 165). Er stellt nach Ansicht von David Kelley einen Tausendfüßler dar (KELLEY 1976, p. 63). Nun war Gott D anscheinend ein bereits in der klassischen Zeit verehrter Gott. Sein Bild finden wir häufig auf

---

1 Yuc: *ch'a'-ic* »nehmen«; Acalan-Chontal: *chac-abal* »nehmen«; Manche: *chama* »nehmen«; Tzeltal: *chaw* »nehmen, greifen«; Kanjobal: *cha* »nehmen«

bemalten Vasen aus dem Petén. Auf allen frühen Abbildungen des Gott D hängt von seiner Stirn ein Anhang, dessen stirnzugewandtes Teil dem der Darstellung in den Codices entspricht. Das herunterhängende Ende läuft jedoch in Blätter und Zeichen für Vegetation aus. Eine Deutung dieses Anhanges als Tausendfüßler (*chapat* im yuc. Maya) erscheint bei näherem Hinsehen wenig überzeugend.

Interessant ist eine Betrachtung der Sitze des Gottes D auf den Keramiken. Es stellt sich heraus, daß Gott D immer auf einem Himmelsband[1] oder einem Thron plaziert ist. Vielleicht darf man daraus schließen, daß Gott D in der klassischen Zeit im

Oben: Gott D, Itzamná (Codex Dresdensis S. 10).

Rechts: Itzamná, der auf einem Himmelsband thront; Darstellung auf einer Vase aus der klassischen Zeit (nach Robicsek und Hales 1981: Vase 181).

---

1 Ein Band aus rechteckigen Hieroglyphen, die Himmelskörper und Himmelsphänomene bezeichnen; *kin* »Sonne«; *akab* »Nacht«; *ek* »Stern« *caan* »Himmel«; *uh* »Mond« etc.

»Himmel« residierte und ein Himmelsgott war. Auf einer klassischen Vase (COE 1978: No. 7) sitzt Gott D auf einem Himmelsthron, und hinter ihm sitzt die junge Mondgöttin, kenntlich an der aus ihrem Körper wachsenden Mondhieroglyphe. Welche Beziehung hatte Gott D zur Mondgöttin? War sie seine Frau? Gott D wird heute allgemein als Itzamna, der große Schöpfergott der Maya interpretiert. Der überzeugendste Beleg für diese Deutung scheint die Assoziation von Gott D mit den Akbal-Jahren in den Neujahrszeremonien des Codex Dresdensis zu sein. Die vier neuen Jahre werden von vier Göttern beherrscht, deren Abfolge im Codex Dresdensis Gott K – Gott G – Gott D – Gott A' ist. Diego de Landas Schilderung der Neujahrszeremonien nennt als Regenten des dritten Jahresträgerfestes Itzamna. Da auch die anderen als Neujahrsregenten bei Landa genannten Götter mit denen des Codex Dresdensis parallelisiert werden können, ist die Deutung von Gott D als Itzamna durchaus plausibel.

Der Name Itzamna bedeutet »Iguana–Haus« (*itzam* »Iguana«, *na[h]* »Haus« im yuc. Maya). Thompson (1970, p. 217-24) vermutet, daß sich der Name auf die Vorstellung der Maya, die Erde ruhe auf dem Rücken einer Eidechse und der »Himmel« sei der gewölbte Leib einer Eidechse, beziehe. Das Wort *na(h)* »Haus« stünde für den ganzen Kosmos. Tatsächlich wird im Codex Dresdensis Seite 74 ein Himmelsband, das in dem Leib eines Iguana mündet, dargestellt. Es handelt sich dabei wohl um die visuelle Umsetzung des Namens Itzamna.

Die Hieroglyphe des Gottes D besteht aus drei Teilen, einem Affix vor dem Hauptzeichen, einem Hauptzeichen mit dem Kopf eines alten Mannes, und einem unter dem Hauptzeichen angebrachten Affix. Der russische Hieroglyphenforscher Yurii

Knorozov entzifferte die Hieroglyphe als Itzamna. Das Affix vor dem Hauptzeichen liest er *itzam* (es besteht eigentlich aus zwei einzelnen Affixen, die *itz* und *am* bezeichnen), das Affix unterhalb des Hauptzeichens *na*, und das Hauptzeichen selbst deutet er als semantisches Determinativ[1]. Die Entzifferung ist in der Folgezeit von den meisten Forschern akzeptiert worden. Als gesicherte Entzifferung kann jedoch nur die Lesung des unteren Affixes mit dem Lautwert *na* gelten, der sich in zahlreichen Kontexten bewährt hat.

Zu erwähnen bleibt noch, daß Gott D auch in weiblicher Gestalt erscheinen kann, so auf Seite 9 unten des Codex Dresdensis.

Gott E, der Maisgott

An dritter Stelle in der Häufigkeit der Darstellung erscheint ein junger Gott, den Paul Schellhas als Gott E bezeichnet und als Maisgott gedeutet hat. Insgesamt findet sich sein Bild 114mal in allen drei Codices. Er gehört der jungen Generation an. Sein Gesicht zeigt uns das Schönheitsideal der vorspanischen Maya: eine hohe (deformierte) Stirn, eine lange Nase, nach unten gezogene Mundwinkel und eine vorgeschobene Unterlippe. Die Augen sind mandelförmig und stehen schräg. Durch die Nase ist oft ein Pflock gezogen, und auch die Ohren sind mit großen Ohrringen geschmückt. Das signifikante Attribut des Gottes E ist der Kopfschmuck in Form eines von Blättern flankierten Maiskolbens, der aus der Hieroglyphe *kan*, »Mais«, herauswächst. Im Codex Tro-Cortesianus trägt Gott E gar keinen Kopfputz, sondern sein Hinterkopf selbst geht in einen Maiskolben über, und die Stirn läuft in ein Maisblatt aus. Die Deutung des Gottes E scheint also schon aufgrund formaler Kriterien zu überzeugen. Auf den Seiten 24 bis 28 des Codex Tro-

---

1 Schriftzeichen, das einem anderen zugesetzt wird, um dessen Zugehörigkeit in eine Sinnkategorie (etwa »Lebewesen«, »weiblich«, »Ortsname«) anzuzeigen.

Gott E, der junge Maisgott (Codex Dresdensis S. 11).

Cortesianus ist Gott E als die Maispflanze selbst dargestellt, die hier im Rahmen eines Feldbaualmanachs von verschiedenen Tieren gefährdet ist.

Die Hieroglyphe des Gottes E ist in allen drei Codices identisch. Das Hauptzeichen stellt den Kopf des Maisgottes selbst dar. Zwei Vorkommen im Codex Dresdensis (S. 61 oben und 69 oben) belegen die Verwendung als Kopfvariante für die Zahl acht. Schon in klassischen Inschriften steht der Kopf des jungen Maisgottes als Kopfvariante des Zahlzeichens acht. Die Verbindung zwischen dem Maisgott und der Zahl acht geht auch aus einem Beinamen hervor, den der Maisgott in Chilam-Balam-Büchern hat, nämlich Uaxac Yol Kauil »acht Herz des Überflusses«.

Eine übereinstimmend akzeptierte Lesung für die Namenshieroglyphe des Gottes E gibt es nicht. Problematisch ist allein

schon die Lesung des vorangehenden Affixes, ein Affix, das auch in der Namenshieroglyphe des Gottes A erscheint. Die von Thompson für das Affix vorgeschlagene Lesung *il* hat bislang keine Konkurrenz. Unter Bezug auf die Sprachen der Chol-Gruppe deute ich *il* als Demonstrativpronomen »dies ist...« oder »hier ist ...«[1]. Der Kopf des Maisgottes als Hauptzeichen wird nahezu von jedem Forscher anders gelesen: *ixi'im* »Mais«, *kauil* »Überfluß«, *mun* »zart« oder *uil* »Nahrung«. Alle Lesungen bezeichnen entweder spezifische Eigenschaften, die Gott E als Maisgott auszeichnen (seine Jugendlichkeit, seine Funktion als Nahrungsspender) oder sie nennen den Mais selbst. Welcher der Lesungen nun der Vorzug zu geben ist, bleibt offen, da das Hauptzeichen der Namenshieroglyphe in zu wenigen Texten außerhalb der Handschriften vorkommt.

Der Maisgott ist auch von zahlreichen Darstellungen aus der klassischen Zeit bekannt. Besonders schöne Skulpturen mit dem Bildnis des jugendlichen Maisgottes sind in Palenque und Copán gefunden worden. Malereien auf Keramiken zeigen den Maisgott mit extrem deformiertem Schädel und einem bizarren Kopfschmuck. Oft ist er als Tänzer abgebildet, und manche Darstellungen zeigen ihn aus einem geborstenen Schildkröten-panzer hervorkommend (TAUBE 1985, S. 171–181).

Gott A, der Todesgott

Die Gestalt des Gottes A ist wegen ihrer charakteristischen Zeichnung eine der am leichtesten zu erkennenden Gestalten der drei Codices. Gott A kommt insgesamt 88mal vor, am häu-figsten im Codex Tro-Cortesianus. Der Körper des Gottes A ist deutlich als Skelett zu erkennen. Anstelle des Kopfes sitzt ein Schädel mit fleischlosem Unterkieferknochen, das Rückgrat und die Rippen sind freiliegend. Als Todesgott ist Gott A mit allen nur erdenklichen negativen Symbolen ausgestattet.

---

1 Manche: *ila* »diese, dieser; hier«; Acalan-Chontal: *yl-a(h)y* »dies ist«; Chol: *ili* »dieser«; Tzotzil: *li* »hier«

Gott A, der Todesgott (Codex Dresdensis, S. 11).

Schwarze Flecken auf seinem Körper markieren Verwesung. Gott A trägt zwei verschiedene Ohrgehänge, die sonst nur mit den Göttern A', Q, Y und Z erscheinen. Bei dem Ohrgehänge handelt es sich entweder um einen durch das Ohr gezogenen Knochen oder um einen Stoffetzen mit ausgefranstem Ende. Mit diesem Ohrschmuck werden bereits in der klassischen Zeit zum Tode bestimmte Gefangene abgebildet. Um den Hals trägt Gott A einen »Totenkragen«[1], und an Armen und Beinen sind oftmals Schellen angebracht. Die Identität des Gottes A ist angesichts der reichhaltigen Todes- und Unterweltssymbolik eindeutig. Er ist geradezu die Personifikation des Todes. An drei Stellen des Codex Dresdensis ist Gott A mit der Tränenvolute der alten Götter abgebildet, so daß die Zugehörigkeit zur alten Göttergeneration angenommen werden kann.

Über den Namen des Todesgottes im Codex Dresdensis ist viel spekuliert worden. Nach weit verbreiteter Ansicht ist sein Name

---

[1] Ein nur von negativen Göttern getragener Kragen, der mit ausgerissenen Augen von Toten besetzt ist.

»Ahpuch«. Für diesen Namen gibt es allerdings keine Belege für das Gebiet, aus dem vermutlich die Codices stammen. Ahpuch läßt sich auf den in Chiapas gefürchteten Todesgott Ah Pucuh der Tzeltal-Tzotzil zurückführen.

Das Hauptzeichen der Namenshieroglyphe des Gottes A ist ein Totenschädel. Dieser Schädel kann in den Codices gelegentlich für das Tageszeichen cimi »Tod« stehen. Ich lese das Hauptzeichen, wiederum unter Zugrundelegung von Cholsprachen *camel* oder *chömel* »Tod«. Es ist offensichtlich, daß *camel* und das yucatekische *cimi* miteinander verwandt sind. Manchmal findet sich unter dem Hauptzeichen ein weiteres Affix, das wahrscheinlich den Konsonant *l* in Verbindung mit einem Vokal (*a* oder *e*) bezeichnet. Dieses Affix könnte ein phonetisches Determinativ für das auslautende -*l* von *camel* sein. Das Präfix, das das gleiche ist wie in der Namenshieroglyphe des Gottes E, lese ich wieder als Demonstrativpronomen *ili* (in den Cholsprachen), also *ili camel* »dies ist der Tod«.

Mit einer anderen Hieroglyphe erscheint Gott A auf der Seite 8 oben des Codex Dresdensis. Die Hieroglyphe beginnt mit dem Lautwert *ma*. Das Hauptzeichen ist noch unentziffert.

Gott A ist auf den Seiten 9 unten des Codex Dresdensis und 79 unten des Codex Tro-Cortesianus in seiner weiblichen Manifestation abgebildet. Dies sind jedoch Einzelfälle, die nicht mit einer Veränderung der Namenshieroglyphe einhergehen.

Die Gestalt des Todesgottes war in klassischer Zeit schon bekannt. Tanzende Todesgötter sind ein häufiges Motiv auf bemalten Keramiken der Spätklassik.

Göttin I, die junge Mondgöttin

Die am häufigsten in den Codices genannte weibliche Gestalt ist die Göttin I. Siebzigmal wird sie in den drei Handschriften porträtiert, und im Codex Dresdensis ist ihr ein ganzes Kapitel gewidmet. Im Gegensatz zu Kelley (1976, p. 67–69), der vier verschiedene Frauengestalten unter den Göttern der Handschriften erkennen will, halte ich mich an die Gruppierung der weiblichen Gottheiten von Zimmermann (1956, S. 167–68), der die junge weibliche Göttin als Göttin I und die alte weibliche Göttin als Göttin O bezeichnet. Zimmermann hält beide Göttinnen für die gleiche Gestalt, die lediglich in einer jungen und einer alten Manifestation erscheinen könne.

Die individuellen Kennzeichen der Göttin I sind die fast immer betont groß gezeichnete weibliche Brust und die charakteristische Haarfrisur mit einer über den Rücken herunterhängenden Haarlocke.

Göttin I ist auf den Seiten 16 bis 23 des Codex Dresdensis als Göttin der Heilkunst und gleichzeitig als Überbringerin von Krankheiten dargestellt. Die Krankheiten werden von Vögeln personifiziert, die Göttin I auf dem Rücken trägt. Der begleitende Hieroglyphentext nennt die Krankheiten *u mut*, den

Göttin I, die junge Mondgöttin (Codex Dresdensis S. 18).

»Schicksalsruf« der Vögel. Das Konzept der Verkörperung von Krankheiten in Vögeln findet sich in den Zaubersprüchen (siehe S. 147–152) genau beschrieben wieder. Die Mondgöttin war nicht nur in vorspanischer Zeit Göttin der Heilkunst, sie ist auch bei den heutigen Maya von Yucatán als *có'ole lùna'* »Frau Mond« für bestimmte Krankheiten zuständig. Der Name der Mondgöttin war in vorspanischer Zeit Ixchel, abgeleitet von dem Wort *chel,* das im Maya von Yucatán »Regenbogen« heißt und dem weiblichen Präfix *ix.* Ob die Göttin I in den Codices allerdings Ixchel hieß, ist fraglich. Die Namenshieroglyphe der Göttin I kann in verschiedenen Varianten geschrieben werden. Die Varianten betreffen allerdings nur die Affixe, nicht das Hauptzeichen, das immer ein weiblicher Porträtkopf mit der deutlichen Zeichnung einer Locke ist.

Wie oben bereits erwähnt, ist die Locke das signifikante Attribut der Göttin I. Die Locke ist außerdem ein fester Bestandteil der Hieroglyphe *cab* »Erde«, woraus sich möglicherweise ableiten läßt, das Göttin I auch eine Erdgöttin war. Die herunterfallende aufgelöste (yucatek. Maya *col* = »aufgelöst«) Locke kann als Anlaß genommen werden das Hauptzeichen der Namenshieroglyphe der Göttin I *col* oder *coolel* zu lesen. Der Lautwert *col* gestattet einen Bezug zu dem Zeichen für Erde (yucatek. Maya *col* = »Maisfeld«), gleichzeitig bedeutet *coolel* im Maya von Yucatán »Frau, Dame«, und *coil* ist ein Ausdruck für sexuelle Freizügigkeit und »Hurerei«. Der sexuelle Aspekt der Göttin I kommt in zahlreichen Szenen zum Ausdruck, in denen die Göttin I beim Geschlechtsverkehr mit anderen Göttern und auch Tieren gezeigt wird. Solche sexuellen Darstellungen mit der Mondgöttin gab es auch in der klassischen Zeit, allerdings nur an abgelegenen Orten, wie etwa zu rituellen Zwecken benutzten Höhlen (STONE 1985).

Eine andere Lesung des Hauptzeichens der Namenshieroglyphe der Göttin I hat 1976 der Hieroglyphenforscher Dieter Dütting vorgeschlagen. Er interpretiert die Darstellung der Locke als Hinweis auf etwas »Losgebundenes«, im yukatekischen Maya *choch*. Der Lautwert *choch* kann sowohl auf eine weibliche Thematik als auch auf die Thematik »Erde« bezogen werden. In zahlreichen Mayasprachen ist *ch'och* das Wort für »Erde«[1], und in den Sprachen der yucatekischen Gruppe ist *ch'u'uch'* »(ein Kind) säugen«.

Die Locke der Göttin I kann das dem Hauptzeichen vorangehende Affix sein. Ein anderes vor dem Hauptzeichen fixiertes Affix kann aber auch *zac* »weiß« sein. Das Wort *zac* hat die Nebenbedeutung »hell, rein«. Thompson interpretiert *zac* als Andeutung für *zacal* »weben«. Die Tätigkeit des Webens ist in den Codices jedoch nur mit der alten Göttin O verbunden.

Gott C

In 47 Darstellungen ist uns der merkwürdige und stets leicht an seiner charakteristischen Gesichtszeichnung zu erkennende Gott C in den drei Codices überliefert. Die Namenshieroglyphe des Gottes C erscheint als eine der wichtigsten Hieroglyphen in Inschriftentexten der klassischen Zeit. Der Kopf des Gottes läßt leider keine genaue Altersbestimmung zu. Der Mund ist dick, die Nase ist in allen Zeichnungen rund und hat eine seitliche Nasenöffnung. Von der Nase über die Stirn bis hin zum Hinterkopf läuft ein gestreiftes Band. Verschiedene Autoren halten den Kopf von Gott C aufgrund der Zeichnung von Mund und Nase für den eines Affen.

Gott C wird häufig als astraler Gott interpretiert, manchmal mit dem Polarstern in Verbindung gebracht. Daß er Beziehungen zum Sternhimmel hat, geht ganz deutlich aus Abbildungen im

---

1 Mam: *ch'o'ch* »Erde«; Aguateco: *ch'och'* »Erde«; Jacalteco: *chöch* »Erde«; K'ekchi': *ch'och'* »Erde«

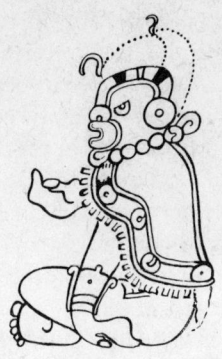

Der affengesichtige Gott C (Codex Dresdensis S. 18).

Codex Tro-Cortesianus hervor, in denen Gott C mit einem Seil vom Himmel herabhängt, oder in denen der Kopf des Gottes von einem Strahlenkranz umgeben ist. Auch in den Himmelsbändern der Codices und der klassischen Steinskulpturen ist der Kopf des Gottes C als Element vertreten. Die Assoziation des Gottes mit dem Polarstern wird schließlich durch eine ungewöhnliche Schreibung der Hieroglyphe für die Himmelsrichtung »Norden« im Codex Tro-Cortesianus (S. 93 unten) gestützt, die aus einer den Kopf des Gottes C tragenden Hand besteht.

Die Namenshieroglyphe von Gott C ist aus einem Affix und einem Hauptzeichen, das nichts weiter ist als der verkleinerte Kopf des Gottes, zusammengesetzt. Wenn der Kopf der eines Affen ist, so könnte er *badz* (im yucat. Maya »Brüllaffe«) oder *ma'ax* (im yucat. Maya »Spinnaffe«) heißen. »Norden« heißt im yuc. Maya *xaman*. Es bietet sich an dieser Stelle an, über die

Bedeutung von Anagrammen[1] in der Mayaschrift zu diskutieren. War das Hauptzeichen der Hieroglyphe des Gottes C ein solches Anagramm, das vorwärts gelesen *ma'ax* »Spinnaffe« und rückwärts gelesen *xam* (für *xaman* »Norden«) ergab? Im vermeintlichen Alphabet des Diego de Landa kommt eine Hieroglyphe vor, die dem Kopf des Gottes C erheblich ähnelt und aus deren Mund eine Punktreihe strömt. Die Hieroglyphe sei, so Landa, das Äquivalent zum Buchstaben *x*, der im Spanischen wie unser *sch* ausgesprochen wird. Interpretiert man die Punktreihe vor dem Mund der Porträthieroglyphe als »Erbrochenes«, so ist die Zuordnung der Hieroglyphe zum Buchstaben leicht zu erklären. Im yucatekischen Maya heißt »sich erbrechen« *xeh*. Ist das Affix vor der Hieroglyphe des Gottes C mit seinen Punktreihen die Zeichnung von Erbrochenem mit dem Lautwert *xeh*? Dann könnte es ein phonetisches Determinativ für den anlautenden Konsonanten *x*- sein, um auf diese Weise die Lesrichtung des Anagrammes als *xam* anstelle von *ma'ax* sicherzustellen.

Die vorgeschlagene Entzifferung kann natürlich keinesfalls als gesichert gelten. Eine Deutung der Gestalt des Gottes C könnte vielleicht durch die Analyse der Vorkommen seiner Namenshieroglyphe in klassischen Inschriften zu Erfolg kommen. Gegenwärtig bleibt die Gestalt weitgehend unverstanden.

Gott M

Zu der Gruppe der »schwarzen Gottheiten« mit den Göttern Y, L und Z ist auch der 32mal in den Codices abgebildete Gott M zu rechnen. Die »schwarzen Götter« werden nach ihrer Körperbemalung so genannt. Die Gemeinsamkeiten erstrecken sich wohl auch auf Charakteristica dieser Gottheiten, die sehr oft mit Waffen in den Händen gezeigt werden. Vielleicht ist dies ein

---

1 hier: ein Schriftzeichen, das vor- und rückwärts gelesen einen Sinn ergibt.

Der schwarze Gott M, der an den aztekischen Gott des Handels Yacatecuhtli erinnert (Codex Tro-Cortesianus S. 86).

Hinweis auf ihre Assoziation mit »Krieg« und »Eroberungen«. Gott M ist nicht eindeutig einer bestimmten Generation zuzuordnen. Seine Gesichtszeichnung ist so individuell, daß sie nicht die sonst so charakteristischen Generationsmerkmale aufweist. Gott M trägt mittels eines Stirnbandes Lasten auf dem Rücken. Die Nase des Gottes ist unverhältnismäßig lang. Die rotbraune Unterlippe ist angeschwollen. Nicht selten hat Gott M im Codex Tro-Cortesianus einen Skorpionschwanz als besonderes Attribut. Gott M erscheint viel häufiger im Codex Tro-Cortesianus als im Codex Dresdensis. Er kommt vor allem in Szenen folgender Art vor:
– Feuerbohrung
– mit Speer und Bündel auf Wanderschaft
– mit Attributen zum Blutopfer
Die Zeichnungen des wandernden Gottes M haben schon im vergangenen Jahrhundert zu der Annahme geführt, Gott M sei der Gott der Kaufleute, für den aus kolonialzeitlichen Quellen der Name »Ek Chuah« überliefert ist. Das Wort *ek* heißt in fast allen Mayasprachen »schwarz« und bezieht sich wohl auf die schwarze Körperbemalung des Gottes. *chuh* ist im yucatekischen Maya der Name einer Skorpionart, bezeichnet also ebenfalls ein Merkmal des Gottes M. Die Namenshieroglyphe für Gott M ist

ein schwarz umrändertes Auge der alten Götter. Die Hieroglyphe erscheint in klassischen Inschriften als die des den Monat *Uo* beherrschenden Gottes[1]. Sie kann in dieser Funktion durch den Kopf des Jaguargottes der Unterwelt, Gott der Zahl sieben, ersetzt werden. Eine für die »Augenhieroglyphe« vorliegende Entzifferung ist nicht bekannt. Die Deutung von Gott M als Ek Chu(a)h läßt sich jedenfalls nicht mit der Namenshieroglyphe in Einklang bringen.

Interessant für die Deutung von Gott M ist eine Parallele aus dem zentralmexikanischen Bereich. Bei den Azteken heißt der Gott der Kaufleute Yacatecuhtli »Herr der Nase«. Tatsächlich wird Yacatecuhtli in den aztekischen Handschriften aus der Zeit vor und nach der Eroberung immer mit einer überlangen Pinocchio-Nase dargestellt.

Gott H

Zu den uns gänzlich unbekannten Göttergestalten gehört Gott H. In den Codices Dresdensis und Tro-Cortesianus tritt er in 32 Abbildungen in Erscheinung. Seine Gestalt und Attribute variieren im Codex Dresdensis beträchtlich. Obgleich er anhand der Gesichtszüge gewöhnlich als junger Gott zu erkennen ist, erscheint auf Seite 12 unten des Codex Dresdensis seine Namenshieroglyphe in Verbindung mit dem Bild eines Gottes, der ganz eindeutig der alten Göttergeneration angehört. Es fiele schwer, typische Attribute dieser Gestalt zu benennen, zöge man nur den Codex Dresdensis heran. Im Codex Tro-Cortesianus ist Gott H jedoch einheitlicher dargestellt, und man erkennt als

---

1 Toniná Mon. 3; Seibal Hieroglyphentreppe; Pomona Wandtafel 2.

Der junge Gott H (Codex Dresdensis S. 11).

signifikantes Kennzeichen des Gottes einen geschwungenen, mit kleinen Kreisen besetzten Hinterkopf-Schmuck. Gott H erscheint ausschließlich in positiven Kontexten, und seiner Namenshieroglyphe folgen in jedem Fall Hieroglyphen, die positive Eigenschaften ausdrücken. Trotz der relativen Häufigkeit der Darstellungen hat bisher noch kein Forscher eine weitergehende Interpretation des Gottes H vorgenommen. Seine Namenshieroglyphe ist zweiteilig. An erster Position steht ein selten auftretendes Affix, das in wenigen Fällen durch die Zahl »sechs« im yucatekischen Maya vac, ersetzt wird. Das Hauptzeichen ist eine Porträt-Hieroglyphe. Sie zeigt auf dem Hinterkopf den runden, mit kleinen Kreisen besetzten Schmuck, der für Gott H im Codex Tro-Cortesianus typisch ist.

Gott Q, der Gott des Opfers und des Krieges

Ein ganz und gar negativ einzuschätzender Gott ist der in 27 Abbildungen belegte Gott Q. Gesicht und Haarfrisur machen ihn zu einem Angehörigen der jungen Generation der Mayagötter. An zwei markanten Kennzeichen ist Gott Q in den Codices stets zu erkennen: einer von oben nach unten durch das Gesicht gezogenen, oftmals von Punkten flankierten Linie und einer punktartigen Bemalung einiger Teile des Körpers (meist Arme und Beine). Durch eine Reihe anderer Attribute wird seine Zugehörigkeit in die Reihe der Todesgötter bekräftigt. Wie bei Gott A ist sein Ohrschmuck entweder ein durch das Ohrläppchen gebohrter Knochen, oder ein Stoffetzen mit ausgefranstem Ende. Manchmal trägt Gott Q einen Ohrschmuck, der aus dem herunterhängenden Schwanz eines Jaguars besteht. Ebenfalls zu den negativen Merkmalen gehört der schon von Gott A bekannte Totenkragen.

Ein Überblick über die Vorkommen des Gottes Q in den Codices, vor allem aber im Codex Tro-Cortesianus zeigt, für welche Lebensbereiche Gott Q zuständig war. Gott Q wird nämlich besonders häufig in Verbindung mit Kriegsszenen oder mit Darstellungen von Herzopfern gezeigt. Zusammen mit Gott A,

Gott Q, der mit Krieg und Menschenopfern assoziiert ist (Codex Dresdensis S. 10).

dem Todesgott, ist Gott Q auf Seite 76 des Codex Tro-Cortesianus (siehe S. 17) mit der Weltrichtung »Norden« assoziiert. Zwischen beiden Göttern liegt ein über einen Opferstein gestreckter Gefangener mit hochgewölbter Brust, in der eine noch blutende Wunde klafft. Offensichtlich ist auch das Menschenopfer auf eine uns noch nicht bekannte Weise mit der Himmelsrichtung Norden verbunden.

Aufgrund der Streifenbemalung des Gesichtes und der Assoziation mit Opferszenen sah sich Paul Schellhas (1897, S. 21) veranlaßt, in Gott Q das Gegenstück zu dem mexikanischen Gott Xipe Totec, dessen Name »unser Herr, der Geschundene« bedeutet, zu sehen. Die Parallelen sind tatsächlich auffällig: in den mexikanischen Bilderhandschriften der Codex-Borgia-Gruppe[1], im Codex Borbonicus und im Florentiner Codex ist Xipe Totec wie Gott Q mit einem senkrechten, von Punkten flankierten Streifen durch das Gesicht dargestellt. Wie Gott Q, so ist auch Xipe Totec ein Gott, der mit Menschenopfern verbunden ist. Die Priester des Gottes Xipe Totec kleideten sich nach mexikanischer Tradition in die abgezogene Haut der geopferten Gefangenen. Soll die punktartige Körperbemalung des Gottes Q die abgezogene Haut von Geopferten andeuten?

Leider hilft die Parallelisierung des Gottes Q mit seinem vermeintlichen mexikanischen Äquivalent nicht viel weiter. Zu wenig wissen wir über das Ausmaß, in dem mexikanisches Glaubens- und Ideengut in die drei Mayahandschriften eingedrungen ist.

Die Namenshieroglyphe des Gottes Q ist nach dem Grundschema Affix-Hauptzeichen aufgebaut, das den meisten Namenshieroglyphen von Göttern zugrunde zu liegen scheint. Das Hauptzeichen ist ein Porträtkopf mit der charakteristischen Linie des Gottes Q durch das Gesicht. Eine dieser Hieroglyphe ganz ähnliche Hieroglyphe erscheint in dem »Alphabet« des

---

1 Codex Borgia, Codex Cospi, Codex Laud, Codex Fejérváry-Mayer und Codex Vaticanus B.

Diego de Landa unter dem Buchstaben *pp*. Das doppelte *p* benutzten die Spanier, um den in ihrer Sprache nicht vorkommenden glottalisierten/p'/-Laut zu schreiben. Es liegt also nahe, für das Hauptzeichen des Namens ein mit *p'* beginnendes Wort zu suchen. Im yucatekischen Maya und im Chol heißt *p'e* »verdorben, schlecht«, und *p'et* bedeutet »Opfer«[1]. Beide Begriffe sind zur Charakterisierung von Gott Q gleich geeignet. Einen Verweis auf Ih P'en, den Erdgott der Chorti-Maya in Südostguatemala, halte ich nicht für angebracht. Gott Q läßt sich in den Codices nicht als Erdgott deuten. Im yucatekischen Maya bedeutet *p'en* neben »sexueller Exzeß, Hurerei, Perversion« vor allem aber »Hermaphrodit«. Auch mit einer sexuellen Thematik kann Gott Q nicht in Verbindung gebracht werden. Das der Namenshieroglyphe vorangestellte Affix besteht aus zwei Balken für die Zahl »zehn«, im yucatekischen Maya *lahun*. Über dem Doppelbalken ist noch ein Punkt zu sehen, der sich bei näherer Betrachtung als die Zeichnung eines sogenannten »Totenauges«[2] entpuppt. Die sprachliche Umsetzung dieses in der Ikonographie so häufigen Symbols ist noch unbekannt.
Obgleich Krieg und Menschenopfer häufig dargestellte Szenen in der klassischen Zeit sind, scheint Gott Q damals noch nicht existiert zu haben. Weder sein Bild noch seine Namenshieroglyphe kommen außerhalb der drei Handschriften vor.

---

1 Yuc: *p'e* »Ausruf des Schmerzens und des Unglücks«; *p'eta* »Opfer«; Chol: p'e' »zerfallen«; Lakondon *p'e'esik,* »zerlegen«.
2 Ein kreisförmiges Element, das als das ausgerissene Auge eines Toten gedeutet wird.

Gott N

Zu einem Komplex ineinander verwobener Göttergestalten gehört die Gruppe, die Schellhas und später Zimmermann unter der Bezeichnung »Gott N« (bei Zimmermann differenziert: Gott N, Gott N' und Gott N") zusammengefaßt haben. Um wie viele verschiedene Götter es sich dabei handelt, und ob die zu diesem Komplex gerechneten 26 Figuren in den Codices überhaupt voneinander unterschieden sind, kann zum gegenwärtigen Zeitpunkt noch nicht entschieden werden. Da der Komplex der Gott-N-Gestalten so vielschichtig ist, und da die Interpretation dieser Gestalten meist noch mehr Verwirrung in unsere geringen Kenntnisse bringt, soll in der folgenden Beschreibung soweit wie möglich auf eine Darstellung der vielen Deutungshypothesen verzichtet und lediglich die Vorkommen in den Codices beschrieben werden.

Gemeinsam haben die als Gott N bezeichneten Gestalten nur ein einziges Attribut, und dies betrifft ihre Namenshieroglyphen. Jede der Namenshieroglyphen der Gott-N-Gruppe verwendet ein Affix, das aus einem Kreis inmitten zweier, manch-

Gott N in der Schneckenschale (Codex Dresdensis S. 41).

mal durch Schraffur ausgefüllter Halbkreise besteht. Ist dieses Affix nicht vorhanden, so ist die durch die Hieroglyphe bezeichnete Gestalt nicht zur Gruppe der Gott-N-Gestalten zu rechnen. Es gibt zwei Varianten der Namenshieroglyphen der Gott-N-Gestalten:

1. Die »Jahreszeichen-Variante«. Die Namenshieroglyphen dieser Variante sind dreiteilig. Sie beginnen mit einem Zahlpräfix, das entweder »vier« oder »fünf« sein kann. Das Hauptzeichen ist entweder das Zeichen für den 365tägigen Kalender mit dem Namen *ha'ab* oder das Zeichen für *tun*, das Jahr zu 360 Tagen. Über dem Hauptzeichen steht obligatorisch das Gott-N-Affix.

2. Die »Tierschalen-Variante«. Sie setzt sich aus dem obligatorischen Gott-N-Affix und einem variablen Hauptzeichen zusammen. Das Hauptzeichen kann ein Schneckenhaus aber auch der Panzer einer Landschildkröte sein.

Die Gestalten, die durch die »Jahreszeichen-Variante« der Namenshieroglyphe bezeichnet sind, sind alte Götter, meist ohne Kopfputz, so daß ihr spärliches Haupthaar sichtbar wird. Das Gesicht hat, bis auf die Tränenvolute, alle Kennzeichen der alten Göttergeneration. Die Ohren sind meist von einem scheibenförmigen Ohrschmuck verdeckt. Zimmermann nennt diese Gestalten »Gott N«. Die Göttergestalten, die mit der »Tierschalen-Variante« der Namenshieroglyphe vorkommen, sind ebenfalls alte Götter. Auf Seite 41 Mitte des Codex Dresdensis wird ein alter Gott, der auf seiner Hüfte ein Schneckenhaus trägt, gezeigt. Im Kopfputz dieser Gestalt ist das Gott-N-Affix erkennbar, aus dem ein von Blättern umrankter Maiskolben, sonst typisches Attribut des Gottes E, herauswächst. Die Namenshieroglyphe dieses Gottes gehört zur »Tierschalen-Variante«, das Hauptzeichen ist ein Schneckenhaus. Hier stimmen Bild und Namenshieroglyphe überein. Dies ist jedoch nicht der Fall, wenn das Hauptzeichen ein Schildkrötenpanzer ist. Auf Seite 41 Mitte des Codex Dresdensis erscheint mit dieser Namenshieroglyphe eine Gestalt, die ganz deutlich als Gott B zu erkennen ist. Auf Seite 60 oben der gleichen Handschrift erscheint die Schildkrötenpanzer-Hieroglyphe tatsächlich mit einem Gott, der einen Schildkrötenpanzer auf dem Rücken trägt. Nun zeigt aber eine Seite des Codex Peresianus die Schildkrötenpanzer-Hieroglyphe in Verbindung mit einem alten Gott mit Schneckenhaus auf dem Rücken! Diese Darstellung müßte, wenn unser Verständnis der Hieroglyphen korrekt ist, doch eigentlich mit der Schneckenhaus-Hieroglyphe stehen!

Die Verwirrung wird komplett, wenn wir die Gestalt auf Seite 37 oben des Codex Dresdensis betrachten. Auch sie trägt einen Schildkrötenpanzer auf dem Rücken und ein Gott-N-Affix als Kopfschmuck. Diese Gestalt wird im darüberstehenden Hieroglyphentext durch eine »Jahreszeichen-Variante« der Namenshieroglyphe beschrieben, nicht durch die »Tierschalen-Variante«, wie zu erwarten gewesen wäre.

Es bleibt eine reizvolle Aufgabe für die Zukunft, die ineinander verwobenen Gott-N-Gestalten, die bereits häufig auf Keramiken der klassischen Zeit vorkommen, zu untersuchen und zu entwirren. In der bisherigen Literatur wurden die Gott-N-Gestalten als die Bacab oder (wegen des *tun*–Elementes in einer der Namenshieroglyphen) als Pauahtun, aber auch als die Götter der fünf letzten Tage des Jahres, die in verschiedenen Quellen Mam genannt werden, gedeutet. Eine eingehende Untersuchung und Deutung der Gott-N-Gestalten steht noch aus. Wir bleiben, wie so häufig in der Mayaforschung, vor vielen offenen Fragen, die im Maße unserer scheinbar wachsenden Kenntnisse zunehmen.

Gott G, der Sonnengott

Eine der wiederum ganz eindeutig identifizierbaren Göttergestalten ist Gott G, der 24mal in den Codices abgebildete alte
Sonnengott. Seine Zugehörigkeit zu der alten Göttergeneration
geht aus den bekannten Generationsmerkmalen klar hervor.
Von Gott D, der ihm von der Gestalt sehr ähnlich ist, unterscheidet sich Gott G durch zwei auffällige Attribute: er ist der einzige
der Götter, der häufig mit einem Kinnbart dargestellt ist; und
auf seinem Körper ist die Hieroglyphe *kin* »Sonne, Tag« gezeichnet. Zu seinen weiteren Attributen, die nicht in jedem Fall vorhanden sein müssen, gehören eine mit Noppen besetzte Rolle
oder Spirale vor seinem Gesicht und ausgefeilte Oberzähne. Mit
diesen Attributen ist Gott G schon in der klassischen Zeit bekannt. Einem Grab in der Mayastadt Altun Ha im heutigen Belize war ein 4,5 kg schwerer Kopf des Sonnengottes aus Jade bei-
gegeben. Schon in klassischer Zeit konnte der Kopf des Sonnengottes für die Zahl vier stehen.
Die Hieroglyphe des Gottes G setzt sich aus zwei Affixen, die
zusammen gelesen *ahau* »König« ergeben, und dem Hauptzei-

Gott G, der alte Sonnengott Kinich Ahau, »Herr Sonnengesicht«
(Codex Dresdensis S. 11).

chen *kin* »Sonne, Tag« zusammen. In den Codices heißt der Sonnengott also *ahau kin,* ein Name, der viel Ähnlichkeit hat mit dem Namen des Sonnengottes in den Chilam-Balam-Büchern: Kinich Ahau, »Herr Sonnengesicht«.

Göttin O

Das Gegenstück zu der jungen Mondgöttin I in den Handschriften ist die alte Göttin O, die Patronin der Webkunst und Verschütterin des Wassers. Sie erscheint 24mal in den Codices Dresdensis und Tro-Cortesianus. Göttin O ist an ihrer Gesichtszeichnung, besonders deutlich im Codex Dresdensis, als alte Frau zu erkennen. Unterhalb ihres Auges hat sie die Tränenvolute der alten Götter. Das signifikante Attribut der Göttin O ist ihr Haarschmuck, bestehend aus einer zusammengelegten und in das Haar verwobenen Schlange. An einigen Stellen des Codex Dresdensis ist die Göttin O mit Raubtierklauen an Stelle von Händen und Füßen gezeichnet (Seiten 67 oben und 74). In den Codices läßt sich Göttin O mit zwei Aufgabenbereichen assoziieren: als Göttin der Webkunst wird sie häufig am Webstuhl

Die alte Göttin O (Codex Dresdensis S. 39).

sitzend dargestellt, und als Wassergöttin hält sie einen Krug mit der Öffnung nach unten, so daß sich das Wasser in einem Schwall herab ergießt. Der Aspekt als Wassergöttin wird durch Szenen bestärkt, in denen von Göttin O in alle Richtungen Ströme von Wasser ausgehen.

Im Codex Tro-Cortesianus ist die Namenshieroglyphe der Göttin O gelegentlich mit der der jungen Göttin I identisch (Seiten 107 mitte und 108 unten). Aus diesem Grund kann der Vermutung Zimmermanns (1956, S. 167), daß beide Göttinnen nur ein und dieselbe Gestalt in verschiedenen Manifestationen seien, zugestimmt werden. Die weit häufiger belegte individuelle Namenshieroglyphe der Göttin O setzt sich aus dem Affix *chac*, im yucat. Maya »rot«, einem Porträtkopf oder, an dessen Stelle, einer zweiteiligen abstrakten Hieroglyphe zusammen. Diese besteht aus einer Hieroglyphe, die weitgehend übereinstimmend *le* gelesen wird. Darüber steht ein Schriftzeichen, das im »Alphabet« des Diego de Landa unter dem Buchstaben *H* eingetragen ist. Der Konsonant *H* wurde im spanischen Alphabet des 16. Jahrhunderts wie »*hatsche*« ausgesprochen. Eine Gruppe von Forschern nahm dies zum Anlaß, das Schriftzeichen als *che* oder *chel* zu lesen und erkannte in ihm die Darstellung einer zusammengebundenen wilden Agave, die im yucatekischen Maya *chelem* heißt. Mit dieser Lesung wollte man den Namen der Göttin als *chac che-le = chac chel* »große« oder »rote Chel« übersetzen. Eine Göttin Chac Chel, »roter Regenbogen«, ist aus den Chilam-Balam-Büchern als Göttin des Mondes, der Medizin und des Regenbogens wohlbekannt.
Eine andere Gruppe von Forschern deutet das »H«-Zeichen als ein gewebtes oder verknotetes Band. »Weben« heißt in den Chol-Sprachen *halal*. Unter Verwendung des Lautwertes *hal* er-

gäbe sich als Lesung die Namenshieroglyphe der Göttin O die Alternative *chac hal-le = chac hal(al?)* »große« oder »rote Weberin«, daß sie wiederum mit Ixchel assoziiert. Für eine endgültige Lesung des Namens ist es gegenwärtig noch zu früh.

Gott R

In die Liste der uns noch weitgehend rätselhaften Gestalten ist der in vierzehn Abbildungen überlieferte Gott R zu zählen. Er tritt am meisten im Codex Tro-Cortesianus auf. Gestalt und Gesichtszeichnung weisen Gott R als jungen Gott aus. Sein signifikantes Attribut ist eine geschwungene Linie hinter dem Auge, die entfernt an die Locke der Göttin I erinnert, die in der Hieroglyphe *cab* »Erde« vorkommt. Gott R erscheint, wie Zimmermann (1956, S. 167) zeigt, ausschließlich in positiven Kontexten. Die Namenshieroglyphe des Gottes beginnt mit dem Zahlzeichen »elf«, im yucatekischen Maya *buluc*. Das Hauptzeichen ist eine den Kopf des Gottes R darstellende Porträthieroglyphe. Interessanterweise taucht in den Chilam-Balam-Büchern eine Gottheit mit dem Namen Buluc Ch'abtan auf. *ch'abtan* könnte ein aus den Cholsprachen übernommener Begriff sein, der im

Gott R, vielleicht Buluc Ch'abtan, »der elfmal Fastende« (Codex Dresdensis S. 6).

yucatekischen Maya *cabtan* lauten müßte. Mit dieser Ableitung ließe sich das *cab*-Element im Gesicht des Gottes R erklären. In den Chilam-Balam-Büchern ist Buluc Ch'abtan allerdings eine eindeutig negative Gestalt, die verantwortlich ist für »sieben Jahre Krieg und Trockenheit«. Der Charakter des Gottes R widerspricht einer Gleichsetzung mit dem überlieferten Buluc Ch'abtan. Dennoch kann eine solche Deutung plausibel sein. Das Wort *ch'ab* heißt im yucatekischen Maya »keusch sein, fasten«, und *ah ch'ab* ist »Schöpfer«. Die Bedeutung »Fasten« hat das Wort *ch'ajb* auch in den Cholsprachen. Buluc Ch'ab, »elf(mal) Fastender« könnte also der Name des Gottes R sein. Eine endgültige Entscheidung über die Richtigkeit dieser Entzifferung kann noch nicht gefällt werden. Ebenso bleibt die Bedeutung des Wortes *buluc* »elf« in diesem Zusammenhang unklar. Gott R ist wie Gott Q ein nur in den Codices belegter Gott. Außerhalb der Codices und in der klassischen Zeit läßt er sich nicht nachweisen.

Gott K

Eine schwierige und vieldiskutierte Göttergestalt ist der insgesamt elfmal in Bildern gezeichnete Gott K. Seine Gestalt gleicht in allen Einzelheiten der des Gottes B, abgesehen von zwei Merkmalen: Gott K ist in keinem der drei Codices mit einem Kopfputz dargestellt, darüber hinaus unterscheidet er sich von Gott B durch eine nach oben gebogene lange und zerfranste Nase. Wie Gott B ist auch Gott K der alten Göttergeneration zuzurechnen. In klassischer Zeit kommen zahlreiche Göttergestalten mit einer langen zerfransten Nase in Skulpturen und Malereien vor. Ob es sich dabei jedoch immer um das klassische Äquivalent zu dem Gott K der Codices handelt, ist nicht ein-

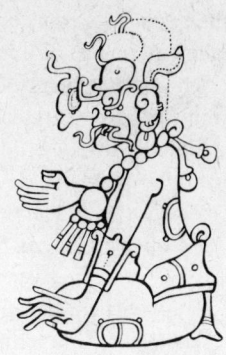

Gott K mit der »zerfransten« Nase (Codex Dresdensis S. 12).

deutig festzustellen. Die Götter, die als klassische Pendants zu Gott K angesehen werden, haben als charakteristisches Merkmal eine in die Stirn gesetzte brennende Fackel. Dieses Attribut fehlt in den Codices. Allerdings hat dort das Hauptzeichen einer der Namenshieroglyphen von Gott K einen kleinen Aufsatz, aus dem Flammen zu lodern scheinen – eine Entsprechung zu dem klassischen Bild des Gottes.

Im Codex Dresdensis ist Gott K Regent der Ben-Jahre (siehe S. 51). Die Ben-Jahre des Codex Dresdensis entsprechen (durch die Verschiebung der Jahresträger) den Kan-Jahren des Codex Tro-Cortesianus. Diego de Landa gibt als Patron der Kan-Jahre einen Gott mit dem Namen Bolon Dzacab »neun Erdgeber« oder »unzählige Mutterlinien«[1] an. Diese Identifikation wird allerdings durch die Namenshieroglyphen des Gottes K widerlegt, denen das Zahlpräfix *bolon* »neun« fehlt. Über die Bedeutung des Gottes K gibt es ebensoviele unterschiedliche Vorstellungen wie Forscher.

---

1 Motul-Wörterbuch: *dzacab* »abolario, casta, linaje o generación«

Die nahe Verwandtschaft der Götter B und K geht vielleicht auf deren gemeinsame Funktion als Fruchtbarkeitsgötter zurück. Die Beziehung zwischen beiden Göttern ist so eng, daß Gott B sogar mit der Namenshieroglyphe des Gottes K erscheint (Codex Dresdensis S. 65 Mitte). Oft trägt Gott B einen Kopfschmuck oder die Maske des Gottes K. Eine der Namenshieroglyphen des Gottes K zeigt den Kopf des Gottes B (Codex Dresdensis S. 3 oben). Die am meisten gebrauchte Namenshieroglyphe für Gott K ist zweiteilig und ist aus einem Affix und einem Hauptzeichen, das ein stark stilisierter Porträtkopf ist, zusammengesetzt. Zimmermann (1956, S. 74) hält den Kopf für den eines Vogels. Für keines der beiden Elemente der Namenshieroglyphen gibt es bis jetzt allgemein akzeptierte Entzifferungen. Interessant ist allerdings die Tatsache, daß das Äquivalent zu dem Porträtkopf klassischer Zeit durch eine abstrakte Hieroglyphe in einer Hand ersetzt werden kann. Die Hand könnte ein Hinweis auf den Bestandteil *dza* »geben« im Namen des Gottes sein.

Gott A'

Eine dem Todesgott nahe verwandte Gottheit ist der zehnmal in den Codices abgebildete Gott A'. Es handelt sich um einen jungen Gott, der durch zahlreiche Attribute zu den ganz und gar negativen Gestalten zu rechnen ist. Auf dem Kopf trägt er einen Kopfschmuck aus »Totenaugen«, die Stirn ist mit dem Zeichen *akab* »Nacht, Dunkelheit« bemalt, auf der Wange zeigt ein »Prozentzeichen-Symbol«[1] die Zugehörigkeit zu den Todesgöttern an. Ein Stoffetzen mit ausgefranstem unterem Ende ist durch das Ohr gezogen, ebenfalls ein negatives Symbol, wie auch die auf seinem Umhang dargestellten gekreuzten Knochen. Im Codex Dresdensis auf Seite 28 erscheint Gott A' als Patron der

---

1 Ein häufiges negatives Symbol in der Ikonographie der Maya in Form unseres Prozentzeichens. Seine genaue Bedeutung ist noch ungeklärt.

Gott A', ein Gott der mit Selbstkasteiungen verbunden ist; dargestellt auf einer polychromen Vase aus dem klassischen Mayazentrum Naranjo (nach Coe 1982: 60).

Lamat-Jahre. Da die Lamat-Jahre im Codex Dresdensis den von Diego de Landa beschriebenen Cauac-Jahren entsprechen, die seinen Berichten zufolge unter der Herrschaft von Uac Mitun Ahau standen, nahm Eduard Seler (1902–23: I: S. 224-232) an, daß Gott A' mit Uac Mitun Ahau identisch sei.

Drei verschiedene Namenshieroglyphen erscheinen mit Gott A'. Keine der Namenshieroglyphen hat ein Zahlpräfix sechs *uac*. Statt dessen erscheint vor einer der Namenshieroglyphen des Gottes A' ein Zahlpräfix vier, im yucatekischen Maya *can*. Keine der Hieroglyphen des Gottes A' läßt sich bei unserem jetzigen geringen Kenntnisstand entziffern. Der Name und die genaue Funktion des Gottes bleiben uns unbekannt.

Im Codex Dresdensis ist Gott A' auch der sechste Gott der Venus-Richtungsgötter und dem Westen zugeordnet.

In der klassischen Zeit erscheinen Gestalten mit den Attributen des Gottes A' auf einigen bemalten Keramiken (z. B. Coe 1982, Nr. 60). Dort ist er immer mit Selbstkasteiungen assoziiert, zapft sich Blut ab aus Penis oder Zunge, oder er enthauptet sich selbst.

Gott CH

In Gott CH begegnet uns eine vielfältige und schon in klassischer Zeit bedeutende Gestalt. Sein Vorkommen läßt sich insgesamt neunmal in den Codices Dresdensis und Tro-Cortesianus belegen. Gott CH gehört der jungen Generation der Götter des Maya-Pantheon an. Daß er zu den negativen Gestalten gehört, wird deutlich an Darstellungen mit Totenkragen, den schon bekannten Stoffetzen als Ohrschmuck, Totenschellen an den Armen und Punktbemalung auf dem Körper, die Verwesung bedeutet. Auf Seite 2 oben des Codex Dresdensis wird er sogar ohne Kopf und als Gefangener mit gebundenen Armen gezeigt. Von großer Bedeutung für die Interpretation des Gottes CH sind die beiden Varianten seiner Namenshieroglyphe. Sie unterscheiden sich lediglich durch das vorangestellte Affix, das in einem Fall das Zahlzeichen für die Zahl eins, im anderen Fall das Affix für die Farbe Blaugrün, im yucatekischen Maya *ya'ax* ist. Das Hauptzeichen der Namenshieroglyphe ist in beiden Varianten gleich. Es ist ein Porträtkopf, dessen signifikante Merkmale eine halbkreisförmige Schraffur des Hinterkopfes mit schwarzen Noppen um die äußere Begrenzung und eine Zeichnung um den Mund, vielleicht die Andeutung eines Bartes sind. Die Zeichnung um den Mund ist im übrigen das Element, das die Bilder des Gottes CH von denen anderer junger Götter unterscheidet. Die Variante der Namenshieroglyphe, die das Affix *ya'ax* verwendet, steht an einigen Stellen im Codex Dresdensis für die Zahl 9 bzw. 19 (mit Unterkiefer).

Gott CH ist also der Gott der Zahl neun. In den Inschriften der klassischen Zeit gibt es jedenfalls eine Kopfvariante der Zahl neun. Sie zeigt einen Kopf mit Flecken oder der Zeichnung

eines Bartes um die Mundpartie, und vor der Stirn ist ein kleines Affix *ya'ax* zu erkennen. Die Inschriften-Kopfvariante der Zahl neun unterscheidet sich allerdings von der der Codices, denn das schraffierte halbkreisförmige Element fehlt in den Inschriften. Die für die Codices charakteristische Hinterkopfzeichnung leitet sich von der Schraffierung des Tageszeichens Chicchan »Schlange« ab. Ikonographisch kann die Schraffur auf die Darstellung von Flecken und Mustern auf Schlangenleibern in der Kunst der Maya zurückgeführt werden. Das Hauptzeichen der Namenshieroglyphe von Gott CH enthält also Elemente aus zwei Quellen: aus der klassischen Kopfvariante der Zahl neun und dem Tageszeichen Chicchan.

Von großer Bedeutung als Bindeglied zwischen den klassischen Monumentalinschriften und den ikonographischen und paläographischen Traditionen der Codices sind die Malereien auf Keramiken der klassischen Mayakultur. Auf einer Reihe von Vasen aus dieser Zeit tauchen zwei junge Gestalten auf mit einem um die Haare gewickelten Band. Eine der Gestalten zeigt Schraffuren oder schwarze Flecken auf dem Körper. Die Namenshieroglyphe dieser Gestalt ist das Zahlzeichen eins vor

Die personifizierte Zahl 9 und der personifizierte Tag Chicchan, als Zwillinge auf einer Vase aus der klassischen Mayakultur (nach Robicsek und Hales 1981: Vase 186).

einer Porträthieroglyphe, die die Chicchan-Flecken am Hinter-kopf aufweist. Der Körper der anderen Gestalt ist mit ovalen Flecken bemalt, die die Markierungen eines Jaguarfells zeigen. Um den Mund hat diese Gestalt eine bartähnliche Zeichnung. Ihre Namenshieroglyphe ist das Affix *ya'ax* vor einer Porträt-hieroglyphe mit Jaguarfellmarkierung auf der Waage und um den Mund. Ganz offensichtlich sind diese beiden, auf den Kera-miken meist gemeinsam agierenden Gestalten die Vorläufer des Gottes CH. Gott CH ist eine Synthese der zwei jungen Götter, die das personifizierte Tageszeichen Chicchan und die personi-fizierte Zahl neun sind.

Nun kennen wir die Vorbilder des Gottes CH, vermögen aber dennoch nicht, seine Namenshieroglyphen zu entziffern. In den Chilam-Balam-Büchern treten zwei junge Götter mit den Na-men Hun Chuen und Yaxal Chuen auf – in ihren Namen fin-den sich die Bestandteile *hun* »eins« und *ya'ax* der Varianten der Namenshieroglyphe von Gott CH wieder. Chuen ist der Name des elften Tages, er war der Tag der Künste und des Handwerkes. Eine solche Bedeutung läßt sich aber nicht mit der negativen Einschätzung des Gottes CH in den Handschriften in Einklang bringen.

Gott P

Über Gott P, der nur einmal im Codex Dresdensis und sechsmal im Codex Tro-Cortesianus erscheint, ist in der Literatur nur wenig geschrieben worden. Gott P scheint der jungen Genera-tion anzugehören. Er trägt einen großen, scheibenförmigen Ohrschmuck mit zwei sich kreuzenden Punktreihen. Sowohl um das Auge wie auch um den Mund des Gottes sind Punktrei-hen gezeichnet. Die Halskette und auch die Armreifen scheinen aus Muschelschalen zu bestehen, ein Indiz dafür, daß Gott P wohl eine aquatische Gottheit ist. Möglicherweise ist das Wasser sogar der eigentliche Lebensraum dieser Göttergestalt, denn an den Händen finden sich im Codex Tro-Cortesianus Verdickungen und Schwimmhäute, wie sie sonst nur bei Fröschen ausgeprägt sind. Den Kopfputz teilt Gott P mit den Göttern, die unter dem Buchstaben N zusammengefaßt sind und wahrscheinlich die Bacab oder Pauahtun sind. Der Kopfschmuck des Gottes beseht aus der Hieroglyphe *tun* »Edelstein« und zwei netzartigen Anhängseln zu beiden Seiten. Diese können als Bestandteil *pauah* »Netz, Medizinbeutel« gedeutet werden. Somit könnte der Kopfputz selbst eine Schreibung des Namens Pauahtun »Edelsteinnetz« sein. Ob Gott P als einer der Pauahtun zu bezeichnen ist, bleibt offen, denn die Namenshieroglyphe des Gottes ist im Codex Tro-Cortesianus so nachlässig gezeichnet, daß sie nicht zur Klärung der Identität beiträgt.

Gott Y, der Hirschgott

In dem fünfmal in dem Codex Tro-Cortesianus auftretenden und in Codex Dresdensis nur einmal belegten Gott Y begegnet uns der an seinem Geweih oder dem Kopf eines Hirsches auf dem Haupt deutlich als solcher zu erkennende Hirschgott. Er ist ein alter Gott und wird merkwürdigerweise immer mit einem

Ein Cervide und der Hirschgott Ah Uuc Yol Zip, »Sieben-Herz des Springers« (Codex Dresdensis S. 13).

leeren Auge dargestellt. Sein Körper ist schwarz bemalt, und im Codex Tro-Cortesianus ist sein Bauch immer von einem netzartigen Umhang bedeckt. Gott Y ist ein negativer Gott, daher trägt er den Totenkragen und in den Ohren die am unteren Ende ausgefransten Stoffstreifen. Auf Seite 13 unten des Codex Dresdensis kopuliert Gott Y mit einem Hirsch.

Bei den heutigen Maya von Yucatán und Quintana Roo stehen Tiere, insbesondere Hirsche unter dem besonderen Schutz von Zip-Göttern. In kolonialzeitlichen Texten gibt es den Namen Ah Uuc Yol Zip, »sieben Herzen des Springers«. Dieser Gott war für Tiere und Hirsche zuständig. Die Namenshieroglyphe des Gottes Y hat tatsächlich das Präfix sieben, jedoch *yol* »Herz« und *zip* lassen sich nicht mit der Namenshieroglyphe in Einklang bringen. Gott Y bleibt weitgehend ungedeutet.

Gott L

Gott L, einer der alten schwarzen Götter, kommt nur fünfmal im Codex Dresdensis und im Codex Peresianus vor. Weit häufiger tritt er uns auf den bemalten Keramiken der klassischen Zeit entgegen, wo er eine der zentralen Göttergestalten zu sein scheint. Das wohl auffälligste Attribut dieser zur alten Generation der Mayagötter gehörenden Gestalt ist ein Hut, auf dem ein sogenannter »Muanvogel« (→ *Oxlahun Muan*) sitzt. Der Körper von Gott L ist schwarz bemalt, entweder vollständig oder, häufiger noch, mit schwarzen Streifen. Auch sein Kopf ist schwarz, die Mundpartie und das Kinn bleiben jedoch von der Bemalung ausgespart und sind weiß. Dort, wo die Zeichnung des Gottes L mit besonderer Sorgfalt ausgeführt wurde, erkennt man um den Mund Flecken, die denen des Jaguarfells ähnlich sehen. Die schwarze Bemalung wie auch die Jaguarfellflecken

Gott L und die junge Göttin I (Codex Dresdensis S. 24).

deuten an, daß die Domäne des Gottes L die Unterwelt ist, eine
Vermutung, die durch zahlreiche Darstellungen auf Keramiken
gestützt wird, die ihn auf einem mit einem Jaguarfell (einem
Symbol der Unterwelt) ausgelegten Thron sitzend zeigen (z. B.
COE 1973 Vasen 49 und 56).
Gott L ist eine der fünf speerschleudernden Venusgötter, die in
den Venustafeln des Codex Dresdensis im Zusammenhang mit
dem ersten Sichtbarwerden der Venus als Morgenstern erscheinen. Als Morgensterngott hält er Schild und Speerschleuder in
den Händen. Auch auf der letzten Seite des Codex Dresdensis,
die zeigt, wie die alte Göttin O einen Wasserkrug ausschüttet
und damit eine Flut verursacht, hält Gott L Waffen in den Händen. Es scheint, als hätten alle schwarzen Gottheiten (die Götter
M, L, Y und Z) einen kriegerischen Aspekt.

Die Deutung des Gottes L durch die ihn bezeichnende Hieroglyphe ist noch nicht möglich. Diese besteht aus einem Affix und dem Kopf des Gottes L. Das vorangestellte Affix ist wiederum in zwei Teile zerlegbar: das Tageszeichen Imix, das den Lautwert *ba/bah* besitzt, und eine doppelte Tropfenreihe. Weder für das Affix noch für das Hauptzeichen gibt es einen Entzifferungsvorschlag.

Gott Z

Gott Z kommt im Codex Tro-Cortesianus dreimal und im Codex Peresianus einmal vor. Er ist wie Gott L ein Gott mit schwarzer Körperbemalung, und wie dieser gehört er der alten Göttergeneration an. Von Gott L unterscheidet ihn ein Kopfschmuck, der aus einer Art Schale, gefüllt mit nicht näher bestimmbaren Gegenständen, zu bestehen scheint. Gott Z hat, wie Gott M, den langen Skorpionschwanz als Attribut, und auf Seite 79 oben des Codex Tro-Cortesianus hängt der Kopf des Gottes M an einer langen Kette um seinen Hals. Dies alles läßt Gott Z als Göttergestalt zwischen Gott L und Gott M erscheinen. Die auffälligste Parallele zwischen Gott Z und Gott L ist die Seite 32 des Codex Tro-Cortesianus. Auf ihr ist, parallel zur Seite 74 des Codex Dresdensis eine Flut dargestellt; die beiden agierenden Personen sind wie dort die alte Göttin O und der bewaffnete Gott Z.

Für Gott Z ist uns keine Namenshieroglyphe überliefert. Zimmermann (1956, S. 164–165) hält Gott Z und Gott L für identisch.

Vereinzelte Götter

In allen drei Handschriften kommen neben den oben beschriebenen wichtigen Göttern eine geringe Anzahl von nur einmal belegten Göttergestalten vor. In diesem Rahmen ist nicht genug Raum für ihre eingehende Erörterung, daher folgt hier nur eine knappe Charakterisierung und ein Hinweis auf ihr Vorkommen:

Gott A", ein Todesgott mit verbundenen Augen (Codex Dresdensis S. 3).

Gott A" Codex Dresdensis S. 9 oben. Ein junger negativer Gott mit verbundenen Augen. Die Namenshieroglyphe enthält die Bestandteile *ox* »drei« – unentziffertes Hauptzeichen – *na*.

Gott B' Codex Dresdensis S. 13 oben. Ein Gott B nahestehender Gott. Besonders auffällig der hohe, von einer Maispflanze bekrönte Kopfputz. Die Namenshieroglyphe ist noch nicht entziffert.

Gott U Codex Dresdensis S. 20 Mitte. Eine junge Gestalt mit eigentümlichen Kopfputz in Gestalt eines liegenden U. Die Namenshieroglyphe ist eine ausgestreckte Hand vor dem Kopf eines alten Gottes.

Gott W Codex Dresdensis S. 44 unten. Ein Gott mit langem, zugespitztem Mund, der an den Mund des mexikanischen Windgottes Ehecatl erinnert.

Gott X Codex Dresdensis S. 37 oben. Eine Gottheit mit einem Tierkopf und Raubtierklauen anstelle von Händen. Die Namenshieroglyphe ist verwittert.

Der aufmerksame Betrachter der Handschriften wird immer noch die eine oder andere Gestalt finden, die er nicht unter den hier beschriebenen Göttern findet. Es sind dann entweder durch Verwitterung nicht mehr identifizierbare Gestalten, Mischwesen, die aus der Synthese von zwei Göttern bestehen, oder kleine Gestalten, die nicht im Hieroglyphentext genannt werden, aber zum Umfeld einer bestimmten Gottheit gehören.

ORTWIN SMAILUS

Die Bücher des Jaguarpriesters – Darstellung und Texte

Als die spanischen Soldaten Yucatán eroberten und in ihrem Gefolge die Franziskanermönche begannen, das Land kulturell umzugestalten, wurden zwar einerseits zahlreiche Zeugnisse der autochthonen Schrifttradition vernichtet (bis auf die drei erhaltenen Codices), andererseits aber auch eine neue Schrifttradition begründet: die Missionare schufen eine lateinschriftliche Orthographie für die Mayasprache und unterwiesen die Kinder des einheimischen Adels in diesem Schriftsystem. Schon von der Mitte des 16. Jahrhunderts an, in den späteren Jahrhunderten nachlassend, aber in einigen Regionen der Halbinsel bis zum heutigen Tage anhaltend, haben Maya in ihrer eigenen Sprache jedoch mit lateinischem Alphabet Dokumente verfaßt, die großenteils als Quellen für Beleg und Rekonstruktion der Kultur der Maya verwendet werden können.

Quellengruppen – Libros de Chilam Balam

Wir können die zahlreichen mayasprachigen lateinschriftlichen Dokumente in verschiedene Gruppen unterteilen:
1. Von spanischen Missionaren verfaßte christliche Unterweisungsliteratur;
2. Rechtsdokumente wie z. B. Verträge und Prozeßakten;
3. Chroniken;
4. Gebrauchs- und Handbücher zur Volksmedizin;
5. Libros de Chilam Balam, »Bücher des Jaguarpriesters«.

Die letzte Gruppe von Dokumenten, deren Sammelname erst von der Wissenschaft geprägt wurde, bildet eine ausgezeichnete Quelle für die Rekonstruktion der Religion der Maya sowohl der späten vorspanischen Zeit als auch der Kolonialzeit (Konquista).

Die Chilam-Balam-Bücher unterscheiden sich von den Quellen der Gruppen Drei und Vier einmal dadurch, daß es sich hier um Sammelwerke handelt, in denen heterogene Themen dargestellt sind: Chroniken, Christlich-Erbauliches, Astrologie, und vor allem »Prophezeiungen«, die eine nach den Zyklen des vorspanischen Kalenders geordnete Extrapolation vergangener Ereignisse auf zukünftiges Geschehen darstellen. Für diese Prophezeiungen existierten in der vorspanischen Zeit unter der Priesterschaft Spezialisten mit dem Namen *chilan* oder *chilam*. Ein Chilam mit Familienname *Balam*, um 1500 in Maní lebend, wurde berühmt; denn er sagte ein Ereignis voraus, das nachträglich auf die Ankunft der Spanier 40 Jahre darauf bezogen werden konnte. Die ersten, der Wissenschaft zugänglichen Prophezeiungsbücher stammen aus Maní, so daß der *Chilam von Maní* namensgebend für eine spezifische Quellengruppe wurde.

Heute existieren als Dokumente (oder direkte Kopien) Libros de Chilam Balam aus *Chumayel, Tizimin, Kaua, Ixil, Tekax, Nah* und *Tusik* sowie ein »*Codex Perez*« genanntes Werk, das eine Kompilation verschiedener Texte aus *Maní* ist.

Einige weitere Libros de Chilam Balam (Nabula, Tihosuco, Tixkokob, Hocaba, etc.) werden in der Literatur erwähnt, es ist jedoch in keinem dieser Fälle ein Manuskript bekannt.

Die Quellengruppe der Libros de Chilam Balam zeichnet sich nicht nur durch die Heterogenität der Zusammensetzung, und dem Einschluß von Prophezeiungen aus, sie sind darüber hinaus auch direkt durch z. T. wörtliche Übereinstimmung von ganzen Passagen miteinander verbunden.

Alfredo Barrera Vazquez und Silvia Rendon haben daher in einem *El Libro de los Libros de Chilam Balam* (»Das Buch der Bücher des Jaguarpriesters«) genannten Werk versucht, den allen zitierten Quellen gemeinsamen Urtext zu rekonstruieren. Sie stellen als große Inhaltsgruppen vor:

1. drei Chroniken (Cronica I–III),
2. zwei Prophezeiungen kompletter Katun-Runden,
3. eine Reihe von einzelnen Katun-Prophezeiungen,
4. einzelne Tagesprophezeiungen,
5. eine »*Lenguaje de Zuyua*« genannte Vorschrift für Herrscher-Initiationen.

Eine sechste Inhaltsgruppe, von beiden Autoren nicht berücksichtigt, bilden die Elemente spanischen Ursprungs, wie Astrologie und Erzählungen aus »Tausendundeiner Nacht«.

Die heterogene Zusammensetzung der einzelnen Bücher innerhalb der Quellengruppe sind dadurch erklärbar, daß alle erhaltenen Manuskripte Kompilationen und Kopien z. T. gemeinsamer älterer Vorlagen darstellen. Zwischen der Erstellung der Urfassung eines Libro de Chilam Balam und den uns hinterlassenen Kopien (und Kopien von Kopien) liegen in der Regel 150 bis 200 Jahre. In dieser Zeit wandelte sich die yucatekische Mayasprache von der kolonialzeitlichen zur jetzigen Stufe. Neue Sprachentwicklungen fanden beim Kopieren (bzw. Neufassen) von Dokumenten Eingang in die Texte. Alle oben erwähnten Libros de Chilam Balam sind generell im Maya des 16.–17. Jahrhunderts abgefaßt, in zahlreichen Einzelfällen sind jedoch Neologismen des 18. und 19. Jahrhunderts eingestreut.

Kulturgeschichtliche Einordnung

Ein großer Teil der Schriftzeugnisse, die wir als Libros de Chilam Balam bezeichnen, müssen von uns als lateinschriftliche Übertragung alter Hieroglyphentexte oder als Fixierung memorierter Traditionen angesehen werden.

Wir können daher bei den mayasprachigen lateinschriftlichen Quellen zwischen solchen Passagen unterscheiden, die die Mayakultur der Kolonialzeit darstellen, und solchen, die Sachverhalte der vorspanischen Zeit wiedergeben. Freilich gelten hier alle quellenkundlichen Vorbehalte, die schriftlichen Dokumenten anhaften, die zu einem späteren Zeitpunkt verfaßt sind, als zu dem, über den sie berichten. Dieses Problem ist von großer methodischer Bedeutung. Es ist, was die Untersuchung der kolonialzeitlichen Religion der Maya von Yucatán betrifft, falsch, mit der Ankunft der Spanier ein Ende der einheimischen Religion und eine komplette Übernahme des Christentums anzunehmen. Es ist aber ebenso falsch, zu vergessen oder zu unterschlagen, daß auch diejenigen Maya, die weiterhin vorspanische Tradition aufrechterhielten, sich in einer spirituellen Auseinandersetzung mit den Christen befanden (und noch befinden).

Wir dürfen auch nicht vergessen, daß von einem bestimmten Zeitpunkt an (der in den verschiedenen Regionen der Halbinsel differiert) christliche und heidnische Traditionen subjektiv nicht mehr als Gegensatz empfunden werden – erst der Wissenschaftler sortiert sie aus Gründen seines historischen Blickwinkels wieder auseinander.

Aus methodischen Gründen, die die Interpretation der mayasprachigen Quellen betreffen, gehen wir von drei Zeitabschnitten aus, über die diese Quellen berichten:

Die Vorspanische Zeit

Schon zu dieser Zeit, in der die traditionelle Mayareligion noch nicht vom Christentum bedroht wurde, war die Religion Yucatáns kein einschichtiges System. Es gab sicherlich erhebliche Unterschiede zwischen der religiösen Vorstellung der Bauernbevölkerung und der des Adels.

Während die Bauern sehr konkrete und naive Erwartungen an die Götter hatten, die wirtschaftlichen Erfolg und das Überleben betrafen, spekulierte der Adel über ein hierarchisches System überirdischer Mächte, das letztlich zur Legitimation der eigenen Herrschaft diente. Zu diesen unterschiedlichen Interessenlagen kommt hinzu, daß sich der Adel zumindest subjektiv als von den Tolteken, und damit einem anderen Kulturkreis abstammend empfand, und andere religiöse Elemente einführte.

Keine der schriftlichen Quellen, mit denen wir uns hier beschäftigen, ist in der vorspanischen Zeit verfaßt worden, bis auf die Codices. Wir haben bei der Auswertung derjenigen Passagen, die sich offensichtlich mit vorspanischer Zeit befassen, zu beachten, daß die Verfasser der frühen Quellen (16. und 17. Jahrhundert) alle dem einheimischen Adel entstammen und daher schichtspezifische Ansichten und dynastische Interessen vertreten. Es ist in der Tat äußerst schwierig, die Religion der bäuerlichen Bevölkerung des vorspanischen Yucatán quellenkundlich zu erschließen.

Die frühe Kolonialzeit

1548 beginnend und im Westen früher, im Osten später endend, wird die frühe Kolonialzeit dadurch gekennzeichnet, daß sowohl soziale Strukturen der vorspanischen Zeit noch bestehen wie auch deren religiöse Vorstellungen und Traditionen; sie konkurrieren mit den Werten der spanisch-christlichen Welt. In dieser Zeit sind alle schriftlichen Quellen, mit denen wir uns hier beschäftigen wollen, in ihrer *Ur*fassung entstanden (leider blieb keine erhalten). Verfasser waren, wie schon gesagt, Angehörige des alten einheimischen Adels, der von den Spaniern nicht aufgelöst, sondern in ihr eigenes feudales System integriert wurde. Dieser Adel nun war einerseits interessiert, die alten Traditionen aufrechtzuerhalten (oder zumindest die Erinnerung daran), weil seine hervorragende Stellung innerhalb der nichtspanischen Gesellschaft gerade darin begründet lag; zum anderen war er um Wohlverhalten gegenüber den Eroberern bemüht, um die Fortdauer seiner Privilegien nicht zu gefährden. Einige Passagen in den Chilam-Balam-Büchern muten wie die Quadratur des Kreises an, in dem Bemühen, heidnische Vorstellungen und Erinnerungen zu bewahren, sich aber gleichzeitig als guter Christ auszuweisen.

In diese Libros de Chilam Balam fanden neben Berichten über Wissen aus der vorspanischen Vergangenheit auch Berichte rein spanischen Ursprungs Eingang, wie Exkurse über abendländische Astrologie und Astronomie, abendländische Volksmedizin, ja sogar Erzählliteratur wie Geschichten aus Tausendundeine Nacht. Wir müssen uns hier vergegenwärtigen, daß die (adligen) Schreiber der Urfassung auf spanischen Schulen ausgebildet waren und damit auch in puncto »neues Herrschaftswissen« ihren bäuerlichen Landsleuten gegenüber einen Wissensvorsprung hatten, den sie offenbar schriftlich demonstrieren oder weitergeben wollten.

Die moderne Zeit

Die dritte Zeitperiode begann im Westen im 17. Jahrhundert, im Osten im 18. Jahrhundert. Sie dauert bis heute an und ist gekennzeichnet durch ein Verschmelzen der heidnisch-vorspanischen und der christlich-spanischen Elemente. In dieser Jetztzeit existiert kein direktes Wissen über eine vorspanische Zeit mehr (wohl aber noch Wissen aus dieser Zeit). Das Neben- und Ineinander von Spanischem und Indianischem wird von den Indianern als vorgegeben, real existierend angesehen. Es gibt jetzt keinen einheimischen Adel mehr (zumindest hat er keine spezifischen Funktionen, keinen anerkannten Status). Als soziale Polarisierung tritt der Gegensatz von Stadt und Land in den Vordergrund, die Stadt *mehr* spanisch, das Land *mehr* indianisch geprägt. Als Träger religiöser oder sonstiger Traditionen treten nicht Adlige, sondern ehrenamtlich tätige Funktionäre der Dorfgemeinschaft auf. Trotzdem bestand offenbar eine Wissensübertragung vom adligen »Gelehrten« der Kolonialzeit zu dörflichen religiösen Funktionären, denn viele der handschriftlichen Quellen landeten zumindest in Kopien bei den letztgenannten. Diese Kopien waren aber die Kompilationen von Kompilationen, und das verursachte die heterogene Zusammensetzung der Quellen.

Wir müssen für diese Zeitperiode auch annehmen, daß sich die Sprache schon soweit verändert hatte, daß ganze Textpassagen oder zumindest einzelne Ausdrücke nicht mehr verstanden und gerade deshalb für besonders wertvoll und heilig gehalten wurden. Auch die Kenntnisse des Spanischen und der spanisch-christlichen Kulturwelt waren bei dörflichen Funktionären nicht mehr so groß wie bei den Schreibern der Urtexte, ganz davon abgesehen, daß auch das Spanische vom 16. zum 18./19. Jahrdert eine Entwicklung gemacht hat.

In dieser Zeit entstanden bei Abschriften und bei Zusätzen Verballhornungen nicht nur alter mayasprachlicher, sondern auch altspanischer Ausdrücke, die Befremden bei modernen Übersetzern hervorriefen (vgl. Roys 1967).

Wir können folgende Entwicklung des Quellenmaterials in seiner Beziehung zur geschichtlichen Umwelt feststellen:

Periode	Kultur	Soziales	Stand des Autors		Quellen
vorspanische Zeit	autochthone Kultur alleine	Adel und Bauern	Priester (aus Adel)	Hieroglyphen-handschriften	Gedächtnis (mündl. Tradition)
frühkoloniale Zeit	Nebeneinander von indianischer und spanischer Kultur	Indianer (Adel-Bauern) und Spanier	Adelszöglinge	Ur-Manuskripte	eigenes Erleben und Wissen
späte Kolonialzeit bis Neuzeit	indianisch-spanische-Mischkultur	Stadt und Land	dörflicher religiöser Funktionär	spätere Kopien und Kompilationen	eigenes Erleben

Religiöse Inhalte – Rituale und Prophezeiungen

Stellvertretend für alle anderen Bücher dieser Gattung sollen einige Passagen des *Libro del Chilam Balam de Chumayel* auf Hinweise zu Weltbild und Götterwelt untersucht werden. Zum einen ist dieser Text das bekannteste Libro del Chilam Balam, zum anderen liegt seit langem eine gute englische Übersetzung vor. Die meisten der besprochenen Passagen finden sich in gleicher oder ähnlicher Form in anderen Libros del Chilam Balam (Codex Pérez, Tizimin, Kaua, Tusik). Für einen genauen Vergleich des Inhalts der verschiedenen Libros können die Tabellen in Barrera Váquez und Rendon 1948 verwendet werden.

Das Dokument, von dem hier die Rede ist, wurde 1782 von Juan Josef Hoil in Chumayel, einem Dorf zwischen Mayapán und Maní, verfaßt. Die Vorlagen seines Manuskriptes reichen, nach Sprachstil und Inhalt zu urteilen, bis in die frühe Kolonialzeit zurück. Einige Passagen, besonders die Katunprohezeiungen, müssen Hieroglyphentexte als Vorlage gehabt haben.

Das Manuskript Hoils gelangte über Zwischenstationen in die Hände des Bischofs Carrillo y Ancona (um 1835), in dessen Besitz es von C. H. Berendt schriftlich und von Teobert Maler photographisch kopiert wurde. Nach dem Tode des Bischofs gelangte das Manuskript in die Hände von Ricardo Figeroa, und von dort in die Biblioteca Cepeda in Mérida. Seit 1916 ist es verschwunden, es gibt aber Hinweise darauf, daß es sich in den USA befindet. 1910 war in der Bibliothek Cepeda eine Photokopie hergestellt worden, die die Grundlage aller Veröffentlichungen und Übersetzungen ist.

Der Herausgeber und Übersetzer der englischen Ausgabe, Roys, erkennt im Manuskript vierundzwanzig Abschnitte, die er durchnumeriert und von sich aus mit Überschriften versehen hat. Wir wollen hier einige dieser Abschnitte untersuchen.

Ritual der Himmelsrichtungen

Der Text beginnt mit einer kosmologischen Darstellung aus vorspanischer Zeit. Christlich-spanische Elemente sind nicht vorhanden. Der Text ist schwierig zu verstehen, da lückenhaft und sehr knapp formuliert. Es könnte die lateinschriftliche Übertragung eines Hieroglyphentextes sein. Es handelt sich hier um eine Zuordnung von Farben, Tieren, Pflanzen und Namen zu einzelnen Himmelsrichtungen und zu Gebieten, die mit diesen Himmelsrichtungen assoziiert sind. Bei Namen handelt es sich z. T. um gängige Familiennamen (Adelsfamilien?), aber auch um Namen von Schutzgöttern, die einzelnen Regionen und in ihnen angesiedelten Tieren und Pflanzen zugeordnet sind. Es handelt sich um eine himmelsorientierte Zuordnung, wie sie aus zahlreichen Quellen, auch Zentralmexikos, bekannt ist.

Der Aufstieg Hunac Ceels zur Macht

Bei dieser Episode handelt es sich um einen historischen Bericht über den Sturz der Itzá-Dynastie von Chichén Itzá und die Machtübernahme durch Hunac Ceel von Mayapán.

Einige handelnde Personen tragen die Namen von Göttern und treten offensichtlich als priesterliche Vertreter der Götter auf. Es findet sich ein christlich orientierter Kommentar, der als Selbstzensur aus taktischen Gründen gewertet werden kann:

ma kuil chacob	die Chacs (Regengötter) waren keine Götter
halili hahal ku	der einzige wahre Gott
ca yumil ti Dios	ist unser (christlicher) Gott
u kulob tu than	es waren ihre Götter nach den Worten
tu yadzil Mayapán	der Weisen von Mayapán.

Im übrigen ist in diesem Text die intensive Verknüpfung von Adelsfamilien und deren Tribut- und Kontrollrechten mit den regionalen Schutzgöttern zu sehen; Mitglieder der Adelsfami-

lien treten als Priester der Schutzgötter auf und erhalten ihre
Namen als Titel:

Ca binob Xocneceh	da gingen sie nach Xocneceh (»lies den Schwanz des Hirsches«)
ceh u vayob ca kuchob	der Hirsch war ihr Schutzgeist, als sie ankamen.

Prophezeiung für den Katun 11 Ahau

Hier handelt es sich um eine der Prophezeiungen (*chilan than*)
des Jaguarpriesters.

Bei Prophezeiungen dieser Art werden konkrete Ereignisse –
zumindest subjektiv konkret – auf ihr Datum bezogen, typisiert
und in dieser Typisierung als regelhaft wiederkehrend dargestellt. Der hier beschriebene Text, der in der frühkolonialen Zeit
unter Verwendung vorspanischer Quellen entstanden sein muß,
ist ein gutes Beispiel für die beginnende Verschmelzung heidnischen und christlichen Gedankengutes, wobei das heidnische
Gedankengut den Rahmen setzt, in den das christliche eingeord-
net wird: Die Ankunft der Itzá und (einige Katunperioden später) der Spanier werden als ähnliche Katastrophen beschrieben,
die typischerweise jeweils in einem Katun 11 Ahau über die
Mayas hereinbrachen, und in ähnlicher Weise ebenfalls in
einem Katun 11 Ahau wird dereinst die von der christlichen
Theologie vorausgesagte Apokalypse hereinbrechen. Es kann
nicht verwundern, daß dann unter der Führung des christlichen
Teufels alle bösen Geister der heidnischen Zeit auf der Erde
wüten:

Lay u antichristoil	da ist der Antichrist auf Erden
yokol cab lae	
ah cabcohil cahob	die, die Menschen schlagen
ah chhumacil cahob	die, die Menschen verschleppen
ah picil cahob	die, die Leuten das Blut aussaugen
y ah dzudzil otzil	die, die arme Bauern aussaugen.
mazevalob lae	

Die Errichtung der Pyramiden

Auch in diesem Abschnitt findet sich eine Synthese von heidnischen und christlichen Vorstellungen. Die Erschaffung der Pyramiden und Tempelanlagen der vorspanischen Zeit wird mit dem Eingriff Gottes in den Turmbau von Babel verglichen:

hoolhun baak u kaalal	15 war die Zahl
u mulil	der Pyramiden
ca tac lahun yox kal	und noch 50 dazu
u much cuentail mul	waren alle Pyramiden zusammenge-zählt
y utzcinahob tu yuklah	die im ganzen Land errichtet wurden
cabil peten	
xa tun utzcinabi	da geschah ihnen ein Wunder
mactzil tiob	
tumen Dios lae	durch Gott
caa elob tumen kak	da brannten sie im Feuer
tu cahal Israel y. bobil	im Lande Israel und *bob*[1].
lae	

Memorandum zur Geschichte Yucatáns

Ähnlich wie in der Prophezeiung für den Katun 11 Ahau wird hier die Ankunft der Itzá mit der der Spanier verglichen, es fehlt aber der prophetische Ausblick.

Dafür wird in diesem Text in einer Passage der alte heidnische Verehrungs- und Wallfahrtsort Izamal zu einem Verehrungsort für die Jungfrau Maria umgedeutet[2].

---

1 Im Maya bezeichnet das Wort *bob* ein mythisches Ungeheuer, in den südlichen Regenwäldern beheimatet und den heutigen Maya noch als reißende Bestie oder Wilder Mann bekannt. Dieses Wesen wird auch mit der Tier-Mensch-Verwandlung zwischen Mensch/Zauberer und Jaguar in Zusammenhang gebracht. Möglicherweise steht in diesem kolonialzeitlichen Text das Wort *bob* für ein heidnisches oder »höllisches« Land (Anm. d. Hrsg.).
2 vgl. → *Itzmat Ul.*

paxi cah Emal Chac	nach dem *Emal Chac Izamal* (»der
Etzemal	Abstieg des Regengottes nach Izamal«)
	untergegangen war
ti emi y ixmehen	da kam die Tochter Gottes herunter
hahal Kui	
ix ahau, ix zuhuy,	die Königin, die Jungfrau, die Wun-
ix mactzil	dertätige
ca yalah ahau	da sagte der König:
emom chimal kinich	es möge herabkommen der Schild des
kakmo	*Kinich Kakamo,* des »sonnengesichtigen
	Feuer-Araras«[1]
ma paat ti ahaulil uaye	er blieb nicht hier in Herrschaft
uay ti pati ix mactzil	es blieb (zu herrschen) die Wundertätige
ix dzayadzil	die Gnadenreiche
emom zum	es sollte herabkommen ein Seil[2]
emom tab	es sollte herabkommen ein Tragband[3]
tal ti caan	vom Himmel herab.

In einer weiteren Passage dieses Textes wird ein Bruch in der religiösen Tradition der vorspanischen Zeit beschrieben und betont, daß die heidnischen Vorstellungen (im Sinne der spanischen Missionare) erst von den Itzá eingeführt worden seien. Sie hätten ihren Ursprung in der sexuellen (?) Versündigung Nacxits (= Quetzalcoatl)[4], ein Hinweis, der sich auf die geistigen Neuerungen bei der »Toltekisierung« Yucatáns bezieht, wobei das Element der Versündigung Quetzalcoatls bereits aus Zentralmexiko bekannt ist. Diese durchaus auf Fakten der vorspanischen Zeit beruhende Geschichte wird in diesem Textzusammenhang aber auch als Hinweis auf eine Ur-Unschuld der Maya (im christlichen Sinn) interpretiert.

---

1 Gemeint ist der Sonnengott. Sein »Schild« ist die Sonnenscheibe.
2 Vielleicht ist diese Aussage auf den Mythos des *kuxan suum,* »des lebenden Seils«, der kosmischen Nabelschnur, die Himmel und Erde miteinander verbindet und die auf vielen Wandmalereien der Ostküste Yucatáns dargestellt erscheint.
3 Das Wort für Tragband und Nabelschnur ist dasselbe.
4 Vgl.→*Kukulcán.*

Die Sprache von Zuyua

Bei diesem Abschnitt handelt es sich um die Beschreibung eines Prüfungsritus, in dem junge Adelige ihre Fähigkeit zur Amtsübernahme nachweisen müssen. Hierbei werden die Prüflinge vom Prüfer (dem z. Z. regierenden Herrscher) aufgefordert, ihm eine Reihe von Handreichungen zu machen, wobei die zu überreichenden oder zu beschaffenden Dinge durch Metaphern bzw. Symbole verschlüsselt sind, die der Prüfling richtig übersetzen muß:

> Dies ist die Sprechweise von Zuyua,
> und wie man sie versteht,
> für unseren Herrn,
> Señor Gobernador Mariscal,
> der sich niedergelassen hat
> in diesem Ort Tzucvaxim,
> östlich von Ichcaanzihoo, der »im Himmel geborene Fünf«[1], gelegen.
> Dort ist das Land
> wo vorhanden sind
> seine Pflanzungen und sein Hof;
> wo er sich niedergelassen hat
> und (dort) wird auch kommen
> das Ende seines Weges.
> Es kommt das Wort des Fürsten:
> Rot ist sein Wort
> wenn es kommt,
> und rot ist auch seine Kleidung.
> Dann ist es in der Sprechweise von Zuyua,
> in der er spricht,
> in der er fragt,
> der oberste Herr des Ortes hier.
> Wenn kommen wird

---

1 = Mérida.

zum Tage seines letzten Wortes (wenn er aufhört zu
sprechen)
der Katun 3 Ahau,
dann wird sich niederlassen ein anderer Katun,
der Katun des 1 Ahau.
So ist es gesagt worden.
Dieser Katun hier,
der Katun 3 Ahau,
wenn er seinen Tag erreicht hat,
wird auch seine Herrschaft und seine Macht enden.
Nun denn.
Ein anderer stellt sich zur Verfügung,
nicht dieser Katun 1 Ahau.
Er läßt sich nieder im Hause
des jetzigen Katun (Katun 3 Ahau),
er ist sein Gast.
Ihm wird erlaubt zuzusehen
durch den Katun 3 Ahau.
Beschämend sind, so sagt man, die Dinge,
wo sie sich niederlassen.
Eine Befragung wird durchgeführt,
im Katun,
der jetzt endet.
Jetzt kommt der Tag
der Befragung
für die Herrscher des Ortes,
ob sie wissen
wie gekommen sind
die Vorfahren der Herrscher,
ob sie erklären können,
wie gekommen sind die Häuptlinge, die Fürsten;
ob sie von Königen abstammen,
ob sie von Häuptlingen abstammen,
das sollen sie beweisen.
Dies ist die erste Frage,

die ihnen gestellt wird:
Sie werden nach Essen fragen:
»Hol die Sonne!«
so sagen
die Fürsten zu ihnen.
So wird gesagt zu den Häuptlingen:
»Hole die Sonne, Sohn,
lege sie auf meinen Teller.«
Da ist eine Lanze aufgestellt,
ein aufragendes Kreuz
inmitten seines Herzens.
Und dort sitzt ein grüner Jaguar
über der Sonne
um sein Blut zu trinken.
Nach Zuyua-Art ist es zu verstehen.
Dies ist wonach man sie fragt:
ein großes gebratenes Ei.
Dies ist die Lanze und das aufragende Kreuz,
die in seinem Herzen angepflanzt sind.
Davon spricht er;
das ist, was er segnet.
Dies ist der grüne Jaguar,
der darüber sitzt,
um sein Blut zu trinken;
es ist grüner Chilli-Pfeffer.
Das ist der Jaguar.
Das ist die Sprechweise von Zuyua.
Dies ist die zweite Frage,
die ihnen gestellt wird:
Sie sollen gehen
und das Gehirn des Himmels holen.
Der Fürst will sehen
wieviel es ist:
»Ich möchte
es sehen,

auf daß ich es sehe!«
Richtig soll es heißen:
Dieses Gehirn des Himmels,
das ist Räucherharz.
Dies ist die (Sprechweise von) Zuyua
usw.

Das Rätselraten aller Interpreten beruht darauf, daß die bezeichneten Dinge offenbar heterogen zusammengestellte Komposi-
tionen sind, über deren Verwendung nichts weiter gesagt wird.
Analysiert man die aufgezählten Dinge, wird einem Kenner
heutiger traditioneller Mayagemeinden schnell deutlich, daß es
sich um eine Reihe von Opfergaben und Ritualzubehör handelt, die bei Bitt- und Dankzeremonien auf dem Altar den Göttern dargebracht werden. So ist die »Sonne mit dem grünen
Jaguar« ein mit grüner Soße gebratenes Spiegelei, das »Gehirn
des Himmels«, der Rauch des brennenden Weihrauchs (siehe →
pom), der »Geruch des Lendenschurzes« der Duft des brennenden Weihrauches, der »weiße Tapir mit Rassel« ein Sisalgeflecht
mit Blume und das »Herz Gottes auf dreizehn Lappen« eine
Perle auf einem Stapel Maisfladen. Nur wenige kolonialzeitliche
Texte schlagen in solch deutlicher Weise eine Brücke von religiösen Praktiken zur Zeit der Konquista zu denen der heutigen
Mayabauern.

Eine Schöpfungsgeschichte
nach dem Chilam Balam von Chumayel

Innerhalb eines christlichen Rahmens, der offenbar christlich
orientierte Leser versöhnen soll, ist hier eine unverfälscht heid-
nisch-vorspanische Schöpfungsgeschichte eingefügt, die wie alle
Passagen dieser Art schwer zu verstehen ist:
Auslöser der Weltentwicklung ist der Gott *Ah Muzencab*. Die

Welt entsteht und vergeht mehrmals nach den Gesetzen, die durch den Ablauf der Katun-Perioden vorgegeben ist. Die Welt ist vertikal in 13 Schichten der Oberwelt und 9 Schichten der Unterwelt gegliedert. Die Herren der Oberwelt (*Oxlahun-ti-ku*) stehen im Wettstreit mit den Herren der Unterwelt (*Bolon-ti-ku*). Siegen die Herren der Unterwelt, kommt Unglück über die Welt und sie geht zugrunde. Horizontal ist die Welt in die vier Himmelsrichtungen ausgerichtet. In jeder Himmelsrichtung befindet sich ein Patron (*Bacab*). Ihnen sind Farben, aber auch alle Pflanzen und Tiere zugeordnet.

Der Text beschreibt einige der 13 Herren der Oberwelt, von denen offenbar jeder als Schöpfer und Behüter von Dingen auftritt, die den Menschen wichtig sind:

Ah Vuc Cheknal (bringt Licht und Fruchtbarkeit)

Bolon Dzacab (bringt Regen)

Bolon Mayel (bringt Honig und Kakao)

Hier die Schöpfungsgeschichte im Wortlaut des Chilam Balam von Chumayel (gleichlautend mit dem von Tizimin und Maní):

Ichil Buluc Ahau tii ca hoki Ah Muzencab, kaxic u vichob Oxlahun-ti-ku	Es war im Katun 11 Ahau, als *Ah Muzencab* hervorkam, um den *Oxlahun-ti-ku* die Augen zu verbinden.
Maix y oheltahobi u kaba, halili u cic yetel u mehenobe.	Sie kannten nicht seinen Namen, nur seine ältere Schwester und seine Söhne [kannten sie].
Y alahob ti maix chancanhii u vich tiob xan.	Sie sagten, auch sein Gesicht wäre ihnen nicht bekannt gewesen.
Tu chi ix ca dzoci uy ahal cabe, maix y oheltahob binil ulebal.	Nachdem die Erde erwacht war, wußten sie auch noch nicht, was kommen würde.

Ca ix chuci Oxlahun-ti-ku	Da wurde *Oxlahun-ti-ku* ergriffen
tumenel Bolon-ti-ku.	durch *Bolon-ti-ku.*
Tii ca emi kak, ca emi tab,	Da kam Feuer herunter und Seil (Tragband),
ca emi tunich y etel che.	da kamen Steine und Hölzer.
Ca tali u baxal che y etel tunich.	Da kam es, daß Hölzer und Steine geschlagen wurden. (daß gekämpft wurde)
Ca ix chuci Oxlahun-ti-ku;	Da wurde *Oxlahun-ti-ku* ergriffen;
ca ix paxi u pol;	da platzte sein Kopf;
ca ix lahi u vich	da wurde sein Gesicht geohrfeigt;
ca ix tubabi	da wurde er angespuckt;
ca ix cuch-pach-hi xan.	da wurde er auf den Rücken geworfen.
Caix colabi u canhel	Da entriß man ihm seine Insignien
y etel u holzabac.	und entfernte seine Gesichtsbemalung.
Ca chhabi ix kukil ix yaxum.	Da nahm man ihm Quetzal- und Grünvogelfedern.
Y etel ca chhabi ibnel,	Und da wurden ihm die Limabohnen genommen,
ppuyem viil	die zerkleinerten Wurzelfrüchte
y etel u puczikal ppuyem zicil.	und die Herzen der zerkleinerten Kürbissamen,
y etel ppuyem topp u ppuyem buul.	die zerkleinerten Samen der Toppfrucht und die zerkleinerten Bohnen.
U teppah uy inah y yax Bolon Dzacab	Er wickelte die Samen ein, dies war das erste *Bolon Dzacab* (Neun Abstammung)

Ca bini tuy oxlahun caan.
Da ging er in den 13. Himmel.

Ca ix tun culhi u madzil
Da ließ sich der Maisteig nieder,

y etel u ni baclili
mit den Spitzen von Maiskolben,

vay y okol cabe.
hier auf der Erde.

Ca tun bin u puczikal
Da ging sein Herz [der Wurzelfrucht]

tumenel Oxlahun-ti-ku.
wegen *Oxlahun-ti-ku.*

Maix y oheltahob
Sie wußten aber nicht,

binci u puczikal viil lae.
daß das Herz der Wurzelfrucht gegangen war.

Caix hutlahi ix ma yumob, y etel ah numyahob
Da brachen sie zusammen, die Vaterlosen und die Mühseligen,

ix ma ichamob cuxanob ix ti minan puczikalob.
die Gattenlosen und die die ohne Herz leben.

Caix mucchahi tumen u yam zuz,
Da begrub man sie im Sand

tu yam kaknab.
am Strand des Meeres.

Hunvadz hail, hulom haail,
Ein Schwall Wasser, ein Guß Wasser [wird kommen],

ti ca uchi col canheli.
wenn der Raub der Insignien geschieht.

Ti homocnac canal
Da versinkt alles oben,

homocnac ti cab
da versinkt alles auf der Erde,

valic cantul ti ku
wenn die vier Götter aufgestellt werden, die vier

cantul ti Bacab;
Bacabs;

lay hayezob.
sie zerstören alles.

Tu chi ca dzoci haycabil
Wenn die Zerstörung vollendet ist,

lay cahcunah che
dann errichten sie Bäume,

uchebal ca tzolic:
damit aufgereiht ist:

kan-xib-yuyum
Die gelbe Oriole (Chamethlypis)

Ca valhi zac imix che ti xaman. Da stand der weiße *Imix*-Baum im Norden.

Ca ix valhi y ocmal caan, Da stand er als Stütze des Himmels

u chicul haycabal als Zeichen der Zerstörung.
lay zac imix che, Das ist der *Imix*-Baum,
v alic cuchie. von dem ich sprach.
Ca ix valhi ek imix che Da stand der schwarze *Imix*-Baum,

culic ek tan pidzoy. auf ihm saß der schwarzbrüstige *Pidzoy*-Vogel.

Ca ix ualhi kan imix che Da stand der gelbe *Imix*-Baum,

u chicul haycabal, als Zeichen der Zerstörung,
culic kan tan pidzoy. auf ihm saß der gelbbrüstige *Pidzoy*-Vogel.

cumlic ix kan xib yuyum Darauf läßt sich nieder der gelbe Oriole, der gelbe *Oyal-Mut*-Vogel.
ix kan oyal mut.

Ca ix valhi yax imix che Da stand der grüne *Imix*-Baum,

tu chumuc u kahlay haycabil. in der Mitte als Erinnerung an die Zerstörung.

Culic, vatal, cumtal u cah Es setzte sich, es stand, es ließ sich nieder

u lac u yanal katun, die Platte eines neuen Katun,
ah pay kab, ah pay oc tu yum. sie winkt, leitet zum Herrn.
Cumtal u cah, Es ließ sich nieder,
chac Piltec tu lakin cab der rote *Piltec* im Osten der Erde,

ah pay oc tu yum. er leitet Leute zu seinen Herrn.

Cumtal u cah Es ließ sich nieder,
Zac Piltec tu xaman cab, der weiße *Piltec* im Norden der Erde,

ah pay oc tu yum.

er leitet Leute zu seinem Herrn.

Cumtal u cah
Lahun Chan (tu chikin cab)

Es ließ sich nieder,
Lahun Chan im Westen der Erde,

ah pay kab tu yum.

er winkt Leute zu seinem Herrn.

Cumtal u cah
Kan Piltec (tu nohol cab)

Es ließ sich nieder,
der gelbe *Piltec* (im Süden der Erde),

ah pay kab tu yum.

er winkt Leute zu seinem Herrn.

Hex u vol cab,
valic Ah Vuc Cheknale.
Tali ti vuctaz cab,

Es war über die ganze Erde,
daß sich *Ah Vuc Cheknal* erhob.
Er kam aus der 7. Schicht des Himmels,

ca emi u chekebte
u pach Itzam-kab-ain.
Tii ca emi tu muk u xuk luum
caan.

als er herabkam zu befruchten den *Itzam-kab-ain.*
Er kam herab aus der Kraft des Winkels zwischen Himmel und Erde.

Ximbal u cahob
tu can cib
tu cantaz ti ek.

Sie wanderten
unter den vier Lichtern,
in der vierten Schicht der Sterne.

Ma zazil cab,
ti hun minan kin,
ti hun minan akab
ti hun minan u.
U ahalob
ti ix tan uy ahal cab.
Ca tun ahi cab.
Valacito y ahal cab,
oxlahun pic dzac,

Die Erde war nicht hell,
es gab noch keine Sonne,
es gab noch keine Nacht,
es gab noch keinen Mond.
Sie erwachten,
als auch die Erde erwachte.
So erwachte die Erde.
Als die Erde erwachte,
da waren es dreizehn mal achttausend Schichten,

tu vuc u xocan

zu den sieben die gezählt wurden,

y ahal cab.

als die Erde erwachte.

Ca tun ah cab tiob.

So erwachte für die die Erde.

Ci uba cakin dzam

Es wurde angesagt der zwei-Tage-Thron,

oxkin dzam.

der drei-Tage-Thron.

Ca ix hoppi y okol Oxlahun-tiku.

Da begann *Oxlahun-ti-Ku* zu weinen.

Okol u cahob ti y ahaulil.

Da weinten sie über die Herrschaft.

Chacab tun tepal, chac-hix pop.

Rot wurde die Herrschaft, rot wurde die Herrschermatte.

Chac acan u yax chel cab.

Fest ruhte der erste Weltenbaum.

Chacan u numteil cab,

Es offenbarte sich die ganze Erde,

tumenel Vuc-yol-zip.

durch *Vuc-Yol-Zip.*

Maix tu kin a tepal lay lic y okticob Bolon-ti-ku.

Es war aber nicht während seiner Herrschaft, daß die *Bolon-ti-Ku* weinten.

Tii ca tali u tzolop pop:

Nun kam es, daß die Matten gezählt wurden:

Chac ix pop culic Bolon-ti-Ku.

Auf der roten Matte saßen die/der *Bolon-ti-Ku.*

Dzut polbil ix yit

Ganz gerundet war sein Hinterteil,

ti culic tu pop.

wie er auf der Matte saß.

Ti ca emi zidz, tali tan yol caan.

Da kam herab die Begierde, sie kam aus dem Herzen des Himmels.

Lay u zidzil tepal, u zidzil ahaulil.

Es war die Begierde nach Macht und Herrschaft.

Ca ix cumlahi chac edz,

Da ließ sich nieder, das rote Fundament,

Ca ix cumlahi zay y edzebil,	da ließ sich nieder das weiße Fundament,
ahaulil edz.	das Fundament der Herrschaft.
Ca cumlahi ek edz,	Da ließ sich nieder das schwarze Fundament,
Ca cumlahi kan edz.	da ließ sich nieder das gelbe Fundament.
Ca cumlahi Chac Tenel Ahau.	Da ließ sich nieder der *Chac-Tenel-Ahau* (roter aufgestützter Herrscher).
Ah tem pop, Ah tem dzam.	Er stützt sich auf die Herrschermatte, auf den Thron.
Ca culhi zac temal (Ahau).	Da setzte sich der *Zac-Temal-Ahau* (weißer aufgestützter Herrscher).
Ah tem pop, ah tem dzam.	Er stützt sich auf die Herrschermatte, auf den Thron.
Ca cumlahi Ek tenel Ahau.	Er ließ sich nieder der *Ek-Tenel-Ahau* (schwarzer aufgestützter Herrscher).
Ah ten pop, ah ten dzam.	Er stützt sich auf die Herrschermatte, den Thron.
Ca cumlahi Kan Tenel Ahau.	Da ließ sich nieder der *Kan-Tenel-Ahau* (gelber aufgestützter Herrscher).
Ah ten pop, ah ten dzam.	Er stützt sich auf die Herrschermatte, den Thron.
Ti va ix tu than.	Als Gott, wird gesagt.
Ti va ix ti ma ix kui,	Ob er nun Gott ist, oder nicht,
ti minan ix u vah,	er hat keine Tortillas (Maisfladen),
ti minan ix y aal.	er hat nichts zu trinken

Hunxeli
lic valic u mul vi tic
ma ix tab u tal u yabal,

lic u yancuntic.
Caal u mut, ti culic.

Ti tali tamuk y ahaulil,
ca kuchi ti culic tu pop.

Top canal hopan u kak

Colop u vich kin,

tocan ti cab.
Lay u buuc ti y ahaulil.

Lay u chun
licil y oktic u tepal.

Tu kin numen kin, numen celem.

Tu kinil u natal naat ahauob.

Can valic u chhic che.

Mol tu kin zatay babalili.

Can valic u che ah muuc,

tu holcan be, tu holcan heleb.

Es war nun ein bißchen,
welches aufgehäuft war,
und es gab nichts, wo noch
mehr herkommen konnte,
welches sie benötigten.
Groß war ihr Einfluß, als sie
dort saßen (regierten); viel
Kraft und viel Mühen gab es.
Es geschah während seiner
Herrschaft, als er sich nieder-
ließ auf seiner Herrschermatte.
Weit hinauf erhob sich ein
Feuer,
das Gesicht der Sonne ver-
schwand,
es war verbrannt bis zur Erde.
Dies war die Kleidung seiner
Herrschaft.
Dies war der Grund,
warum er über seine Macht
weinte.
Zu der Zeit hatte er zu viel
Macht, und zu viel Kraft.
Zu der Zeit gab es die Befragung der Könige.
Dann wurde ein Pfosten aufgerichtet.
Zerbrechliche Dinge wurden
damals darauf angehäuft.
Es wurde der Pfosten dessen
aufgerichtet, der begräbt,
an den Wegkreuzungen, an
den Ruheplätzen (Rastplät-
zen).

Okom bulcum. — Beweinenswert war dieses Durcheinander (?).

Tu kinil momolii pepen. — Zu der Zeit sammelten sich überall Schmetterlinge.

Ti tali chac mitan numya — So kam das große (rote) Elend.

Lic u talel oxvin keech, — So kam es, daß drei Monate lang alles verschoben (verdreht) war.

U kin ox Ahau Katun. — Das geschah im Katun 3 Ahau.

Ox tuc ti hab, — Nach drei Jahren (in drei Jahren)

lay bin nuppuc — wird sich alles das wieder geben,

ichil Ah Ox Ahau Katun. — (sich zusammenfügen) im Katun 3 Ahau.

Ca bin cumlac u yanal Katun. — Dann wird sich ein anderer Katun niederlassen.

Ox u vah — Vom Ramón-Baum ist seine Speise,

ox y aali. — vom Ramón-Baum ist sein Getränk.

Cup u vah — Von der *Jícama cimarrona* ist seine Speise,

cup y aal — von der *Jícama cimarrona* ist sein Getränk,

la cu hantic, — das essen sie,
la cuy ukic. — das trinken sie.
Xbatun, chhímchhim chay — Die *Xbatun*-Frucht und die Chaya

cu hantic. — essen sie.
Lay culhi vay tu cahal numyae, — Dies findet sich hier am Ort der Mühsal,

yume, ichil u bolon tun. — Vater, im neunten Tun.

Tu kin yan dzulili.
Katal u cah u cuch Katun.

Tu lah yabil Ah Oxlahun
Ahau.
Tii ca u hekah yoc Ah Buluc
Ahau.
Tii ca emi u than Bolon Dzacab,

u ni y ak.
Ca emi katal u cah u cuch
katun.
Bolonte u cuch.
Ca emi ti caanil.
Kan ix u kinil
kaxci u cuch.

Tii ca emi haa
tali tan y ol caan,

uchebal u caput zihil
Bolon-haaban y otoch.
Yet emci Bolon Mayel

chhahuc u chi, u ni y ak.

Chhah (uc) u chi u dzomel.
Ti ca emi cantul chaac
uaya caat lae.
Lay u cabilob nicte lae.
Tii ca hoki ix chac hoch kom ti

y etel ix zac hoch kom ti

Zu der Zeit gibt es Fremde.
Die Last (Mitbringsel) des
Katun wird gesucht (erfragt).
In allen Jahren des Katun 11
Ahau.
Da öffnete der Herr (des
Katun) 11 Ahau seine Beine.
Da kam das Wort des *Bolon
Dzacab* (Neun Abstammung)
heraus,
aus der Spitze seiner Zunge.
Da wurde die Last des Katun
gesucht.
Neunfach ist seine Last.
Da kam sie aus dem Himmel.
Kan ist der Tag,
an dem seine Last gebunden
wird.
Da kam Wasser heraus,
es kam aus dem Herzen des
Himmels,
für die Wiedergeburt,
neunjährig ist sein Haus.
Und mit ihm kam *Bolon
Mayel* (Neun Mayel)
süß war sein Mund und die
Spitze seiner Zunge.
Süß war auch sein Gehirn.
Da kamen auch die vier *Chacs*
segensreiche Töpfe haben sie.
Da ist der Honig der Blumen.
Da kam heraus das rote sich
öffnende Gefäß
und das weiße sich öffnende
Gefäß

y etel ix ek hoch kom	und das schwarze sich öffnende Gefäß
y etel ix kan hoch kom	und das gelbe sich öffnende Gefäß
y etel ix hau nab	und die geöffnete Seerose
y etel ix huk nab.	und die geschlossene Seerose.
Y et hokci tun ix ho yal nicte	Und mit ihr kam heraus die fünfblättrige Blume
y etel ix ho nixte	die fünfblättrige Blume
y etel ix ninichh cacao	der gezähnte Kakao
y etel ix chabil tok	und die Chabil-Tok-Pflanze
y etel ix bac nicte	und die Bac-Blume (Knochen-Blume)
y etel ix Macuil Xuchite	und die Macuil Xuchit-Blume
ix hobon y ol nicte	die Blume mit dem hohlen Inneren
y etel laul nicte	und die Lorbeer-Blume
y etel kovol y octah nicte	und die lahmende (gekrümmte) Blume.

Das Weltbild der Chilam-Balam-Bücher

Nach dem Glauben der Maya von Yucatán ist die Welt nach verschiedenen Ordnungsprinzipien gegliedert. In vertikaler Hinsicht gibt es 13 Schichten der Oberwelt und 9 Schichten der Unterwelt. In horizontaler Hinsicht ist die Welt nach den vier Himmelsrichtungen hin um die Mitte geordnet. Über dem Ganzen thront als Deus otiosus der Schöpfergott *Ah Muzencab*. Die einzelnen Schichten der Oberwelt werden von spezialisierten Schutz- und Helfergöttern bewohnt; sie haben alles geschaffen und bewachen, was für den Menschen wichtig ist. Regen, Fruchtbarkeit und Nahrung. Auch die 9 Schichten der Unterwelt sind von Göttern bewohnt, die jedoch destruktive Eigenschaften haben. Siegen die Herren der Unterwelt, gibt es einen »Weltuntergang«. Auch in den vier Himmelsrichtungen gibt es Schutzgötter, die vier Bacabs, denen alle Tiere, Pflanzen usw. zugeordnet sind. Die Dimension der Zeit ist in die Ordnung der Welt einbezogen. Sie ist gegliedert in die Abschnitte der Katunzählung, die selbstverständlich auch ihre Personifizierung in jeweiligen Schutzgöttern oder Herren der Zeitabschnitte haben.

Die drei Gliederungsprinzipien (senkrecht, waagerecht und zeitlich) wirken nun alle mit ihren Assoziationen, Kräften und Eigenschaften (die jeweils durch Patrone personifiziert sind) zusammen auf das Schicksal der Welt und der Menschen ein, so daß ein Priester bei einer Prophezeiung das Zusammenspiel der drei Ordnungsfaktoren untersuchen muß. Von diesen drei Faktoren scheint der zeitliche das größte Gewicht zu haben, so daß der Kalender letztlich über die Aussichten von Gut und Böse entscheidet.

Alle überirdischen Wesen, die Herren der Weltschichten, die Bacab und die Patrone der Zeitabschnitte, wurden von den Maya in vorspanischer Zeit durch Steinidole dargestellt. Man suchte sie durch Opfergaben zu beeinflussen. Aufbau der Opferhandlung und Art der Opfergaben richteten sich nach den Assoziationen der jeweiligen Götter: nach Farben, Eigenschaften, Pflanzen, Tieren, aber auch nach Zahlenkombinationen.

Wir können in den Chilam-Balam-Texten nicht erkennen, inwieweit noch in spanischer Zeit Opferzeremonien der beschriebenen Art stattfanden. Aus spanischen Quellen des 16. Jahrhunderts wissen wir, daß sie heimlich ausgeführt wurden.

Die Ethnographie der Maya-Bauern von heute zeigt, daß die Opferriten noch immer *den* zentralen Platz im religiösen Geschehen einnehmen, wenn diese Zeremonien auch heute zum Teil (nicht alle) in einen oberflächlich christlichen Rahmen gesetzt sind. Man unterscheidet »katholische« und »heidnische«

Riten: »Katholische« Riten sind solche, die einen oberflächlich christlichen Rahmen erhalten haben, »heidnische« entbehren ihn. Freilich wurden beide Arten von Riten durch christliche Paraphernalia wie Kerzen, Kreuze und christliche Standardgebete ergänzt. Es muß hier jedoch betont werden, daß die Einteilung in »katholisch« und »heidnisch« eine von außen herange-

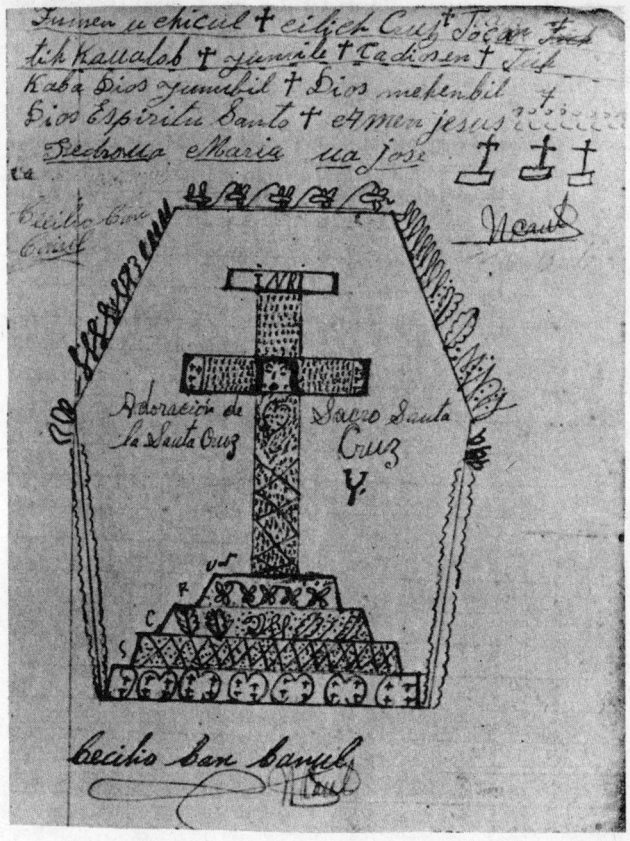

Manuskriptseite aus einem Chilam-Balam-Buch.

tragene und akademische ist. Der Maya von heute bezeichnet sein gesamtes Weltbild als »católico«, erkennt aber durchaus funktionale Unterschiede zwischen Feldbauzeremonien und kirchlichen Riten.

Die Synkretisierung des Weltbildes begann, wie die Texte des Chilam Balam von Chumayel zeigen, schon sehr früh, zuerst wohl als *camouflage*, dann als integrierte Einheit. Wie oben ausgeführt, stellte das vorspanisch-heidnische Element durchweg den Rahmen, in das christliche Umdeutungen oder Ergänzungen eingebaut wurden.

Nicht nur die Götterwelt der Maya hat, durch einige christliche Elemente eher bereichert als verdrängt, sich in den traditionellen Maya-Dörfern, vor allem des zentralen Quintana Roo, bis heute gehalten. Auch die Tradition, *Libros del Chilam Balam* als heilige Bücher aufzubewahren, zu verehren und als Anleitung und Interpretationshilfe beim Kult zu verwenden, ja sogar alte zu kopieren und durch Neueintragungen zu erweitern, besteht noch heute. Schon das in der Literatur zitierte »Libro del Chilam Balam von Tusik« wurde in den 30er Jahren dieses Jahrhunderts in einem traditionellen Dorf als noch gebraucht und verwendet entdeckt.

Auch in anderen Dörfern des zentralen Quintana Roo existiert – bis heute – die Institution des Schreibers, der alte heilige Bücher aufbewahrt, vorliest und interpretiert. Teilweise wird von ihnen auch die Bezeichnung »chilam balam« verwendet. Von einigen dieser Bücher konnten Hamburger Altamerikanisten Kopien machen, die in nächster Zeit zur Veröffentlichung anstehen.

CHRISTIAN RÄTSCH

Cunyahthan – Kosmologische Zaubersprüche

>Die Magie hängt stets von einem System zur Erklärung des Universums ab, und ihre Merkmale sind immer aufs engste mit einem Apparat verbunden, dessen Rhythmus und Wirkungsrichtung sie über bestimmte Verrichtungen steuert.« (André LEROI-GOURHAN, 1981)

Im sogenannten Wiener Wörterbuch (17. Jahrh.) steht unter dem Eintrag *cunyah than* »Zaubern, allgemein« oder »mit einem Zauberspruch zaubern«. Es waren die Ahau Can, die »Klapperschlange« genannten Hohepriester, die Zaubersprüche kannten und beherrschten, die der Krankenheilung, Geburt und Jagd dienten. Die Ahau Can-Priester waren vermutlich die Hüter der Zaubersprüche in der vorspanischen Mayagesellschaft. Ihr Wissen um die Zaubersprüche erwarben sie in langen Schulungen und Einweihungen durch ältere Priester, zumeist ihre eigenen Väter.

In ihren Inhalten waren die Zaubersprüche direkte Abbilder der Vorstellungswelt der Mayapriester. In den Texten spiegeln sich Astronomie, Kosmologie und das Pantheon der Maya wider. Mit den Texten werden das Universum, die Götter, die Dimensionen der Krankheit und die Wirklichkeitswandlungen, die ein Zauberspruch bewirken soll, beschrieben.

Das Alte Zauberbuch

Zu Anfang dieses Jahrhunderts tauchte ein in Maya geschriebenes Manuskript mit dem Datum 1779 auf, daß William Gates *Ritual of the Bacabs* nannte. Das Manuskript stammte aus Yucatán, aber seine genaue Herkunft bleibt dunkel – genauso wie sein Inhalt lange Zeit im Dunkeln geblieben ist (vgl. TOZZER 1921, S. 196). Das Manuskript enthält 46 Zaubersprüche und einige medizinische Texte (Rezepturen)[1]. E. Percival Wilkins, einer der Mitarbeiter von William Gates, versuchte sich an dem Manuskript als Übersetzer. Leider erfolglos, denn die 1919 angekündigte Edition ist niemals erschienen. 1930 erwarb Robert Garrett das Manuskript von Gates und übergab es 1949 der Princeton University Library als Geschenk. In dieser Bibliothek wird das Manuskript als *Princeton Codex* geführt.

Ralph Roys, der viele grundlegende Arbeiten zur Ethnohistorie des Mayabereiches verfaßt hatte, versuchte die Zaubersprüche zu transkribieren, zu übersetzen und zu editieren (1965). Seine Transkriptionen sind weitgehend fehlerfrei; seine Übersetzungen leider nicht. Die Sprache der Texte ist zwar Maya, aber voller Schwierigkeiten und Doppeldeutigkeiten im Vokabular. Roys bemühte sich, die Texte auf dem Hintergrund seiner Erfahrungen mit den Übersetzungsarbeiten anderer kolonialzeitlicher Mayamanuskripte und mit Hilfe der kolonialzeitlichen Wörterbücher zu übersetzen. Viele Namen von Pflanzen, Tieren und Göttern konnte er in den Wörterbüchern genausowenig finden, wie viele vermutlich esoterische Begriffe und Verknüpfungen. Kurzum, Roys mangelte es an einem Schlüssel zu der Struktur und zu den Inhalten der Texte.

Seine Übersetzungen waren ein hilfloser Deutungsversuch, von dem sogar J. Eric S. Thompson sagte, »daß die Zaubersprüche selbst in den Übersetzungen sehr schwer zu verstehen sind«

---

[1] Einige Zaubersprüche und zauberspruchähnliche Texte finden sich auch in den Chilam-Balam-Büchern.

(1970, S. 160). Kürzlich ist ein neuer Übersetzungsversuch erschienen (ARZAPALO 1984). Ramón Arzápalo glaubte mit seiner Kenntnis des modernen, gesprochenen Maya den Text der Blumenbesessenheit (bei ihm »erotische Trance«) neu übersetzen zu können, beachtete aber nicht, daß die kolonialzeitliche geschriebene Sprache stark vom aktuellen Maya abweicht[1].

Erst die ethnographische Erforschung der Zaubersprüche der modernen Lakandonen (RÄTSCH 1984 und 1985) hat einiges erhellt. Nicht nur die Sprache der lakandonischen Zaubersprüche gleicht der der alten Texte, auch die Krankheiten, die sie heilen sollen, sind dieselben. Die in dem Manuskript genannten Krankheiten *tancas* (»Besessenheit« oder »Wahnsinn«), *chibal oc* (»Beißen im Bein«), *yx hunpedzkin* (»die des einen Sonnenmaßes«), *x chac anal kak* (»das rote *anal*- Feuer«), *kanpetkin yah* (»der Schmerz der Gelben Sonnenscheibenwespe«), *nok ti co* (»Wurm im Zahn«), *sinan tu chibal* (»Skorpionsstich«) sind ebenso den Lakandonen bekannt und werden von ihnen noch heute mit inhaltlich sehr ähnlichen Zaubersprüchen geheilt. Auch die in dem Manuskript niedergeschriebenen Zaubersprüche zur Heilung von Knochenbrüchen *(u thanil bac)* und zur Entstehung von Feuersteinklingen haben Parallelen zu lakandonischen Sprüchen.

Die vielen Namen von Pflanzen und Tieren, die in dem Manuskript auftauchen, sind den Lakandonen noch bekannt. Dadurch konnten diese Pflanzen und Tiere erstmals identifiziert werden. Einige standardisierte Phrasen der alten Texte werden auch von den Lakandonen in ihren Sprüchen verwendet. Ebenfalls die syntaktische Besonderheit, daß beschriebene Handlungen als abgeschlossen, also als bereits geschehen ausgedrückt werden, ist ein gemeinsames Merkmal.

Ein Hauptproblem bei der Übersetzung der alten Zaubersprüche ist die Form der Transkription und der Textpräsenta-

---

1 Die Sprache moderner zauberspruchähnlicher Gesänge (BOLLES 1982 weicht sehr stark von der Sprache im Manuskript ab.

tion. Das Maya ist ohne Satzzeichen, Absätze oder einem der Struktur der Texte entsprechenden Duktus geschrieben, d. h. die Interpunktion eines Zauberspruchtextes muß zur Transkription rekonstruiert werden. Dabei half wiederum die Analyse der lakandonischen Zaubersprüche. Ein Zauberspruchtext besteht dort aus rhythmisch begrenzten, sprachlich nicht redundanten Einheiten, die als semantische Elemente aufgefaßt werden.

Ein semantisches Element ist eine sprachlich ausgedrückte bedeutungtragende Information, die ein Bild beschreibt. Diese in Sprache gebrachten Bilder sind (meist nicht linear) in Serien angeordnet, die Handlungsabläufe und Transformationen beschreiben. So werden mit dem Rezitieren des Zauberspruchtextes Serien von Bildern beschrieben, die als serielle Visualisierung von Entstehungen und Heilungen der Krankheiten betrachtet werden können. Von den Texten des Manuskripts habe ich neue Transkriptionen angefertigt, bei denen die Texte in rhythmisch eingefaßte semantische Elemente, die jeweils eine Zeile ergeben, übertragen wurden. Diese neuen Transkriptionen konnten auf dem Hintergrund des botanischen, zoologischen und esoterischen Vokabulars der Lakandonen völlig neu übersetzt werden und zum erstenmal einen tiefen Einblick in die innere Struktur der alten Mayazaubersprüche ermöglichen.

Kosmovision im Zauberspruch

Den Zaubersprüchen der Maya liegt eine einheitliche Struktur zugrunde. Jeder einzelne Zauberspruch ist eine Kosmovision, eine Beschreibung und ein Abbild des räumlichen und zeitlichen Universums. Mit den Texten werden Himmelsschichten und Unterwelten, die vier Weltengegenden samt symbolischer Assoziationen und die kalendarischen Kreisläufe der Zeit dargestellt. Mit den Zaubersprüchen werden auch die Götter, die das Universum erzeugen und bevölkern, angerufen. Jeder Zauber-

spruch enthält folgende Elemente:
- Darstellung der zeitlichen Dimension einer Krankheit
  (kalendarische Assoziation)
- Darstellung der räumlichen Dimension einer Krankheit
  (kosmologische Assoziation)
- Darstellung der Entstehung und Entwicklung einer Krankheit
  (Ätiologie)
- Charakteristik einer Krankheit
  (Symtomatologie)
- Darstellung der Handlungen des Zauberspruchrezitators
  (Therapiemöglichkeiten und -formen)
- Anrufung von (a) Göttern und (b) Zaubermitteln *(uayasba)*,
  mit deren Hilfe die Krankheit transformiert wird
- Darstellung des Gesundheitszustandes
  (erwünschte/angestrebte Wirkung der Zauberspruchtherapie)

In den Zaubersprüchen wird die Krankheit als anthropomor-
phes Wesen dargestellt. Dieses Wesen, das oft aus verwandelten
nichtorganischen Objekten zusammengesetzt erscheint, ist das
Geschöpf einer metaphysischen Zeugung, es ist ein Geschöpf
der Nacht, der »Wahnsinn der Schöpfung«. Es hat Vater und
Mutter, die beide Gottheiten des Pantheon und mit bestimmten
Weltgegenden verbunden sind. Sie haben durch ihre Zauber-
macht und (sexuelle) Schöpferkraft die Krankheit geboren. Das
Wesen hat einen Schrein *(dzulbal)*, Statuen aus Holz und Stein,
die es repräsentieren, es ist mit einem Baum *(che)* und einem
Gebüsch *(yaban)* assoziiert, es wird durch einen bestimmten
Vogel *(u ch'ich'il)* symbolisiert und durch dessen Schicksalsruf *(u
mutil)* angekündigt.

Diese Darstellung der symbolischen Assoziation der Krankheit
korrespondiert mit einigen Passagen aus den Hieroglyphenhandschriften. Auch darin werden Objekte, die Krankheiten
sein können, in ihren Assoziationen mit kalendarischen Daten,
Göttern, Weltgegenden, Bäumen und Pflanzen, Vögeln, Omen
oder Schicksalsrufen verbunden. Es ist daher zu vermuten, daß
die Zaubersprüche in vorspanischer Zeit in Hieroglyphen

geschrieben wurden und einige Handschriften die Vorlage zum Rezitieren der Sprüche abgaben[1].

Wenn die anthropomorphe Krankheit im Text definiert wurde, ist jedesmal beschrieben, wie sie und wodurch sie eine Reise durch den Kosmos antritt. Sie wird dabei von Winden in die vier Weltgegenden geworfen, an die Plätze verschiedener Gottheiten geführt, in die blutrünstigen Rachen der himmlischen Ungeheuer geschleudert, in das Zentrum des Himmels und in das Totenreich *(metnal)* geschickt. Bei jeder Station wird die anthropomorphe Krankheit sukzessiv zerstört, gemartert und vernichtet. Die Götter, die sie vernichten, sind die vierfältigen Gottheiten der vier Himmelsrichtungen und Weltgegenden. Die Götter Itzamna, Ix Chel, Pauahtun und Bacab gibt es als jeweils vierfältige Gesamtheit (siehe nachstehende Tabelle). Itzamna z. B. ist jeder Himmelsrichtung in der dem Kardinalpunkt zugeordneten Farbe vertreten. Im Osten gibt es den Roten Itzamna, im Norden den Weißen, im Westen den Schwarzen und im Süden den Gelben. Ob die Gottheit so als vierfältig, also in vier Aspekten manifestiert und dezentralisiert, oder als fünffältig, also als zentralisiert mit vier räumlichen Emanationen, betrachtet wurde, läßt sich nicht eindeutig bestimmen.

Aus den Texten geht hervor, daß der Heiler, bzw. die Seele des Heilers, mit der Krankheit mitreist. Der Heiler weist dabei die Götter an, der Krankheit das Gesicht zu zerbeulen usw. und er kräftigt seine Zaubermittel durch die magischen Qualitäten der Stationen der Reise. Mit diesen starken Zaubermitteln, z. T. von den Göttern erworben, kann er vollends die Krankheit zerstückeln und zerhacken. Die vernichtete Krankheit wird schließlich aus dem Kranken ausgetrieben und in das Totenreich verbannt. Gelegentlich werden auch therapeutische Behandlungen und Anweisungen in den Zaubersprüchen geschildert. Es ist nicht

---

[1] Diese inhaltliche Struktur der Sprüche korrespondiert auch mit der Mayaarchitektur und den ikonographischen Elementen (vgl. MÜLLER-EBELING und RÄTSCH 1985).

bekannt, ob diese Handlungen zum Rezitieren des Zauberspruches dazugehörten, aber sehr wahrscheinlich. In einem Zauberspruch zur Heilung einer Besessenheit wird ein ritueller medizinischer Aderlaß beschrieben:

>>Dann ist der Wahnsinn in den Menschen gefallen
Dann sind die Spitzen der Agaven genommen
Tief in der Erde sind sie
Dann haben die vier Spitzen gestochen
   In den Mundwinkeln
Wo sitzt es (= das Blut) dort im Rückgrat?
   Es verläßt dort die Hüfte
   Es verläßt dort das Herz
   Es verläßt dort die Nase
   (Es verläßt dort) den Fuß
Dann ist das Stechen beendet<< (ZAUBERSPRUCH-MS 143[1])

Mit dem austretenden Blut soll der Wahnsinn den Körper des Besessenen verlassen. In demselben Spruch werden auch Handlungsanweisungen an den Kranken zu dessen Therapie gegeben:

>>Das ist es, was ich sage:
Einmal fasten
Einmal essen am Tag
Einmal trinken, satt
   In der Nacht
Auch so ist das Fasten<<
(ZAUBERSPRUCH-MS 145)

Wenn dem Kranken ein Zauberspruch vorgetragen wurde, konnte er etwas über den Ursprung seines Leidens, über die erforderlichen Therapiemaßnahmen und die geistige Welt seiner Kultur lernen. Mit dem rezitierten Text begab er sich auf die Suche nach dem Ursprung und erlebte dadurch eine Rückkehr zum Ursprung. Er findet den Anfang der Krankheit und den

---

1 Diese Zitationsweise bezieht sich auf die Seitenzahlen des Originalmanuskriptes des *Princeton Codex.*

Beginn seines Leides wieder. Er macht durch den Zauberspruch eine Reise in die Vergangenheit. Deshalb wird in den Texten die zeitliche Dimension angegeben. Die zyklisch aufgefaßte Zeit wird mit Hilfe des Zauberspruches zurückgedreht. Der in ihr

Zuordnung der genannten Götter zu den vier Weltgegenden nach dem Zauberspruchmanuskript:

			Lexikalisches Stichwort
Osten (rot)	*Chacal Bacab*	Roter Bacab	→ *Canzienal*
	Chac Pauahtun	Roter Pauahtun	
	Chacal Itzamna	Roter Itzamna	
	Chacal Ahau	Roter Herr	
	Chacal Ix Chel	Rote Ix Chel	
Norden (weiß)	*Sacal Bacab*	Weißer Bacab	→ *Zac Cimi*
	Sac Pauahtun	Weißer Pauahtun	
	Sacal Itzamna	Weißer Itzamna	
	Sacal Ahau	Weißer Herr	
	Sacal Ix Chel	Weiße Ix Chel	
Westen (schwarz)	*Ekel Bacab*	Schwarzer Bacab	→ *Hozanek*
	Ek Pauahtun	Schwarzer Pauahtun	
	Ekel Itzamna	Schwarzer Itzamna	
	Ekel Ahau	Schwarzer Herr	
	Ekel Ix Chel	Schwarze Ix Chel	
Süden (gelb)	*Kanal Bacab*	Gelber Bacab	→ *Hobnil*
	Kan Pauahtun	Gelber Pauahtun	
	Kanal Itzamna	Gelber Itzamna	
	Kanal Ahau	Gelber Herr	
	Kanal Ix Chel	Gelbe Ix Chel	

abgelaufene Prozeß (das Krankwerden) wird dann nachträglich korrigiert. Das Wirken der Zeit ist mit dem Krankheitsprozeß verbunden, ja geradezu identisch: »Um sich von dem Wirken der Zeit zu heilen, muß man »rückwärtsgehen« und den Anfang der Welt wiederfinden« (ELIADE 1956, S. 204); und genau das ist Sinn und Ziel der Zaubersprüche der Maya. Wer die kosmische Dimension einer Krankheit erlebt hat, weiß vom Ursprung seines Leidens und kennt die Möglichkeit der Erlösung von seinen Qualen.

Winde der Verwandlung

Der Himmel der Maya war von Winden bevölkert. Von den vier Weltecken aus wurden sie von den vier Pauahtuns geblasen. Winde bewegten die Wolken, brachten Regen, zerstörten aber auch die Maispflanzungen und palmenwedelgedeckten Hütten der Bauern. Sie brachten Krankheiten. Sie trugen den »Wahnsinn der Schöpfung«, gezeugt von den Himmlischen Göttern, auf die Erde, warfen ihn in den Körper des Menschen, der dann zum Besessenen wurde. Die »bösen Winde«, so wie sie noch heute von den Maya genannt werden, hatten besondere Namen, hießen *am can mo ik tancas*, »Wind der Spinnen-Schlangen-Arara-Besessenheit«, *chac mo ik tancas*, »Wind der Roten Arara-Besessenheit«, *yax mo ik tancas*, »Wind der Grünen Arara-Besessenheit«. Die Winde trugen die (unsichtbare) Krankheit in den menschlichen Körper; darin manifestierte sie sich in der Gestalt eines Tieres – z. B. einer Spinne, Schlange, Papageien oder Jaguars – und nahmen Besitz von dem Menschen. Sie trieben ihn zum Wahn, zur Besessenheit, fraßen ihn von innen leer. Viele Zaubersprüche des Manuskriptes dienen der Heilung von Besessenen, denen die Winde den Wahnsinn brachten:

Dies ist der Wahn der Besessenheit

Eins 4-Herr ist sein Tag
Eins 4-Herr ist seine Nacht
Der Wahn der Nacht
  Der Wahn des Tages
Der dort des Himmels
  Der dort der Wolken
An den vier Ecken sind die Götterfiguren aufgestellt
Vier Tage liegen sie so
  Vor der Schlange der Schöpfung
Nach Vier Tagen kehrt er zurück
Dringt ein
  Ist gepflanzt in dir
Der Wahn der Besessenheit
  Da hängt er
Ihr Götter!
Ihr Bacabs!
Die Männer bewegen sich
  Sind der Wahn der Schöpfung
  Der Wahn der Dunkelheit
Die Männer sind es auch
  Die Wildheit der Besessenheit
Wer war es, der dich da erschuf?
Kin Chac Ahau, der Große Herr der Sonne
Colop U Uich Kin
  Der Zerstörer des Auges des Tages
Colop U Uich Akab
  Der Zerstörer des Auges der Nacht
Dort erblühtest du in der Hand der Sonne
  Der des Zerstörers der Augen (des Tages, der Nacht)
Wer war es, der dich da erschuf?
  Die Spitze der Opferklinge
  Die Spitze des Penis
So gaben sie dir deine Hitze

So schreiben sie es mit rotem Blute
Wer ergriff ihn mit der Faust?
   Die große Mücke
   Der große Falke
   Der große Greifer
Wer ist sein Vogel?
   Der Adler des Himmels
   Der Adler der Wolken
Wer bist du?
Bist du auch
   Die Arara-Besessenheit?
   Das schaukelnde Blut des Wahns der Besessenheit?
   Der Falter der Sonne?[1]
   Die Schlange der Nacht?
   Heißes Blut?
So war ich es denn
Der dich dort im Himmel begräbt
   Durch meinen Zauber
   Den ich übe
Dreizehn (der Götter) sind meine Herren, meine Väter
So schläfst du denn
Am ersten Tage des 4-Herrn
Amen[2]
(ZAUBERSPRUCH-MS 44–46)

Im folgenden Zauberspruch, der der Heilung einer Arara-Besessenheit diente, wird die Krankheit sehr genau als Geschöpf zweier Himmelsgötter beschrieben. Kinich Kakmo, der Gott, dessen Name, »sonnengesichtiger Feuer-Arara«, schon auf den Arara hinweist, hat mit Kak Tan Chel, seiner Frau (?) oder ande-

---

1 Damit ist vermutlich das pulsierende Herz des Sonnengottes →*Kinich Ahau* gemeint.
2 Am Ende mancher Zaubersprüche des Manuskriptes steht das christliche »Amen«; wohl um mit dem Manuskript vor der Inquisition zu entgehen und die Sprüche als in Maya geschriebene Gebete darzustellen.

Darstellung eines Arara-Papageien *(mo')* im Codex Dresdensis (S. 16).

ren Göttin (vielleicht eine Manifestation der → *Ix Chel*), einen Sohn gezeugt. Der Sohn ist nicht in einer Gebärmutter gewachsen, er kam aus dem Kopf einer Götterfigur hervor. Er ist die Krankheit der Arara-Besessenheit *(mo tancas),* deren Symptome Wildheit und Fieber sind. Von einem Wind getragen, ist er in den Kranken eingedrungen. Der Kranke leidet an Fieber; das Resultat der »Hitze«, die die Krankheit bei seinem Baum in der Form von Feuer und (selbstgeopfertem) Blut aufgesammelt hat. Der Heiler gewinnt mit dem Zauberspruch und einem unsichtbaren Zaubermittel (giftigem Tabak; → *kutz)* Macht über die Krankheit, wirft sie vor die heilenden, also die Krankheit zerstörenden Götter (die vier Bacabs), und vernichtet sie schließlich. Die Krankheit wurde am Tage 1-Herr geboren. Am Ende des Zauberspruches wird die Krankheit an diesen Tag, also an ihren Ursprung und Anfang, zurückgeschleudert:

Der Zauberspruch an die Arara-Besessenheit

> Und die wilde Besessenheit
> Und die wandernde Besessenheit
> Und das Größte Fieber
>
> Es ist im Mund
>   Nicht in den Zähnen

Es ist das Aufstoßen
  Der Schaum im Mund
So sei es gesprochen:
  Dieses ist das erste Wort
  Es bricht aus
Dann sagt er
  Das ist der gute Spruch
  Der Tabak ist das Zaubermittel
Der erste 1-Herr
Der erste 4-Herr ist sein Tag
1-Herr ist seine Nacht
Da wurde er gezeugt
  Da wurde er geboren
Dort in den vier Gegenden des Himmels
  In den vier Gegenden der Wolken
So wurde er gezeugt
Er fällt vor euch
  Ihr Götter
  Ihr Bacabs
Dann besprecht die Schöpfung
Sorgfältig ist es gesagt von den Göttern
  Sorgfältig von den Bacabs
Ewig ist die Kraft ihres Mundes
So habt ihr es gesprochen
Sorgfältig ist der Spruch der Götter
Sorgfältig ist der Spruch der Bacabs
So haben sie es erdacht
Sorgfältig ist er gesprochen von mir
Gefallen
  Und aufgehängt vor euch
  Erzeugt das Gift
Sorgfältig ist die Kraft der Worte
Sorgfältig ist die Kraft des Mundes
Welches ist eure Krankheit?
  Adler des Himmels

Adler der Wolken
Der Sohn des Kinich Kakmo,
    Der sonnengesichtige Feuer-Arara
Der Sohn der Kak Tan Chel,
    Des Feurigen Regenbogen
Rot ist die Sonnenscheibe
Rot ist die Mondscheibe
Da wurde er geboren
    Dort im Busen der Nase
    Dort im Zahn
    Dort in der Brust
    Alles...
    Dort am Kopfe der Götterfigur
Früher wurde er geboren
Früher wurde er gezeugt
    In seinem Schrein
    In seinem Gebüsch
Früher geboren
Früher gezeugt
Sorgfältig sei es gesagt
Zum Schwarzen Gras
Zum Gelben Baum[1] des Arara
    Das sind seine Zeichen
    Der Mahagonibaum
Früher geboren
Früher gezeugt
Rot gefleckt ist (sein Vogel)
Sein Schrei
Was ist das Zaubermittel
    Die Zunge der alten Dinge
    Ist die Zunge der Vierbeinigen
    Der Rote Zerstörerfeuerstein ist sein Zahn
    Die goldenen *sihom*-Früchte sind seine Augen

---

1 → *Kante.*

Die flachen Maisfladen sind die Deckel seiner Ohren
Der Maistrank ist der Saft seiner Gedärme
Der Ring seines Anus
Dort sah er die Geburt
Dort sah er die Zeugung
Sorgfältig sei es gesagt
Vier Tropfen Blutes
Vier Tropfen des Blutgerinnsels
Dort auf dem Rücken
   Im Namen des Baumes
   Im Namen des Steines
Er hat sie aufgeleckt
   Für die Kraft seines Mundes
Die Rote Achiote[1]
   Ist die Kraft seines Mundes
Dort sah er die Geburt
Dort sah er die Zeugung
Dort biß er in den Schmutz
Früher wurde er geboren
Er hat Linien gezogen
Er hat in den Hocker gebissen
Früher wurde er geboren
Er wird fortgeschleudert
   Dort zu dem Roten Pauahtun
Dort nahm er es
   Das gemischte Blut ist die Hitze seines Baumes
Dort nahm er es
   Das gesammelte Feuer ist die Hitze seines Baumes
Früher wurde er verbrannt
Hier zerstöre ich ihn
Hier zerschneide ich ihn
Sorgfältig sei es gesagt
Dies sind seine Flügel

---

1 → *Kuxub.*

Sie sind zerstört
Sie sind zerschnitten
So tritt er ein (in das Maul)
Seines Mörders
(Mit) dem Wind der Tür
So wird sein Rücken geschlagen
Er ist zerschnitten
So tritt er ein
In den Wald
Wird geprügelt von den Bäumen
Beendet ist es
Ich zerschlage seine Knochen
Sorgfältig sei es gesagt
Er ist hinfortgeschleudert
Dort zum 1-Herr
(ZAUBERSPRUCH-MS 25–30)

»Das Spinnennetz komme zu mir«

Die Maya glaubten, daß das »Spinnennetz des Steines« – eine Emanation des Ursprungs der Welt – in konzentrischen Ringen den Kosmos ordnete. Diese konzentrischen Ringe werden in einem Zauberspruch zur Heilung einer Krankheit, wahrscheinlich Seelenverlust, von dem Heiler beschrieben und auf einer Reise durch den Kosmos verfolgt. Der Zauberspruch ist ein sprachliches Bild des kosmischen Spinnennetz-Mandalas. Zuerst wird die Linksdrehung der vier Weltgegenden und der damit assoziierten Götter (bzw. vierfältigen Gottheiten) beschrieben. In ihnen präpariert sich die Seele des Heilers mit Zaubermitteln (Lauge, Wasser, Winde). Der zweite Ring ist die gegenläufige Drehung der vier den Himmelsrichtungen zugeordneten Spinnen *(leum)*, die die Auslöser der zu heilenden Krankheit sind. Im inneren Kreis werden die vier Herren (=

Erzeuger) der Spinnen, als die Verursacher der Krankheit, die von den Spinnen übertragen wird, angerufen. Diese Herren sind Emanationen oder Entfaltungen der *axis mundi*, die als Zentrum des Himmels *(yol caan)* und Zentrum der Unterwelt *(yol metnal)* bezeichnet wird. Erst wenn die Seele des Heilers auf den äußeren Bahnen gekreist ist, kann sie in das innere Universum eindringen und dort den tiefsten Ursprung der Krankheit erkennen und vernichten.

Das Schriftzeichen *le(um)*, »Spinne«.

Der Spruch der verschlossenen Erde

> Roter Ytzam
> Das Spinnennetz komme zu mir
> Mit dreizehn Lagen
> Meiner Roten Lauge
> Habe ich meinen Rücken bedeckt
> Jenseits des Osthimmels
> Weißer Ytzam
> Das Spinnennetz komme zu mir
> Mit dreizehn Lagen
> Meiner Weißen Lauge
> Habe ich meinen Rücken bedeckt
> Jenseits des Nordhimmels
>
> Schwarzer Ytzam
> Das Spinnenetz komme zu mir
> Mit dreizehn Lagen
> Meiner Schwarzen Lauge
> Habe ich meinen Rücken bedeckt
> Jenseits des Westhimmels

Gelber Ytzam
Das Spinnenetz komme zu mir
Mit dreizehn Lagen
Meiner Gelben Lauge
Habe ich meinen Rücken bedeckt
Jenseits des Südhimmels

Roter Ytzam
Das Spinnenetz komme zu mir
Mit dreizehn Lagen (des Wassers)
Meiner Roten Steinwanne
Habe ich meinen Rücken bedeckt
Jenseits des Osthimmels

Weißer Ytzam
Das Spinnennetz komme zu mir
Mit dreizehn Lagen (des Wassers)
Meiner Weißen Steinwanne
Habe ich meinen Rücken bedeckt
Jenseits des Nordhimmels

Schwarzer Ytzam
Das Spinnennetz komme zu mir
Mit dreizehn Lagen (des Wassers)
Meiner Schwarzen Steinwanne
Habe ich meinen Rücken bedeckt
Jenseits des Westhimmels

Gelber Ytzam
Das Spinnenetz komme zu mir
Mit dreizehn Lagen (des Wassers)
Meiner Gelben Steinwanne
Habe ich meinen Rücken bedeckt
Jenseits des Südhimmels

Roter Ytzam
Das Spinnennetz komme zu mir
Mit dreizehn Lagen
Meines Roten Meeres
Habe ich meinen Rücken bedeckt
Jenseits des Osthimmels

Weißer Ytzam
Das Spinnenetz komme zu mir
Mit dreizehn Lagen
Meines Weißen Meeres
Habe ich meinen Rücken bedeckt
Jenseits des Nordhimmels

Schwarzer Ytzam
Das Spinnennetz komme zu mir
Mit dreizehn Lagen
Meines Schwarzen Meeres
Habe ich meinen Rücken bedeckt
Jenseits des Westhimmels

Gelber Ytzam
Das Spinnennetz komme zu mir
Mit dreizehn Lagen
Meines Gelben Meeres
Habe ich meinen Rücken bedeckt
Jenseits des Südhimmels

Roter Ytzam
Das Spinnennetz komme zu mir
Mit dreizehn Lagen
Meines Roten Windes
Habe ich meinen Rücken bedeckt
Jenseits des Osthimmels

Weißer Ytzam
Das Spinnennetz komme zu mir
Mit dreizehn Lagen
Meines Weißen Windes
Habe ich meinen Rücken bedeckt
Jenseits des Nordhimmels

Schwarzer Ytzam
Das Spinnennetz komme zu mir
Mit dreizehn Lagen
Meines Schwarzen Windes
Habe ich meinen Rücken bedeckt
Jenseits des Westhimmels

Gelber Ytzam
Das Spinnennetz komme zu mir
Mit dreizehn Lagen
Meines Gelben Windes
Habe ich meinen Rücken bedeckt
Jenseits des Südhimmels

Roter Ytzam
Das Spinnennetz komme zu mir
Roter Ytzam
Das Spinnennetz komme zu mir
Dreizehn Lagen
Hat mein Rotes Spinnennetz

Rote Spinne
Gelbe Spinne
Schwarze Spinne
Weiße Spinne
Damit habe ich meinen Rücken bedeckt
Im Zentrum des Himmels
Das Wasser der Welt

Die Erde der Welt

(Nach) dreizehn (Tagen) bin ich getrocknet
Trotz einer Lage meiner Roten Lauge
Damit habe ich bedeckt
Das Zentrum von Metnal, der Totenwelt
Bei den Baummenschen
Dem Steinmenschen

Wer hat es verschlossen?
Wer verschloß es?
Dein Vater?
Ich sehe es
Sag es mir
Was ist deine Rede?

Roter Herr
Weißer Herr
Schwarzer Herr
Gelber Herr

Zerschnitten sind die Steine, sind die Bäume
Es kommt durch den Hals
Dort ist es wohl, *sahom*
Dort im Munde die Rote Zapote
Der Mund ist voller Blut
Amen
(ZAUBERSPRUCH-MS 189-194)

Das in dem Spruch der verschlossenen Erde beschriebene
Abbild des kosmischen Spinnennetz-Mandalas:

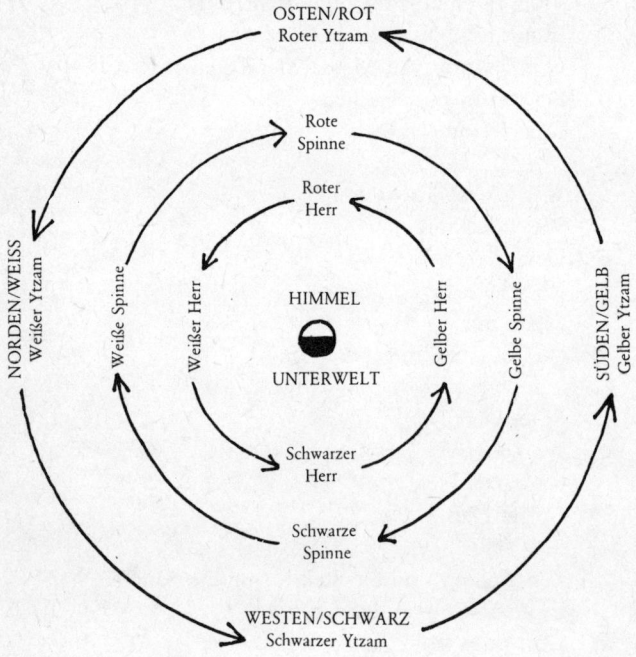

Diese giftige Spinne des Mittelpunktes entstand in einem Sarg
oder Sarkophag (»Kanu der Erde«) in der (siebten Schicht der
Unterwelt durch den Unterweltsgott Ah Uuc ti Cab, »Herr Sieben-Erde«. Durch die Erde des Totenreiches bekam das Gift der
Spinne (ihr »Same« oder ihr »Mondesschicksal«) seine Kraft. Mit
Hilfe der unberührten Ix Chel, der roten Ix Chel des Ostens und
der weißen Ix Chel des Nordens neutralisiert der Heiler das Gift
der Spinne des Mittelpunktes. Am Schluß des Zauberspruches
kühlt der Heiler die Biß- oder Stichwunde mit Hagel- und Eis-
wasser.

Die vier Spinnen der Himmelsrichtungen spielen auch in dem Zauberspruch zur Heilung eines Spinnenbisses oder -stiches eine wichtige Rolle. Sie umgeben die blaugrüne Spinne des Mittelpunktes:

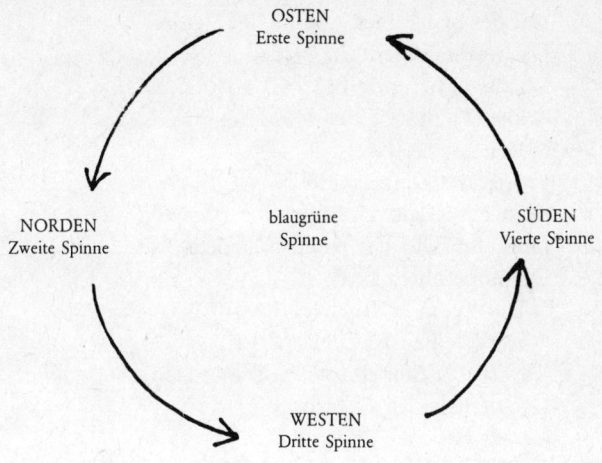

OSTEN
Erste Spinne

NORDEN
Zweite Spinne

blaugrüne
Spinne

SÜDEN
Vierte Spinne

WESTEN
Dritte Spinne

Erste Spinne
Zweite Spinne
Dritte Spinne
Vierte Spinne
Blaugrün ist die Spinne des Baumes
Blaugrün ist die Spinne des Steines
Drei Tage warst du das Ding
dort in dem Kanu der Erde
Ah Uuc Ti Cab, Herr Sieben-Erde
Dort nahmst du die Erde auf deinen Rücken

Vier Tage
Warst du da unter der Spinne des Steines
Dort bekam dein Same die Stärke
Für die unberührte Ix Chel
   Die Rote Ix Chel
   Die Weiße Ix Chel
Das Zaubermittel
Der Rücken der blaugrünen Spinne des Baumes
Der der blaugrünen Spinne des Steines
Das ist die unberührte Nadel
Für die unberührte Ix Chel
   Die Weiße Ix Chel
   Die Rote Ix Chel
Das ist das Zaubermittel
Dein Hinterleib
'Dreizehn Bälle des Baumwollfadens
Der unberühten Ix Chel
   Der Roten Ix Chel
   Der Weißen Ix Chel
Das ist das Zaubermittel in deiner Hand
Gerade habe ich es gezogen
Gerade habe ich es vernichtet
Gerade habe ich es hinfortgewischt
Mondesschicksal hast du auf deinem Hinterleib
Blaugrüne Spinne des Baumes
Blaugrüne Spinne des Steines
Der Himmel klärt sich auf
   Obwohl mein Kleid schwarz ist
Das habe ich herausgesaugt
So sei es!
Vierzehn Schalen
   Voll meines Hagelwassers
Dreizehn Schalen
   Voll meines Eiswassers
Dann habe ich die Hitze abgekühlt

Die der blaugrünen Spinne
  Spinne
  Spinne
Amen
(ZAUBERSPRUCH-MS 157–160)

Das Kind der Dreizehn und der Neun Götter

Eine der häufigsten und schwersten Krankheiten göttlicher Herkunft war *coc,* »Asthma« oder »Krankheit«. Die Maya kannten
viele Arten von *coc,* die als Besessenheiten aufgefaßt wurden. Sie
waren anthropomorphe Geschöpfe, gezeugt von den 13 Göttern
des Himmels (= männliches Prinzip) und den 9 Göttern der
Unterwelt (= weibliches Prinzip). Seine Kraft, die sich in den
Symptomen des Kranken äußert, bekam das Asthma vom
selbstgeopferten (?) Blut, von einer Echse und von einem Baum.
Das Asthma leckte mit seiner Zunge das Blut und das Gift von
Echse *(yx hunpedzkin)* und Baum (ebenfalls *hunpedzkin*) auf, um
sich zu kräftigen und im Kranken Hitze zu erzeugen.
Der Heiler greift das Asthma und wirft es nacheinander in die
vier Weltgegenden (O-N-W-S). Dort wird es von den Göttern
der Gegenden (Bacab, Pauahtun, Itzamna, Ix Chel), Unge-
heuern und den Meeren und Laugen nach und nach zerschlagen
und zerfressen. Schließlich kommt das Asthma bei dem Unterweltsgott Ah Bolonte Uitz, dem Herrn der Neun Berge, im
Süden an. Dort wird ihm der Kopf abgeschnitten, er wird in
einen Sarg oder Sarkophag gelegt und muß vier Tage lang den
narkotisierenden und giftigen Saft des Tabaks des Ostens, des
Nordens und des Westens trinken.
Endlich ist die Kraft des Asthma gebrochen und es kann mit
Hilfe des grünen Regengottes des Mittelpunktes völlig abgekühlt werden.

    Einziger 4-Herr
    4-Herr ist die Schöpfung

4-Herr ist die Nacht
Da wird es geboren
Nach vier Tagen verkrampft sein Schrein
Nach vier Tagen verkrampft seine *maxcal*-Pflanze[1]
Nach vier Tagen verkrampft seine Stele
Dann wurde es geboren
Dann wurde es erschaffen
    Durch die Dreizehn der Götter
    Durch die Neun der Götter
Wer ist seine Mutter?
    Das Zeichen dort am Himmel
    Das Zeichen dort auf den Wolken
    Das Tor des Himmels
    Das Tor der Wolken
Hingeworfen ist es
Durch die Erlaubnis des Himmels[2]
Durch die Erlaubnis der Wolken
Es fällt herunter
    Im Osten zusammengerufen
    Im Osten mit Kalklauge gekocht
Nach vier Tagen verkrampft sich der gerötete Baum
Nach vier Tagen verkrampft sich der Rote See
Vier Tage zerquetscht ihm das Gesicht
    Die Rote Ix Chel
    Die Weiße Ix Chel
    Die Gelbe Ix Chel
Vier Tage zerquetscht ihm das Gesicht
    Der Rote Itzamna
Wer war dort sein Schöpfer?
Wer war dort seine Dunkelheit?
    Dort geboren?
Sorgfältig gebärt es der Schöpfer

---

1 Eine *Xanthosoma*-Art; die Bedeutung dieser Pflanze in diesem Text bleibt unklar.
2 Org. *hun sipit caan,* »Eins-Mondkonjugation« (Motul-Wörterbuch).

Da liegt das Asthma
So ist es denn geboren worden
Gerade ist es geboren worden
   Das Brustasthma
   Der Schleim des Halses des Asthma
   Das Beißen des Brustasthma
Gerade ist es geboren worden
   Das Asthma des Feuers des hohlen Baumes
   Der Asthmakrampf
   Der Kopf des Asthma
   Das Zwicken in der Nase des Asthma
   Das Schlangenasthma
   Das Gelbe Taubenasthma
   Das Waldbaumasthma
   Das in den Knochen beißende Asthma
   Das abreibende Asthma
   Das Asthma des Baumbewuchses
   Die Rassel des Asthma
   Der lügende Wind des Asthma
   Das gähnende Asthma
   Das Asthma am Rande der Knochen
   Das schaukelnde Asthma
   Das naseverschließende Asthma
Eins ist das Beißen
Eins ist die Hitze
Die da fällt
   Dort zu dem schleimigen Stein des Asthmas
   Dorthin zum naseverschließenden Asthma
Nicht spricht da das Asthma
   Da zu seiner Mutter
Der Baum des Roten Feuers des Asthmas
Dahin fällt es
   Dort zu dem Baum des einen Sonnenmaßes[1]

---

1 Org. *hun pedz kin*, »Ein-Maß-(der)-Sonne«; synonyme Bezeichnung
für eine giftige Eidechse und einen (giftigen?) Baum.

Dort hin ist es gefallen
Verlangt nach Blut
Verlangt nach Adern
Dort vom Rücken der Echse des einen Sonnenmaßes
  Leckt es das Gift
Dort hat es sich die Hitze seines Beißens genommen
Vier Tage hat es dort gelegen
Nach vier Tagen ist es herausgezogen
Es fällt dahin
  Dort zu den Ameisen des Blutes
  Dort zu den Ameisen der Adern
Dort hat es seine Hitze genommen
Das ist der Rücken seiner Mütter
Es fällt dahin
  Dort zu den Roten Zerstörerameisen
Es fällt dahin
  Dort zu dem Roten Feuerstein
Es fällt dahin
  Dort zu der Roten Holzkohle
Es fällt dahin
  Dort zu dem Roten Kanu
Da kehrt es zurück
Zurückgekehrt ist es da mit dem Feuer
Meine Beine brechen da auf
  Dort bei dem Roten Menschen des Bauens
  Dem Weißen Menschen des Steines
Dreizehn Wellen waren es
Die ich am Ufer des Meeres verbreitet habe
Wer hat das Wasser zusammengebracht?
Damit es spräche:
  Sauge das Asthma auf
Es antwortet, spricht hinter dem Rücken:
  Flach auf dem Rücken gelegt ist die *maxcal*-Pflanze
  Dort am Kopf der Stele
Werft es dorthin

So spricht es denn sein Vogel
Er antwortet dem Spruch
Er wirft es
    Dort zu der Verschlossenen Zahl
    Dort bekommt es seine Mutter
Der Rote Nachtfalke[1] ist sein Vogel
Der *huytok* (?)
Er ist es, der da beißt
ah thun schreit der Vogel
So komme ich
    Reiße heraus den Verschluß aus dem Nasenloch
    Reiße heraus den Wahnsinn der Schöpfung
    Reiße heraus den Wahnsinn der Dunkelheit
Dreizehn Verschlüsse waren es
    Damit ich früher verschloß die Nasenlöcher
Der (Wahnsinn der) Schöpfung
Der Wahnsinn der Dunkelheit
Was ist sein Vogel?
Wer ist sein Ruf?
    Rot ist der Wahnsinn der Schlange
    Weiß ist der Wahnsinn der Schlange
    Schwarz ist der Wahnsinn der Schlange
    Gelb ist der Wahnsinn der Schlange
    Rot ist die Schärfe der Krankheit[2]
    Weiß ist die Schärfe der Krankheit
    Schwarz ist die Schärfe der Krankheit
    Gelb ist die Schärfe der Krankheit
Wer hat sie erschaffen?
Die Schöpfung meines Asthmas
    Die Dinge des Steines gebären es
    Die Zeichen des Himmels gebären es

---

1 *Capirmulgus spp.*
2 Org. *coc ye; coc* ist Asthma/Krankheit und *ye* Schärfe/Spitze. Außerdem gibt es einen Vogel, der *cocye* heißt *(Thamnophilus doliatus).*

Die Erde des Himmels gebärt es
Der Wahnsinn des *pauah*-Sternes[1] gebärt es
Der Allumfassende gebärt es
Das Tor der Wolken gebärt es
Die Höhle (gebärt es)
Die Stele (?, gebärt es)
Dort die Klapperschlange (= Pleiaden) der fünften
Wolkenschicht
Wer hat es erschaffen?
Dort wurde es geboren
Ihr, die Vier der Götter
Ihr, die Vier der Bacabs
Zerschneidet seinen Hals
Zerstört seinen Kopf
Zerschnitten sei sein Hals
    Durch die Vier der Götter
    Die Vier der Bacabs
Dort geht es hin
Tritt ein in das Feuer
Seine Knochen gehen dort ein
Dort wird sein Kopf verrückt
Dort tritt es ein
    Dort in die Öffnung seines Kopfes
Dort tritt es ein
    In die Öffnung seiner Brust
Dort tritt es ein
    In die Öffnung seines Rückens
Dort tritt es ein
    Zum zweitenmale
Dort tritt es ein
    In seinen Anus
    In die Öffnung seines Hinterns

---

1 → *Pauahtun.*

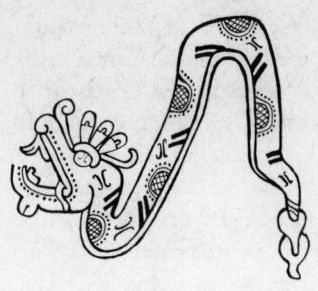

Die Klapperschlange *tzab*, deren Rassel das Sternbild der Pleiaden symbolisiert (Codex Tro-Cortensianus S. 14).

Die goldene Kordel ist
    Der Schwanz der goldenen Schildkröte
Es tritt ein in ihre goldene Schale
Er tritt ein
    Hinein in ihre Augen
Hingeworfen ist es
    Vor den blanken Spiegel
Dort tritt es in das Auge
Hingeworfen ist es
    Zu den Sac Bob, den Weißen Bestien
Dort tritt es vor das runde Auge
Hingeworfen ist es
    Vor den Weißen Verschlinger
    Vor den Roten Verschlinger
Dort tritt es in ihre oberen Reißzähne
Dort tritt es in ihre unteren Reißzähne
Hingeworfen ist es
    Zum Gift des Gelben Edelsteines dort
Dort nimmt es ihre Hitze
Dort ist es hineingeworfen
In das Loch des Roten Kopfes
Dort nimmt es das aus dem Loch des Halses
Dort nimmt es ihr Tragenetz

Das Beißen ist darin gefangen
Welches ist sein Baum?
Welches ist sein Gebüsch?
   Der Rote Brotnußbaum ist sein Krampf
   Rot sind die Flocken des Asthma(-Baumes)
   Rot sind die Knochen der Schildkröte
   Rot sind die Adern des Grases
Das ist sein Baum
Das ist sein Gebüsch
Vier Tage verkrampfen sie
   Der Rote Brotnußbaum des Krampfes
   Rot sind die Flocken des Asthma(-Baumes)
   Rot sind die Knochen der Schildkröte
   Der Rote Asthmabaum
   Rot sind die Adern des Grases
   Golden sind die Augen des *sihom*-Baumes
Ein anderes verströmt da aus dem Loch des Halses
Gekrönt ist es
Die Zunge des Schmetterlings
   Tief dringt sie in sein Herz
Der schlechte Stein
   Dringt in die Galle ein
Das Seil aus roher Baumwolle
   Dringt in die Gedärme ein
Der Ring
   Dringt in seinen Anus ein
Das genähte Gewand
   Dringt in seinen Rücken ein
Die weiße Matte
   Dringt in seine Brust ein
Er leckt es
Da verwest seine Mutter
   Die der 8000 Geschlechter
   Die der fünf Geschlechter
Dort hinein beißt sich der Zahn seines Mundes

Dort hinein dringt die unberührte Spitze seines Zahnes
Gebissen ist sie
Nicht schläft er
Nicht steht er
  Der Mann des Baumes
  Der Mann des Steines
Denn ich habe euch hinfortgeschleudert
  In den Hals des Mörders
  Auf die Spitze der Lanze
Zu euch, Ihr Neun der Götter
  Im Norden zusammengerufen
  Im Norden mit Kalklauge gekocht
Vier Tage peitscht es das Rote stürmende Wasser
Vier Tage peitscht es das Weiße stürmende Wasser
  Das Schwarze stürmende Wasser
  Das Gelbe stürmende Wasser
Vier Tage zersetzt es die Rote Lauge
Vier Tage zersetzt es die Weiße Lauge
  Die Schwarze Lauge
  Die Gelbe Lauge
Vier Tage zerdrückt ihm das Gesicht die Weiße Ix Chel
Vier Tage zerquetscht ihm das Gesicht der Weiße It-
zamna
Wer ist denn sein Vogel
Was ist denn sein Ruf?
  Der Rote Trogon
  Der Schwarze Trogon
  Der Gelbe Trogon[1]
  Rot ist die Schärfe der Krankheit
  Weiß ist die Schärfe der Krankheit
  Schwarz ist die Schärfe der Krankheit

---

1 Der Trogonvogel, ein naher Verwandter des Quetzals, heißt im Maya
coc chan; ein lautgebildeter Name, dessen erste Silbe homonym mit *coc,*
»Asthma«, ist.

Es kommt an
  Im Westen zusammengerufen
  Im Westen mit Kalklauge gekocht
Vier Tag zerquetscht ihm das Gesicht die Schwarze Ix
  Chel
Vier Tage zerdrückt ihm das Gesicht der Schwarze
  Itzamna
Da fällt es hin
  Mitten in die Weiße Wiese
Vier Tage zerquetscht ihm das Gesicht die Frau der Neun
  Hügel[1]
Vier Tage zerdrücken ihm das Gesicht die 8000 Götter
Dort wird ihm der Hals zerschnitten
  Durch die 8000 der 8000 Götter
Dort tritt es ein in die Öffnung
Es kommt an
  Dort bei der Schlange der Wiese
  Durch die Schlange des Baumbewuchses
Dort tritt es ein in die (Öffnung) der Schlange der Höhle
Vier Tage ist es dort
  Ist dort bei dem Gelben Priester des Steines
  Dem Gelben Priester des Baumes
Es kommt an
  Bei dem aufgehängten Mund
  Bei dem aufgehängten Werfer
  Dort nahm es die Schlange aus dem Mund
  Dort nahm es die Schlange aus dem Wurf
  Dort nahm es seine Hitze
Vier Tage leckte es
  Das Rote Aufstoßen
  Das Weiße Aufstoßen
  Das Schwarze Aufstoßen
  Das Gelbe Aufstoßen

---

1 → *[ix] Bolon Puc.*

Dort nahm es die Weiße Papaya des Windes
Dort nahm es die Rassel der Krankheit
Dort nahm es die Weißen Ohrringe
   Das Weiße Gähnen
   Den Weißen Schweiß
Dort nahm es seinen Todeskrampf
   Sein Beißen
   Seine Glut
Es kommt an
   Im Süden zusammengerufen
   Im Süden in Kalklauge gekocht
Vier Tage peitscht es das Gelbe stürmende Wasser
Vier Tage zerquetscht ihm das Gesicht die Gelbe Ix Chel
   Der Gelbe Itzamna
Es kommt an
   Dort beim Herrn der Neun Berge[1]
Dort wird sein Hals zerschnitten
Es tritt ein in das Grab des Waldes
Er tritt ein in den Sarg, das Kanu
Es tritt ein in das Innere des Sarges, des Kanus
Es tritt ein in den Rücken des Sarges, des Kanus
Es tritt ein in die Brust des Sarges, des Kanus

---

1 → *[ah] Bolonte Uitz.*

Vier Tage trinkt es
  Den Saft des Roten Tabaks
  Den Saft des Weißen Tabaks
  Den des Schwarzen Tabaks
Da schläft es
Da rollt es sich ein
Es kommt an
  Dort bei dem Pflanzstock
Es kommt an
  Bei dem Zeichen des Weges
Da wird sein Bein zermahlen
Da wird sein Arm gegessen
Es kommt an
  Dort bei dem Roten Zauberer
  (Dort bei) dem Weißen Zauberer
  Dem Schwarzen Zauberer
Es kommt an
  Dort bei der Roten Ix Chel
  Der Weißen Ix Chel
  Der Schwarzen Ix Chel
  Der Gelben Ix Chel
Da haben sie zerstört den Mann des Baumes
  Den Mann des Steines
Getroffen ist er
Gefallen ist er
Dort in das linke Auge
Wie die Besessenheit des überflutenden Asthmas

Die Hieroglyphe des ersten Monates des Mayakalenders mit dem
Namen *Pop*.

Sorgfältig sei es gesagt
Im wütenden Monat des Pop
Dann sind beendet
  Die unberührte Flut
  Die himmlische Flut
Im wütenden Monat des Pop
Denn es kommt an
  Dort bei der, die nicht verwandelt
  Dort bei dem Verschluß des Loches der Erde
Das ist der Verschluß des Rückens
  Des Grünen Regengottes[1]
Mit der Kälte meines Fußes
Und der Kälte meiner Hand
Umfasse ich den Mann des Baumes
  Den Mann des Steines
Einziger 4-Herr
Amen
(ZAUBERSPRUCH-MS 64–82)

---

1 → *Yaxal Chac.*

FRAY DIEGO DE LANDA

Bericht über die Dinge von Yucatán (1572)

Übersetzt und dargestellt von
Barbara Hermanns und Heinz Jürgen Probst

Die Vorgeschichte

Nachdem sie dreizehn Tage ohne Nahrung auf See getrieben hatten, betraten im Jahre 1511 zwanzig schiffbrüchige Spanier als vermutlich erste Europäer das Land, das dessen Bewohner *Uluumil cutz yetel ceh,* »Das Land des wilden Truthahns und des Hirsches«, nannten.

Von den Schiffbrüchigen überlebten nur zwei – Gerónimo de Aguilar und Gonzalo Guerrero – ihre Rettung; die anderen wurden entweder den einheimischen Göttern geopfert oder starben an Krankheiten.

Einige Jahre später begannen die Spanier von Kuba aus die dem Land vorgelagerten Inseln und den Küstenlandstrich, den sie zuerst für eine Insel hielten, zu erforschen. Der erste war Francisco Hernández de Córdoba (1517), dem ein Jahr darauf Francisco de Montejo folgte. Die Bewohner erwiesen sich als sehr kriegerisch. Bei den wenigen friedlichen Begegnungen konnten die Spanier in Erfahrung bringen, daß die Sprache nach Meinung der Bewohner *Ci ut'an,* »Köstlich ist ihre Sprache«, war. Danach benannten sie dieses Land mit Yucatán. Die Bewohner nannten sich selbst *maya* und ihre Sprache *Maya t'an,* »Die Sprache der Maya«.

Auch Juan de Grijalva (1518) und Hernando Cortés (1519) vermochten nicht in das Innere des Landes vorzudringen. Zur endgültigen Eroberung setzte erst sieben Jahre später Francisco de Montejo (Montejo I) an, der inzwischen nach Spanien zurückgekehrt, eine reiche Witwe geheiratet hatte. Versehen mit dem Titel eines *adelantado* und einer *relación* Karls V. und dem Geld aus dem Verkauf des Schmucks seiner Frau rüstete Montejo I eine Expeditionsmannschaft aus. Sie bestand, außer aus drei Schiffen und der dazugehörigen Besatzung, aus 380 Soldaten und 57 Pferden. Er landete 1527 zuerst auf der Insel Cozumel und setzte von da über zum Dorf Xelhá auf dem gegenüberliegenden Festland.

Während die Seeleute regulär bezahlt wurden, sollten die Soldaten durch Vergabe an Landtiteln entlohnt werden. Doch auch acht Jahre nach der Landung in Xelhá war es Montejo I nicht gelungen, den militärischen Widerstand der Maya zu brechen. Denn anders als im Hochland von Mexiko, bei der Eroberung der Azteken und Tarasken, waren die Maya in Fürstentümern organisiert, die jedes für sich erobert werden mußten. Dabei kamen den Maya ihre Kenntnisse des Dschungels zugute, so daß ein erbitterter Guerrillakrieg entbrannte, dem die Spanier nicht gewachsen waren.

Verbittert zog sich Montejo I auf seine Güter in Spanien zurück und übergab seinem Sohn Francisco de Montejo (Montejo II) den Oberbefehl. Von der Westküste Yucatáns drang er bis zur Stadt Ho vor, erreichte sie im Dezember 1541 und gründete dort am 6. Januar 1542 die Stadt Mérida. Bis 1546 mußten er und sein Vetter Francisco de Montejo (Montejo III) noch schwere Kämpfe im Guerillakrieg überstehen, bis zumindest die wichtigsten Dörfer im Norden und Westen in spanischer Gewalt waren. Zu diesem Zeitpunkt hatten die Soldaten der Montejos bereits die Entlohnung für ihre Kriegstaten erhalten. Je nach Rang und Leistung waren ihnen vom *adelantado* (Montejo I oder II) bestimmte Dörfer, zugehörige Ländereien und Indianer als Besitz *(encomienda)* zugesprochen worden. Die Fläche der *encomiendas* machte nur einen Teil der Fläche der eroberten Gebiete aus. Der Rest wurde von der Krone oder Kirche verwaltet.

Mit der Übernahme einer *encomienda* waren für den neuen Besitzer *(encomendero)* bestimmte Pflichten verbunden. Ihm wurden die dort lebenden Indianer anvertraut, für deren Schutz und Christianisierung er sorgen mußte. Von seinen Einnahmen hatte er einen Teil an die Krone abzuführen.

Der *encomendero* durfte die Indianer unter Beachtung der gesetzlichen Vorschriften zu Dienstleistungen heranziehen, erhielt von ihnen Tributzahlungen und konnte sie zu militärischen Aktionen als Hilfstruppen heranziehen. Der Besitz einer *encomienda* beinhaltete nicht den Rechtstitel für den Grundbesitz (war also nicht Eigentum des *encomendero* sondern der Krone), noch jurisdiktionelle oder administrative Befugnisse. Trotz der Indianergesetze, der *Leyes de Burgos* 1512, des Erlasses *requerimiento* 1513 und beider Verschärfung durch die *Leyes Nuevas* vom 20. November 1542 war das Encomienda-System in seiner Struktur die Übertragung des spanischen Feudalsystems auf die Gegebenheiten der Neuen Welt: Ausbeutung und Unterdrückung der Indianer waren fast immer die Folge.

Der Ertrag aus den *encomiendas* blieb in Yucatán äußerst bescheiden, da zum einen die Maya in verstreuten Siedlungen lebten und nur wenig mehr als für den eigenen Bedarf produzierten, und zum anderen weder Gold noch sonstige Bodenschätze zu finden waren. Daher setzten sich bei der Nachricht über die Eroberung Perus durch Pizarro (1531–1533) und den dort entdeckten sagenhaften Goldfunden ein Teil der Soldaten nach Peru ab. Durch gesetzgeberische und organisatorische Maßnahmen der Krone wurde die Feudalentwicklung gebremst, was zum Widerstand der *encomenderos* führte. Sie verlangten für ihre Verdienste um die Krone den Rechtsanspruch auf die ihnen zugewiesenen *encomiendas,* d. h. ihre Überlassung als uneingeschränkt erblicher Besitz sowie die Zuerkennung grundherrlicher Rechte durch die Krone (Verleihung der erstinstanzlichen Gerichtsbarkeit über die ihnen anvertrauten Indianer).

Auch die katholische Kirche versuchte z. T. aus machtpolitischen Gründen die Befugnisse der Eroberer zu beschränken, sie

wurde damit Verbündeter der Krone. Dagegen richteten besonders die Bettelorden heftige Angriffe gegen die Mißhandlung
und Ausbeutung der Indianer durch die Konquistadoren. Es
wurden Diskurse geführt, ob Indianer denn Menschen seien
oder keine Menschenrechte besäßen. Befürworter einer unein-
geschränkten Legitimation zur Eroberung war der spanische
Philosoph Sepúlveda.

Der Indienrat in Sevilla, gegründet 1524 als einzige zuständige
Zentralbehörde zur Regelung der Eroberung und Verwaltung
der Neuen Welt, teilte seine Auffassungen nicht. Seine Mitglieder waren Juristen, von denen einige zugleich Geistliche waren.
Um die Missionierung in den überseeischen Gebieten zügig vor-
anzutreiben, wurde den Missionsorden, vor allem den Domini-
kanern und Franziskanern, erlaubt, die Bekehrung zum katholi-
schen Glauben und eine Erziehung zur christlichen (europäi-
schen) Lebensweise durchzuführen.

Die Mitglieder der Orden unterstanden nur ihren Ordensvorge-
setzten, nicht der Weltkirche; sie wurden sogenannten Ordens-
provinzen zugeteilt.

Schon seit den ersten Eroberungen in Westindien waren Fran-
ziskaner in der Neuen Welt tätig gewesen, fast immer von La
Española aus. Im Jahre 1524 begannen sie in Mexiko die methodische Evangelisierung, errichteten ihre Klöster meist in spanischen Stadtsiedlungen und zogen von dort aus unter militäri-
schem Schutz als Wanderprediger aus, um Indianer zu taufen
und Kirchen zu errichten. Später wurden die Indianer in ständi-
gen Indianerpfarreien betreut.

Bischof Fray Diego de Landa

Im Jahre 1549 kam Fray Diego de Landa nach Yucatán. Er wurde
dem Ort Izamal zugewiesen und gründete dort mit vier weiteren
Franziskanern noch im selben Jahr das erste Mayakloster.

Diego de Landa wurde 1524 in Cifuentes de la Alcarria (Cien-fuentes) geboren. Mit 13 (16, 17) Jahren trat er in das Kloster San Juan de los Reyes in Toledo ein, wo er kurz darauf Priester wurde.

In Yucatán stieg er schnell in der Ordenshierarchie empor: 1552 wurde er *Guardián mayor* des Konvents von Izamal, 1556 *Custo-dio* der (Ordens-) Provinz von Yucatán, 1560 *Guardián del Convento mayor* von Mérida, 1561 *Provincial.* Auf Grund seiner Amts-stellung war er mit inquisitorischer Gewalt ausgestattet.

Unbarmherzig verfolgte er den Volksglauben der Indianer, sam-melte aber gleichzeitig Informationen über deren Kultur, Geschichte, Schrift und Religion aus der Zeit vor der Konquista. Dazu bediente er sich hauptsächlich zweier einheimischer adli-ger Informanten.

Der eine namens Juan (Nachi) Cocom, der andere – ein angese-hener Mayafürst – Antonio Gaspar Chi (vgl. BLOM 1928).

1564 erfuhr Landa, daß die missionierten Indianer heimlich ihren alten Sitten weiter nachgingen und den alten Göttern Opfer, gelegentlich auch Menschenopfer darbrachten. Er ließ sofort alle alten Handschriften einsammeln und in Maní, einem Kultzentrum, verbrennen. Um die Wahrheit ans Licht zu holen, begann er verdächtige Indianer hochnotpeinlich zu verhören; die Folter machte seine Opfer teils zu Krüppeln, einige tötete sie sogar.

Am 12. Juli (4. Juli) 1562 fand unter der Leitung Landas, der in Begleitung des Alcalde Mayor von Yucatán, Don Diego Qui-jada, erschienen war, das große *auto da fé* in Maní statt. Dort wur-den vermutlich 27 Maya-Codices verbrannt und mehrere tau-send Götterstatuen zerstört.

Mit seinen Folterungen hatte Landa nicht nur gegen weltliche, sondern auch gegen Ordensgesetze verstoßen.

Vor allem seine inquisitorischen Maßnahmen sprachen sich schnell herum; durch Anschwärzung von seiten einiger *ecomen-deros* wurden auch die Ordensoberen auf den Fall aufmerksam. Der Vorgang war so schwerwiegend, daß der neu angekommene

Bischof Francisco de Toral den Fall dem Indienrat übergeben mußte (oder wollte).

Landa verließ Mérida im März 1563 und kehrte über Mexiko-Stadt nach Spanien zurück, um dort vernommen zu werden. In verschiedenen Klöstern hielt er sich auf und bereitete sich umsichtig auf die Vernehmung vor. Um eine Grundlage für seine Verteidigung zu haben, begann er sein Wissen über Yucatán und die Maya, vor allem deren »Götzendienste« hervorhebend und genau beschreibend, niederzulegen. Seinen Ausführungen gab er den Titel *»Relación de las cosas de Yucatán«* (Bericht/Beschreibung von/über die Dinge von Yucatán).

Wie weit seine Berichte ihm in seiner Verteidigung geholfen haben, ist nicht bekannt. Jedoch wurde Landa nach acht Jahren freigesprochen und kehrte triumphierend als neu ernannter Bischof nach Yucatán zurück, um Toral abzulösen. Auf einer Dienstreise nach Mexiko-Stadt starb er, am 29. April 1579.

»Zur Geschichte der Relación«

Von Landas ursprünglichem Manuskript ist nur noch ein Teil als Abschrift erhalten. Diese Abschrift liegt heute in der *Biblioteca de la Academia de la Historia de Madrid* unter der Nummer Est. 24, gr. 3, B. nõ. 68.

Sie wurde 1616 von drei verschiedenen Kopisten angefertigt und trägt den Vermerk: Relación der Dinge von Yucatán, abgeschrieben von der, die Fray Diego de Landa vom Orden des Heiligen Franziskus schrieb. Einige Hinweise in der Abschrift lassen die Vermutung zu, daß das ursprüngliche Manuskript erheblich umfangreicher gewesen ist. Auch scheint das Original in voller Länge in mehreren Exemplaren noch nach Landas Tod Historikern wie Cogolludo und Lizana als Vorlage zur frühen Geschichte der Eroberung gedient zu haben. Zusätzlich muß noch eine vollständige Abschrift in Spanien 1616 vorhanden gewesen sein. Weder die vollständigen Abschriften noch das Original sind bis heute aufgefunden.

Porque coſas haſian otros sacri–
ficios los Jndios.

Las fieſtas que en el calendario deſta gente atras pu–
eſto que dan, nos mueſtran quales y quantas ſon eran y
para que, y como las celebrauan. Pero porque eran sus fi–
eſtas sola para tener gratos y propicios a sus dioſes ſino era
temiendo los ayrados no haſian mas mi mas sangrientas:
y creyan eſtar ayrados quando tenian necessidades de
peſtilencias io diſſentsiones io eſteulidades io otras seme–
jantes necessidades, entonces no ceſſauan de apiacar los
demonios sacrificandoles con malez ni haſſiendoles solas offé–
das de sus comidas y beuidas io derramando su sangre y
affligiendose con velas y ayunos y abſtinencias, mas olui–
dada toda natural piedad y toda ley de raſon les haſian
sacrificios de perſonas humanas con tanta facilidad como ſi
sacrificaran aues, y tantas veſes quantas los maluados sa–
cerdotes io los Chilanes les deſian era meneſter io a los ſeñores
se les antojaua io parecia. y dado que en eſta tierra por no
ser mucha la gente como en Mexico ni regirse ya deſpueſz
dela deſtruycion de Mayapan por vna cabeça ſino por mu–
chas, no auia aſſi tan junta matança de hombres, no por
eſto deſcauan de morir miserablemente muchos, pues tenia
cada pueblo authoridad de sacrificar los que al sacerdote io
al chilan io ſeñor parecia, y para haſerlo tenian sus publicos
lugares en los templos como ſi fuera la cosa mas necessaria
ala conseruacion de su republica del mundo. Deſpues de ma–
tar en sus pueblos tenian aquellos dos descomulgados sanctu–
arios de Chichen yſa y cuſmil, donde inſinitos pobres embiaua
a sacrificar al vno a deſſeñar y al otro a sacar los coraçones,
dela qualez miserias tengo por bien siempre librarlas el Sr

RELATION

DES CHOSES

DE YUCATAN

DE DIEGO DE LANDA

TEXTE ESPAGNOL ET TRADUCTION FRANÇAISE EN REGARD

COMPRENANT LES SIGNES DU CALENDRIER

ET DE L'ALPHABET HIÉROGLYPHIQUE DE LA LANGUE MAYA

ACCOMPAGNÉ DE DOCUMENTS DIVERS HISTORIQUES ET CHRONOLOGIQUES,

AVEC UNE GRAMMAIRE ET UN VOCABULAIRE ABRÉGÉS FRANÇAIS-MAYA

PRÉCÉDÉS D'UN ESSAI SUR LES SOURCES DE L'HISTOIRE PRIMITIVE
DU MEXIQUE ET DE L'AMÉRIQUE CENTRALE, ETC., D'APRÈS LES MONUMENTS ÉGYPTIENS
ET DE L'HISTOIRE PRIMITIVE DE L'ÉGYPTE D'APRÈS LES MONUMENTS AMÉRICAINS,

PAR

L'ABBÉ BRASSEUR DE BOURBOURG,
Ancien Administrateur ecclésiastique des Indiens de Rabinal (Guatémala),
Membre de la Commission scientifique du Mexique, etc.

PARIS
AUGUSTE DURAND, ÉDITEUR
5, RUE DES GRÈS
BAILLY-BAILLIÈRE, A MADRID

1864

Faksimile der Titelseite der ersten Landa-Ausgabe durch Brasseur de Bourbourg (1864).

Auch die verkürzte Abschrift selbst war bis Mitte des 19. Jahrhunderts unbekannt, bis der Abbé Brasseur de Bourbourg sie in Madrid entdeckte und 1864 in französischer Übersetzung veröffentlichte. Inzwischen sind mehrere spanische und englische Ausgaben in z. T. voneinander abweichender Form und Inhalt erschienen (siehe Bibliographie).

Die folgenden Teile aus der *Relación* sind Übersetzungen aus der Ausgabe von Hector Perez Martinez, Mexico 1938.

Wir haben den Text bewußt streng in der Diktion des Spanischen belassen, um zu zeigen, in welch einer manchmal unverständlichen oder unklaren Form diese wichtigste ethnohistorische Quelle über die Maya uns überliefert ist. Die *Relación* ist weit umfangreicher als die im folgenden dargestellten Riten und beinhaltet über die religiösen Stellen hinaus eine fast völkerkundliche Beschreibung der Kultur der Maya (z. B. Geschichte und Eroberung Yucatáns, Klima, Wirtschaft, Kleidung, Bräuche usw.).

»Die Göttinnen jenes Landes«

Im Jahre 1517, zur Fastenzeit, segelte von Santiago de Cuba der Francisco Hernández de Córdoba mit drei Schiffen los, um Sklaven für die Minen auszulösen, da bereits in Cuba das Volk sich vermindert hatte. Andere sagen, er sei losgefahren, um Land zu entdecken, und er führte mit sich als Piloten den Alaminos und gelangte zur Isla de Mujeres; der gab er diesen Namen wegen der Idole, die er dort vorfand von den Göttinnen jenes Landes wie *Aixchel, Ixchebeliax, Ixbunic, Ixbunieta* und welche gekleidet waren von der Taille abwärts und bedeckt waren die Brüste, wie es die Indianerinnen tragen; und das Gebäude war aus Stein, das sie in Erstaunen versetzte und sie fanden verschiedene Dinge aus Gold und sie nahmen sie.

Auszug aus Kapitel III: Gefangennahme des Gerónimo de Augilar / Expedition von Hernández de Córdoba und Grijalava nach Yucatán. (Hier wie im folgenden sind die Kapitelüberschriften nach Brasseur de Bourbourg wiedergegeben.)

»Abstinenz und Aberglaube«

An manchen Fastentagen ihrer Feiern aßen sie (die Männer)
weder Fleisch noch hatten sie Frauen; sie erhielten die Ämter für
die Feste immer mit den Fastentagen und desgleichen die Ämter
vom Staat; und manche Feste waren so lange, daß sie drei Jahre
dauerten und es war eine große Sünde, sie abzubrechen.
Sie waren ihren abgöttischen Gebeten so ergeben, daß in Not-
zeiten sogar die Frauen, Knaben und Mädchen sich darauf verstanden, Weihrauch zu verbrennen und GOTT anzurufen, sie
von dem Übel zu befreien und den Dämon, der es verursachte,
zu bändigen. Und auch die Wanderer führten auf ihren Wegen
Weihrauch mit sich und einen Teller, auf dem sie es verbrannten; und so, zur Nacht, überall wo sie hinkamen, errichteten sie
drei kleine Steine und legten auf sie je ein wenig von dem Weihrauch und vor diese legten sie drei andere flache Steine, auf
welche sie Weihrauch warfen, wobei sie den Gott, den sie
Ekchuah nennen, anflehten, er möge sie wohlbehalten in ihre
Häuser zurückkehren lassen; und dies taten sie jede Nacht, bis
sie zu ihren Häusern zurückgekehrt waren, wo niemand fehlte,
der nicht dasselbe für sie tat und noch mehr.

Aus Kapitel XXVII: Die Art des Glaubensbekenntnisses bei den Yuca-
teken/Abstinenz und Aberglaube/Verschiedenartigkeit und Reichtum
an Götzen/Amtspflichten der Priester.

»Sittsamkeit und Erziehung der Indianer«

Es sind Leute (die Frauen), die viele Kinder wünschen; die, die
diese entbehren, erbaten sie von ihren Idolen mit Gaben und
Gebeten, und heute erbitten sie sie von GOTT.
[...]
Sie waren sehr andächtig und fromm, und sie hielten auch viele
Andachten ab mit ihren Idolen, wobei sie Weihrauch verbrann-
ten, ihnen reiche Gaben von Baumwollkleidung, Speisen und

Getränke darboten. Und diese hatten sie für den Gottesdienst, um Opfergaben an Speisen und Getränken zu machen, die auf den Festen der Indianer dargebracht wurden. Aber bei all diesem besaßen sie nicht den Brauch, ihr Blut an die Dämonen zu vergießen, noch machten sie es jemals. Ebensowenig ließen sie (die Männer) sie (die Frauen) zu den Tempeln, (wo sie) die Opfer darbrachten, außer an bestimmten Festen, an welchen sie es für bestimmte alte Frauen für die feierliche Verrichtung erlaubten. Für ihre Geburten nahmen sie die Hilfe von Zauberinnen in Anspruch, die ihnen ihre Lügen weismachten, und ihnen unter das Bett ein Idol eines Dämons legten, *Ixchel* genannt, von dem sie sagen, daß er eine Göttin sei, die die Kinder macht.

Aus Kapitel XXXII: Sittsamkeit und Erziehung der Indianer von Yucatán/Hervorragende Eigenschaften und ihre Wirtschaft/Ihre Frömmigkeit und besondere Gebräuche bei der Geburt.

Trauer, Ahnenverehrung, Jenseitsglaube

Die Strafen für ein schlechtes Leben, die, wie sie sagen, die Schlechten haben würden, waren an einen Ort zu gehen, viel tiefer als der andere, den sie *mitnal* nennen, was *infierno* (Hölle, Vorhölle, Unterwelt) bedeutet, und an ihm von den Dämonen gefoltert zu werden, durch großes Bedürfnis an Hunger und Kälte und Erschöpfung und Traurigkeit. Auch gab es an diesem Ort einen Dämon, der Fürst aller Dämonen, dem alle gehorchten und den sie in ihrer Sprache *Hunhau* nennen, und sie sagten, daß es ein schlechtes und ein gutes Leben gibt, die kein Ende haben, weil auch die Seele es nicht hat. Sie sagten auch, und dieses hielten sie für ganz sicher, daß diejenigen, die sich aufgeknüpft haben, in diesen ihren Himmel gehen; und auch gab es viele, die wegen kleiner Anlässe von Traurigkeit, Arbeiten und Krankheiten sich selbst erhängten, um sie loszuwerden und sich in ihrem Himmel auszuruhen, wo, wie sie sagten, ankam, um sie mit sich zu führen, die Göttin des Galgens, die sie *Ixtab* nannten.

Sie hatten keine Erinnerung an die Auferstehung der Körper und gaben keine Auskunft darüber, von wem sie die Kenntnis über diesen ihren Himmel und Hölle bekamen.

Aus Kapitel XXXIII: Trauer/Bestattungen der Priester/Standbilder zur Aufbewahrung der Asche der Vornehmen/Verehrung, die sie ihnen zukommen lassen/Der Glaube bezüglich eines Lebens im Jenseits.

Götter der Tage und der Jahre

Es verbirgt oder entfernt sich nicht die Sonne so sehr von diesem Land Yucatán, daß die Nächte jemals länger werden als die Tage, und wenn sie am längsten sind, sind sie gleich (lang mit den Tagen) von (den Tagen) San Andrés bis Santa Lucía, wenn die Tage beginnen länger zu werden. Sie richteten sich, um zu wissen, welche Stunde es war, nachts nach dem Morgenstern und dem Siebengestirn und den Zwillingen. (Sie richteten sich) am Tage nach dem Mittag und von ihm zum Sonnenaufgang und Sonnenuntergang, den sie in verschiedene Namen aufgeteilt hatten, mit welchen sie sich verständigten und nach welchen sie ihre Arbeit richteten.

Sie hatten ihr Jahr so vollkommen wie das unsere, von 366 (365) Tagen und 6 Stunden. Sie teilten es in zwei Arten von Monaten, den einen *U*, was bedeutet *luna* (Mond), den sie zählten davon an, daß er neu aufging, bis er nicht mehr erschien.

Eine andere Art von Monaten hatten sie von 20 Tagen, welche sie nennen *Uinal Hunekeh*; von diesen hatte das vollständige Jahr 18, plus die fünf Tage und sechs Stunden. Aus diesen sechs Stunden machten sie alle vier Jahre einen Tag und so hatten sie jedes vierte Jahr ein Jahr mit 366 Tagen. Für diese 360 Tage haben sie 20 Zeichen oder Merkmale, mit denen sie sie benennen, unterlassend einen Namen zu geben für die anderen fünf Tage, weil sie diese für unheilvoll und schlecht hielten. Die Zeichen sind die, die folgen und jeder einzelne trägt seinen Namen darüber, so wie sie ihn verstehen.

Ich habe bereits berichtet, daß die Art des Zählens der Indianer ist von fünf zu fünf, und aus vier fünfen machen sie zwanzig; so, von diesen Merkmalen haben sie 20; sie nehmen die ersten vier fünfer der 20 und diese dienen, jeder einzelne von ihnen, dafür, wofür bei uns unsere sonntäglichen Zeichen dienen, um alle die ersten Tage der Monate zu 20 Tagen zu zählen.

Unter der Vielzahl der Götter, die dieses Volk verehrte, verehrten sie vier, von denen sie jeden *Bacab* nannten. Diese, sagten sie, waren vier Brüder, welche GOTT einsetzte, als er die Welt erschuf, an ihre vier Teile, um den Himmel zu halten, damit er nicht einstürze. Sie glaubten auch von diesen *bacabes*, daß sie entkamen, als die Welt durch die Sintflut zerstört wurde. Sie geben jedem von ihnen andere Namen und bezeichnen mit ihnen den Teil der Welt, wo Gott sie hingestellt hat, den Himmel zu halten, und sie ordnen ihm einen der vier sonntäglichen Schriftzeichen zu und dem Teil, wo er sich befindet; und sie tragen Anzeichen der unglücklichen und glücklichen Ereignisse, die, wie sie sagten, zu folgen hätten in dem Jahr eines jeden von ihnen und nach den Schriftzeichen mit ihnen.

Und der Dämon, der sie in dieser wie in anderen Sachen täuschte, benannte ihnen die Dienste und Opfergaben, die, um den Unglücksfällen zu entkommen, ihm dargebracht werden mußten. Und so, wenn sie (die Unglücksfälle) ihnen nicht zustießen, sagten sie, war es wegen der Dienste, die sie ihm machten; und wenn sie eintraten, machten die Opferpriester dem Volk verstehen und glauben, (daß) es war wegen irgendeines Verschuldens oder eines Fehlers bei den Diensten oder wegen derer, die sie (die Dienste) gemacht hatten.

Das erste, nun, der sonntäglichen Zeichen ist *Kan*.

Das Jahr, für das dieses Zeichen diente, war das Omen des *Bacab*, den sie mit anderen Namen nennen *Hobnil, Kanalbacab, Kanpauahtun, Kanxibchac*. Mit ihm bezeichneten sie den Süden. Das zweite Zeichen ist *Muluc*; sie bezeichneten damit den Osten und sein Jahr war das Omen des *Bacab*, den sie nennen *Canzienal, Chacalbacab, Chacpauauhtun, Chacxibchac*. Das dritte Zeichen ist

Ix. Sein Jahr war das Omen des *Bacab,* den sie nennen *Zaczini,* *Zacalbacab, Zacpauauhtun, Zacxibchac* und sie bezeichneten damit den Teil des Nordens. Das vierte Zeichen ist *Cauac:* sein Jahr war das Omen des *Bacab,* den sie nennen *Hozanek, Ekelbacab, Ekpauahtun, Ekxibchac*; mit ihm bezeichneten sie den Teil des Westens.

An jedwedem Fest oder Feierlichkeit, das dieses Volk ihren Göttern gab, immer begannen sie damit, von sich die Dämonen wegzuschleudern, um es (das Fest/Feierlichkeit) besser zu machen. Und ihn (den Dämon) wegzustoßen war es das eine mal mit Gebeten und Weihen, die sie dafür hatten und das andere mal mit Diensten und Opfergaben und Schlachtungen, die sie aus diesem Grunde machten. Um die Feierlichkeit des neuen Jahres feierlich zu begehen, nahm dieses Volk wahr, mit viel Lustbarkeit und viel Würde, gemäß ihrer unglückseligen Anschauung, die fünf Unglückstage, die sie, wie gesagt, haben, vor dem ersten Tag ihres neuen Jahres, und an ihnen machten sie viele große Dienste für die *bacabes,* (wie) oben zitiert und für den Dämon, den sie nannten mit vier anderen Namen, nämlich, *Kanuuayayab, Chacuuayayab, Zacuuayayab, Ekuuayayab;* und nachdem sie diese Dienste und Feste beendet hatten und von sich gestoßen hatten, wozu wir noch kommen werden, den Dämon, begannen sie ihr neues Jahr.

Aus Kapitel XXXIV: Das Zählen des yucatekischen Jahres/Merkmale der Tage/Die vier *Bacabes* und ihre Namen/Die Unglückstage.

Zeremonien zu Beginn des Jahres Kan

Es war üblich in allen Dörfern von Yucatán zwei Haufen von Steinen zu errichten, einer gegenüber dem anderen, am Eingang des Dorfes und für alle vier Teile desselben und zwar, im Osten, Westen, Norden und Süden, für die Durchführung der zwei Feste der Unglückstage, welche sie in dieser Weise jedes Jahr verrichteten.

Das Jahr, dessen sonntägliches Zeichen *Kan* war, war das Omen des *Hobnil*, und gemäß, wie jene sagen, herrschten beide im Teil des Südens. In diesem Jahr, nun, machten sie ein Heiligenbild oder eine hohle Figur aus Lehm von dem Dämon, den sie nannten *Kannuayayab*, und sie trugen sie zu dem Haufen von trockenem Stein, die sie errichtet hatten im Teil des Südens; sie wählten einen Fürsten aus dem Dorf, in dessen Haus stattfand das Fest dieser Tage, und um es zu feiern, machten sie eine Statue eines Dämons, den sie nannten *Bolonzacab*, die sie in das Haus des Fürsten stellten, hergerichtet an einer öffentlichen Stelle und zu der sie alle gelangen konnten.

Dies gemacht, versammelten sich die Noblen und der Priester, und vom Dorf die Männer, und nachdem gesäubert und mit Bögen und frischen Zweigen hergerichtet der Weg, bis zu dem Ort der Steinhaufen, wo die Statue sich befand, gingen zu ihr alle gemeinsam, mit viel Andacht.

Angekommen beräucherte sie der Priester mit neunundvierzig Maiskörnern, vermahlen mit seinem Weihrauch, und dieses warfen sie auf die Räucherpfanne des Dämons und räucherten ihn ein. Sie nannten den Mais, nur gemahlen, *zacah* und den (als Getränk) der Noblen *chahalté*. Sie räucherten das Abbild ein, köpften ein Huhn und boten es als Opfergabe dar.

Dies getan, steckten sie das Abbild auf einen Pfahl, genannt *kanté*, setzten ihm auf die Schultern einen Engel als Zeichen für Wasser, und dieses Jahr würde gut sein, und sie bemalten diese Engel und machten sie entsetztlich aussehend, und so trugen sie es mit Fröhlichkeit und Tanzen zum Haus des *principal* (i. e. der Leiter der Veranstaltung), wo sich die andere Statue von *Bolonzacab* befand.

Sie holten aus dem Haus dieses *principal*, an den Weg für die Noblen und Priester, ein Getränk, zubereitet aus 415 gerösteten Maiskörnern, das sie nennen *picula-kakla*, und alle tranken von ihm; nachdem sie an das Haus des *principal* gekommen waren, stellten sie dieses Abbild gegenüber der Statue des Dämons, den sie dort hatten, und so machten sie ihm viele Opfergaben an

Speisen und Getränken, von Fleisch und Fisch, und verteilten diese Opfergaben an die Fremden, die sich dort befanden und gaben dem Priester die Keule eines Hirsches.

Andere vergossen Blut, nachdem sie sich die Ohren geschnitten hatten und schmierten ein damit einen Stein, den sie dort hatten von einem Dämon (genannt) *Kanalacantun*. Sie machten ein Herz aus Brot und anderes Brot aus den Kernen von Kürbissen und reichten diese dem Abbild des Dämons *Kanuuayayab*. So hielten sie diese Statue und das Abbild dieser Unglückstage und räucherten sie ein mit seinem Weihrauch vermischt mit (Körnern von) gemahlenem Mais. Sie hatten geglaubt, daß, wenn sie diese Zeremonie nicht machen würden, sie gewisse Krankheiten bekämen, die sie haben in diesem Jahr. Nachdem diese Unglückstage vorüber waren, trugen sie die Statue des Dämons *Bolonzacab* zum Tempel, und das Abbild zum Teil des Ostens, um dorthin zu gehen zu ihm im anderen Jahr, und sie stellten sie dorthin und begaben sich zu ihren Häusern, um dafür zuständig zu sein, was geblieben war für jeden einzelnen zu tun für die Begehung des neuen Jahres.

Nachdem diese Zeremonien beendet waren und weggeschleudert der Dämon nach seiner Täuschung, hielten sie dieses Jahr für gut, denn es herrschte mit dem Zeichen *Kan* der *bacab Hobnil*, von dem sie sagten, er habe nicht gesündigt wie seine Brüder und daher kam ihnen keine Not in diesem (Jahr). Aber, weil sie (die Not) oft eintrat, sorgte der Dämon dafür, daß sie ihm Dienste leisteten, so daß, wenn sie (die Not) eintrete, sie die Schuld auf die Dienste oder Diener schieben und sie immer getäuscht und blind bleiben würden. Er befahl ihnen, nun, ein Idol zu machen, das sie nannten *Yzamnakauil* und das sie ihm in seinen Tempel stellten und ihm verbrennen sollten im Hof des Tempels drei Bälle von einer Milch oder Harz, genannt *kik*, und daß sie ihm opferten einen Hund oder einen Menschen, was sie die Regel beachtend machten, die schon erwähnt wurde; sie beachteten (die Regel) mit ihnen, die sie opferten, außer daß die Art, zu opfern, in diesem Fest verschieden war, denn sie hatten im Hof des Tempels einen großen Haufen an Steinen und sie stellten den Menschen oder Hund, den sie zu opfern hatten, auf irgend eine Sache, viel höher als er (der Haufen), und nachdem sie ihn, zur Ruhighaltung verschnürt, von der Höhe auf die Steine geworfen hatten, packten ihn jene Gehilfen, und mit großer Schnelligkeit holten sie ihm das Herz heraus und trugen es zum neuen Idol, und sie brachten es dar zwischen zwei Tellern. Sie reichten dar andere Geschenke an Speisen, und auf diesem Fest tanzten die alten Weiber des Dorfes, die dafür ausgewählt worden waren, gekleidet in bestimmten Gewändern. Sie sagten, daß ein Engel herabstieg und dieses Opfer nahm.

Aus Kapitel XXXV: Feste der Unglückstage/Opfer zu Beginn des neuen Jahres mit dem Zeichen *Kan*.

Zeremonien zu Beginn des Jahres Muluc

Das Jahr, in dem das sonntägliche Zeichen war *Muluc*, hatte das Omen des *Canzienal* und zu seiner Zeit wählten sie, die Noblen und Priester, einen *principal*, um das Fest zu machen und danach machten sie das Abbild des Dämons wie im vergangenen Jahr, welches sie nannten *Chacuuayayab*, und sie trugen es zu dem Haufen aus Stein, der sich im Teil des Ostens befand, wo sie hingeworfen hatten das vergangene (Abbild). Sie machten eine Statue des Dämons genannt *Kinchahau* und stellten sie in das Haus des *principals* an einen geeigneten Ort, und von dort, nachdem sehr sauber und hergerichtet worden war der Weg, gingen sie alle zusammen in ihrer gewohnten Frömmigkeit zum Abbild des Dämons *Chacuuayayab*.

Angekommen, beräucherte es der Priester mit fünfzig Maiskörnern, vermahlen mit seinem Weihrauch, welches sie nannten *zacah*. Es gab der Priester an die Noblen mehr Weihrauch, das sie in die Räucherpfanne legten, welches wir *chahalté* nennen danach köpften sie das Huhn, wie (im Jahr) zuvor, und nachdem sie das Abbild gesteckt hatten auf einen Pfahl, genannt *chacté*, trugen sie es, es alle begleitend mit Frömmigkeit, und dabei tanzten sie einige Kriegstänze, die sie nennen *holcanokot batelokot*. Sie holten an den Weg für die Noblen und *principales* ihr Getränk aus 380 gerösteten Maiskörnern wie oben (beschrieben).

An dem Haus des *principals* angekommen, stellten sie dieses Abbild gegenüber der Statue von *Kinchahau* und brachten ihm alle ihre Opfer dar, welche sie aufteilten wie die übrigen. Sie brachten dar dem Abbild Brot gemacht mit Eigelb und andere mit Herzen von Hirschen und andere gemacht mit ihrem aufgelösten Pfeffer. Es gab viele, die Blut vergossen, indem sie sich die Ohren schnitten und mit ihrem Blut den Stein beschmierten, den sie dort hatten von einem Dämon, den sie nannten *Chacacantun*. Hier nahmen sie Knaben, und mit Gewalt entnahmen sie ihnen Blut von den Ohren, indem sie ihnen Schnitte in sie machten. Sie besaßen diese Statue und Abbild seit den vergangenen Unglückstagen und unterdessen verbrannten sie ihnen ihr Weihrauch. Nachdem diese Tage vorbei waren, trugen sie das Abbild, um es niederzulegen an dem Teil des Nordens und das andere (die Statue) zum Tempel, und darauf gingen sie zu ihren Häusern, um sich der Vorbereitung ihres neuen Jahres zu widmen. Sie fürchteten, daß, wenn sie nicht besagte Dinge machten, viel Krankheit für die Augen.

Dieses Jahr, in dem das Zeichen *Muluc* das sonntägliche war und der *bacab Canzienal* herrschte, hielten sie für ein gutes Jahr, weil sie sagten, daß dieser der beste und größte war von ihren Göttern *Bacabes*, und so stellten sie ihn an erste Stelle in ihren Gebeten. Aber mit all dem veranlaßte sie der Dämon, ein Idol zu machen, genannt *Yaxcocahmut*, und das stellten sie in den Tempel, und sie entfernten die alten Abbilder und machten im Hof, vor dem Tempel, eine Gestalt aus Stein, auf welcher sie verbrannten von ihrem Weihrauch und einen Ball aus einem Harz oder Milch *kik*, wobei sie dort Gebete sprachen zum Idol und es um Abhilfe baten von den Nöten, die sie für dieses Jahr befürchteten, derer waren wenig Wasser und das Zunichtemachen vieler Maissprößlinge und Dinge dieser Art, zu deren Abwendung der Dämon ihnen befahl, ihm zu opfern Eichhörnchen und ein Webstück ohne Zierrat, welches die alten Weiber weben sollten, deren Pflicht es war im Tempel zu tanzen, um zu besänftigen *Yaxcocahmut*.

Sie hatten andere viele Übel und schlechte Vorzeichen, auch wenn das Jahr gut war, wenn sie nicht die Dienste machten, die der Dämon ihnen auftrug, welches war ein Fest zu machen und auf ihm zu tanzen einen Tanz mit sehr hohen Stelzen und ihm zu opfern Köpfe von Truthühnern und Brot und Getränke aus Mais; sie hatten ihm zu opfern (ebenfalls) Hunde, hergestellt aus Ton mit Brot auf dem Rücken, und die alten Weiber hatten mit ihnen in den Händen zu tanzen und zu opfern einen kleinen Hund, der einen schwarzen Rücken hatte und jungfräulich war, und die Andächtigen hatten ihr Blut zu vergießen und einzuschmieren damit einen Stein des Dämons *Chacacantun*. Sie machten dieses Opfer und diesen Dienst, um ihrem Gott *Yaxcocahmut* zu gefallen.

Aus Kapitel XXXVI: Opferungen im neuen Jahr mit dem Zeichen *Muluc*/Tanz der Stelzen/Tanz der alten Weiber mit Hunden aus Ton.

Zeremonien zu Beginn des Jahres Ix

Das Jahr, in dem das sonntägliche Zeichen war *Ix* und das Omen *Zaczini*, die Wahl der *principal* gemacht, der das Fest durchführen sollte, machten sie das Abbild des Dämons, genannt *Zacuuayab* und trugen es zu dem Haufen aus Stein im Teil des Nordens, wo sie es das vergangene Jahr hingestellt hatten. Sie machten eine Statue für den Dämon *Yzamná* und stellten sie in das Haus des *principals*, und alle zusammen und der Weg hergerichtet, gingen sie andächtig zu dem Abbild von *Zacuuayayab*. Nachdem sie angekommen waren, beräucherten sie es, wie sie es gewohnt waren und töteten das Huhn, und das Abbild auf einen Pfahl aufgestellt, genannt *Zachia*, trugen sie es mit ihrer Frömmigkeit und Tänzen, welche sie nannten *alcabtan Camahau*. Sie brachten ihnen das gewohnte Getränk zum Weg und im Haus angekommen, stellten sie dieses Abbild vor die Statue des *Yzamná*, und dort boten sie ihm alle Opfergaben dar und verteilten sie, und der Statue von *Zacuuayayab* boten sie den Kopf eines Truthahns an und Pasteten von Wachteln und andere Dinge und ihr Getränk.

Andere entnahmen sich Blut und schmierten mit ihm ein den Stein des Dämons *Zacacantun*, und sie hielten sich so die Idole in den Tagen, die bis zum neuen Jahr fehlten und beräucherten sie mit ihren Räucherwerken, bis daß der letzte Tag gekommen war; sie trugen *Yzamná* zum Tempel und *Zacuuayayab* zum Teil des Westens, ihn dort abzustellen, um ihn (wieder) im nächsten Jahr abzuholen.

Die Übel, die sie dieses Jahr befürchteten, wenn sie unachtsam waren in diesen Diensten, waren Schwächen und tiefe Ohnmacht und Leiden der Augen; sie betrachteten es als ein schlechtes Jahr für Brot und gut für Baumwolle.

Dieses Jahr, in dem das Zeichen *Ix* das sonntägliche war und herrschte der *bacab Zaczini*, betrachteten sie als ein schlechtes Jahr, da sie sagten, daß in ihm sie viele Übel haben würden, wie großer Mangel an Wasser und viele Sonnen, die die Maisfelder verdörren ließen, dem großen Hunger folge, und von dem Hunger Diebstähle, (von den) Diebstählen Sklaven und der Verkauf von denen, die sie (die Diebstähle) machten. Daher kämen Uneinigkeiten und Kriege unter ihnen oder anderen Dörfern. Auch sagten sie, daß ein Wechsel stattfände in der Herrschaft der Noblen oder von den Priestern aufgrund der Kriege und Uneinigkeiten.

Sie hatten auch eine Prophezeiung: Daß einige von denen, die Noble werden wollten, sich nicht durchsetzen würden. Sie sagten, daß sie Heuschrecken haben würden und daß sich viele ihrer Dörfer entvölkern würden wegen des Hungers. Das, was der Dämon ihnen auftrug zu machen, zur Abhilfe dieser Nöte von welchen alle oder einige von ihnen, wie sie glaubten, sie befallen würde, war ein Idol, das sie nannten *Cinchahau Izamná*, und es zu stellen in den Tempel, wo sie ihm darboten viel Räucherwerk und viele Opfergaben und Gebete und Vergießen von ihrem Blut, mit welchem sie beschmierten den Stein des Dämons *Zacacantun*. Sie veranstalteten viele Tänze und es tanzten die alten Weiber, wie sie es gewohnt waren, und an diesem Datum machten sie von neuem ein kleines Oratorium für den Dämon oder wiederholten das alte, und bei ihm kamen sie alle zusammen, um Opferungen vorzunehmen und Opfergaben (darzureichen) und alle nahmen an einem feierlichen Gelage teil, denn es war ein allgemeines und verbindliches Fest. Es gab einige (besonders) gläubige, die nach ihrem Belieben und ihrer Verehrung ein anderes Idol machten, wie oben (beschrieben) und stellten es in andere Tempel, wo sie ihm Opfergaben und Gelage darbrachten. Diese Gelage und Opferungen hielten sie für sehr willkommen für die Idole und als Abhilfe, um sie zu befreien von den Übeln der Prophezeiung.

Aus Kapitel XXXVII: Opferungen im neuen Jahr mit dem Zeichen *Ix*/ Schlechte Prophezeiungen und ihre Abhilfen.

Zeremonien zu Beginn des Jahres Cauac

Das Jahr, in dem das sonntägliche Zeichen war *Cauac* und das Omen *Hozanek* und die Wahl des *principals* durchgeführt, um das Fest zu zelebrieren, machten sie das Abbild des Dämons, genannt *Ekuuayayab* und trugen es zu den Haufen aus Stein im Teil des Westens, wo sie im vergangenen Jahr es abgestellt hatten. Sie machten auch eine Statue für einen Dämon, genannt *Uacmitunahau* und stellten sie in das Haus des *principals*, an eine geeignete Stelle, und von dort gingen sie alle zusammen zu einem Ort, wo das Abbild des *Ekkuuayayab* stand, und sie hatten für es den Weg sehr hergerichtet. Nachdem sie bei ihm angekommen waren, beräucherten es der Priester und die Noblen, wie gewohnt, und schlachteten das Huhn. Dies getan, steckten sie das Abbild auf einen Pfahl, den sie nannten *Yaxek* und setzten auf die Schultern des Abbildes einen Schädel und einen toten Menschen und obenauf einen Raubvogel, genannt Kuch, ein Zeichen des Massensterbens, denn dieses Jahr betrachteten sie als ein sehr schlechtes.

Sie trugen es danach in dieser Art, mit ihrer Andacht und Frömmigkeit und führten einige Tänze durch, unter welchen sie tanzten einen wie *cazcarientas* (mit Kot beschmutzt sein? oder: besonderer Tanz in Spanien?) und so nannten sie ihn *Xibalbaokot*, der bedeutet *baile del demonio* (Tanz des Dämons). Es kamen zum Weg die Mundschenke mit dem Getränk der Noblen; das Getränk trugen sie zum Ort der Statue (des) *Uacmitunahau* und stellten es vor das Abbild, welches sie mit sich trugen. Dann begannen sie, ihre Opferungen vorzunehmen, Räucherwerke und Gebete und viele vergossen das Blut vieler Teile des Körpers, und mit ihm schmierten sie ein den Stein des Dämons, genannt *Ekelacantun*, und so vergingen diese Unglückstage, nachdem diese vorüber waren, trugen sie *Uacmitunahau* zum Tempel und *Ekuuayayab* zum Teil des Südens, um sie das andere Jahr zu empfangen.

Dieses Jahr, in welchem das Zeichen war *Cauac* und regierte der *bacab Hozanek*, hielten sie, außer dem vorhergesagten Massensterben, für schäbig, denn sie sagten, daß viele Sonnen die Maisfelder zum Absterben brächten und die vielen Ameisen und die Vögel das fressen würden, was sie aussäten, und da dies nicht in allen Gebieten passieren würde, (würde es) in einigen, mit viel Arbeit, Essen geben. Der Dämon verpflichtete sie, zur Abhilfe dieser Übel, vier Dämone herzustellen, genannt *Chichacchob, Ekbalamchac, Ahcanuolcab, Ahbulucbalam* und sie zu stellen in den Tempel, wo sie sie einräucherten mit ihren Räucherwerken und ihnen opferten, indem sie verbrannten zwei Kügelchen einer Milch oder eines Harzes von einem Baum, den sie nannten *kik* und bestimmte Leguane und Brot und eine Mitra und ein Bund Blumen und einen von ihren kostbaren Steinen. Außer diesem, zur Durchführung dieses Festes, machten sie im Hof ein großes Gewölbe aus Holz und füllten es mit Brennholz in der Höhe und an den Seiten, wobei sie in ihnen Türen ließen, um hinein- und hinausgehen zu können. Nachdem dieses getan war, nahm die Mehrheit der Männer jeder ein geschnürtes Bündel von einigen Ruten, sehr lang und trocken und ein Sänger oben auf das Feuerholz gestellt, sang und machte Geräusche mit einer seiner Trommeln, sie tanzten darunter alle, mit viel Übereinstimmung und Frömmigkeit, hinein- und hinausgehend durch die Türen des Gewölbes aus Holz, und so tanzten sie bis zum Abend, an dem jeder sein Bündel liegen ließ und weg ging zu seinem Haus, um auszuruhen und zu essen.

Als es Nacht wurde, kamen sie zurück und mit ihnen viele Leute, denn unter ihnen war diese Zeremonie sehr geschätzt, und jeder von ihnen nahm seine Fackel und zündete sie an, und mit ihr legte jeder für seinen Teil Feuer an das Brennholz, welches hoch in Flammen stand und sich schnell verzehrte. Nachdem alles zu Glut verbrannt war, glätteten sie sie und breiteten sie weit aus, und zusammen mit denen, die getanzt hatten, gab es einige, die sich hinstellten um hinüberzulaufen, barfuß und nackt, so wie sie waren, auf dieser Glut, von einer Seite zur anderen, und einige überquerten sie ohne Verletzungen, andere versengt und andere halb verbrannt, und so glaubten sie, daß (dies) die Abhilfe von ihren Übeln und schlechten Omen war, und sie meinten, daß das ein sehr gefälliger Dienst für die Götter war. Nachdem dies getan war, gingen sie, um zu trinken und sinnlos betrunken zu sein, denn so verlangte es der Brauch und die Hitze des Festes.

Aus Kapitel XXXVIII: Opferungen im neuen Jahr mit dem Zeichen *Cauac*/Schlechte Prophezeiungen und ihre Abhilfe durch den Tanz des Feuers.

Kalendermonate und Kalenderfeste

Yax

In irgendeinem der Monate *Chen* und *Yax* und an dem Tag, den der Priester festsetzte, machten sie ein Fest, welches sie nannten *Ocná*, das bedeutet *renovación del templo* (Erneuerung/Wiederherstellung/Reinigung des Tempels); dieses Fest machten sie zu Ehren der *chaces*, die sie hielten für Götter der Maisfelder, und auf ihm erblickten sie die Prophezeiungen der *bacabes*, wie schon ausführlich erwähnt und gemäß der Reihenfolge an entsprechender Stelle beschrieben. Besagtes Fest machten sie jedes Jahr und außerdem reinigten sie die Idole vom Schmutz und ihre Räucherpfannen, denn es war Brauch, daß jedes Idol eine kleine Räucherpfanne hatte, in der sie ihm seinen Weihrauch verbrannten, und wenn es notwendig war, bauten sie von neuem das Haus oder erneuerten es, und sie hielten auf der Mauer fest die Erinnerung an diese Dinge mit ihren Buchstaben.
/a l *Imix*/ Hier beginnt die Zählweise des Kalenders der Indianer in ihrer Sprache genannt: *Hun Imix*.

Mac

An irgendeinem Tag dieses Monats *Mac* machten die greisen Leute und die ganz alten Männer ein Fest für die *chaces*, Götter für das Getreide und für *Izamná*. Und an diesem Tag oder zwei davor machten sie folgende Zeremonie, die sie nannten in ihrer Sprache *Tuppkak:* Sie besaßen gejagte Tiere und Ungeziefer des Feldes, derer sie habhaft werden konnten und die es in diesem Land gab, und mit ihnen versammelten sie sich im Hof des Tempels, in dem sich gesetzt hatten die *chaces* und der Priester, Platz genommen in den Ecken, wie sie es gewohnt waren (zu tun), um den Dämon wegzuschleudern, jeder mit seinem Krug mit Wasser, welche (Krüge) sie dorthin gebracht hatten für jeden einzelnen. In die Mitte stellten sie ein großes Bündel von trockenen Ruten, verschnürt und gerade aufgerichtet, und nachdem sie zuerst angezündet hatten ihr Weihrauch in der Räucher-

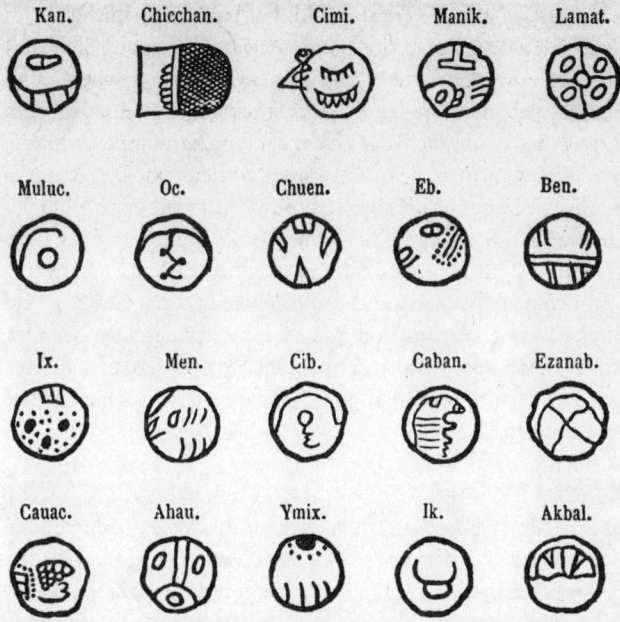

Die Tageszeichen der Maya nach Brasseur de Bourbourg 1864

pfanne, legten sie Feuer an die Ruten und solange sie in Flammen standen, nahmen sie freizügig heraus die Herzen aus den Vögeln und Tieren und warfen sie zum Verbrennen ins Feuer, und wenn es keine großen Tiere gab wie Tiger, Löwen oder Echsen, machten sie Herzen von ihrem Weihrauch, und wenn es Tiere gab und sie sie töteten, brachten sie ihre Herzen zu jenem Feuer. Nachdem alle Herzen verbrannt waren, löschten sie das Feuer mit den Wasserkrügen und *chaces*. Sie taten dies, um zu erreichen von diesem und dem folgenden Fest ein gutes Jahr an Wasser für ihr Getreide; dann führten sie das Fest durch, verschiedenartig von den anderen, da sie dafür nicht fasteten, ausgenommen der Bote von ihm, der fastete ihr Fasten. Nachdem sie angekommen waren, nun, um das Fest zu feiern, versammelte sich das Dorf, die Priester und die Amtsträger im Hofe des Tempels, wo sie aufgebaut hatten einen Haufen aus Stein mit Treppen, alles sehr sauber und hergerichtet mit frischen Zweigen. Es gab der Priester den hergerichteten Weihrauch dem Boten, (der Weihrauch) der sich in der Räucherpfanne verbrannte und so sagt man, daß der Dämon entfleuchte. Das getan, in ihrer gewohnten Frömmigkeit, bestrichen sie die erste Stufe des Haufens aus Steinen mit Schlamm vom Brunnen und die übrigen Stufen mit blauem Teer und machten viele Räucherwerke und riefen an die *chaces* und den *Izamná* mit ihren Gebeten und ihrer Frömmigkeit und boten ihre Geschenke dar. Dies beendet, trösteten sie sich essend und trinkend, was geopfert, und sie blieben zuversichtlich für ein gutes Jahr wegen ihrer Dienste und Anrufungen.

Muan

In dem Monat *Muan* machten diejenigen, die die Erdnüsse besaßen, ein Fest für die Götter *Ekchuah*, *Chac* und *Hobnil*, die ihre Fürsprecher waren. Um es zu machen, gingen sie zu einem Landstück von einem der ihren, wo sie opferten einen gescheckten Hund in der Farbe des Kakaos und verbrannten für die Idole ihr Weihrauch und brachten ihnen dar Leguane von blauer Farbe, und bestimmte Federn eines Vogels und anderes Waidwerk, und sie gaben jedem der Amtsträger eine Schote der Kakaofrucht. Vollendet die Opferung und ihre Gebete, verspeisten sie die Geschenke und sie tranken, wie man sagt, nicht mehr als dreimal vom Wein, von dem sie nicht mehr mitgebracht hatten, und sie gingen zum Haus dessen, der dieses Fest geleitet hatte, und benahmen sich sehr daneben mit viel Freude.

Cumku

Es wurde in den vergangenen Kapiteln schon gesagt, daß die Indianer ihre Jahre begannen von diesen Tagen ohne Namen (ab), sich selbst hergerichtet an ihnen wie am Vorabend für die Durchführung des Festes von ihrem neuen Jahr, und außer für die Vorbereitung, die sie machten für das Fest des Dämons *Uuayayab*, für das sie ihre Häuser verließen, waren die anderen Vorbereitungen, das Haus sehr wenig zu verlassen in diesen fünf Tagen und zu opfern, außer den Geschenken des gewöhnlichen Festes, Perlen an ihre Dämone und die anderen (Idole) in ihren Tempeln. Diese Perlen, die sie also opferten, nutzten sie nicht zum eigenen Gebrauch, (wie keine andere) Sache, die sie dem Dämon opferten, und mit diesen kauften sie (nur) Weihrauch zum Verbrennen. Während dieser Tage kämmten und wuschen sie sich nicht, weder die Frauen noch die Männer entflöhten/ entlausten sich, noch verrichteten sie unterwürfige oder schwere Dinge, weil sie fürchteten, daß ihnen nachfolgen würde manch Schlechtes, wenn sie das täten.

Uo

In dem Monat *Uo* begannen sie sich vorzubereiten mit Fasten und anderen Dingen, für die Durchführung des Festes, die Priester, die Ärzte und Zauberer, was alles das Gleiche war. Die Jäger und Fischer kamen her, um zu feiern am siebten (Tag des Monats) von *Zip*, und sie begingen es um seinetwillen, jeder einzelne von ihnen, an seinem Tag: Zuerst die Priester, welches (Fest) sie nannten *Pocam*. Sie versammelten sich in dem Haus des Adligen mit ihren Schmucksachen, schleuderten hinweg zuvor den Dämon, wie sie es gewohnt waren zu tun und holten dann heraus ihre Bücher und breiteten sie aus über die frischen Zweige, die sie dafür hatten, und sie riefen an mit ihren Gebeten und ihrer Frömmigkeit ein Idol, das sie nannten *Cinchau – Izamná*, von welchem sie sagen, daß er der erste Priester gewesen ist und sie opferten ihm ihre Gaben und Geschenke und verbrannten ihm mit der neuen Glut ihre Kügelchen aus Weihrauch; unterdessen verrührten sie in ihrem Gefäß ein wenig von ihrem Grünspan, mit jungfräulichem Wasser, das, wie sie sagten, herbeigebracht war aus dem Wald, wo keine Frau hingelangte, und sie schmierten ein mit ihm die Tafeln der Bücher zu ihrer Reinigung, und nachdem dies getan war, öffnete der am meisten gelehrte von den Priestern ein Buch und erblickte die Prophezeiungen für dieses Jahr und erklärte sie den Anwesenden und predigte ihnen ein wenig, wobei er ihnen anvertraute die Abhilfen, und auf dem Fest setzte er fest, für das andere Jahr, den Priester oder Noblen, der das (Fest) durchführen sollte, und wenn der sterben würde, den sie bezeichneten es zu tun, blieben die Söhne verpflichtet (dies) auszuführen für den Verstorbenen. Dies getan, aßen alle die Gaben und die Speisen, die sie hergebracht hatten und tranken, bis sie blau waren, und so endete das Fest, in welchem sie manchmal einen Tanz tanzten, den sie nennen *Okotuil*.

Zip

Am folgenden Tage versammelten sich die Ärzte und Zauberer im Haus eines von ihnen mit ihren Frauen, und die Priester schleuderten weg den Dämon; dies getan, holten sie hervor die Bündel mit ihren Arzneien, in denen sie trugen viele Kindereien und ein jeder kleine Idole von der Göttin der Medizin, die sie nannten *Ixchel*, und so nannten sie das Fest *Ihcil Ixchel* und einige kleine Steine zum Losen und die sie nannten *Am*, und mit ihrer großen Frömmigkeit riefen sie an mit Gebeten die Götter der Medizin, die sie nannten *Izamná, Citbolontun* und *Ahau Chamahez*, und die Priester gaben ihnen den Weihrauch, den sie verbrannten in der Räucherpfanne des neuen Feuers; unterdessen rieben ein die *chaces* sie mit anderem blauen Teer wie das der Bücher von den Priestern. Dies getan, wickelte ein jeder einzelne die Dinge seines Amtes, und nachdem sie das Bündel auf den Rücken gepackt hatten, tanzten alle einen Tanz, genannt *Chantun-yab*. Beendet der Tanz, setzten sich auf die eine Seite die männlichen Wesen und auf die andere die Frauen, und sie losten aus das Fest für das andere Jahr; sie aßen von den Geschenken und besoffen sich ohne Ekel, außer den Priestern, die, wie man sagt, sich schämten und den Wein behüteten, um zu trinken allein und zu ihrem Vergnügen.

Am folgenden Tag versammelten sich die Jäger in einem Haus

eines der ihren und führten mit sich ihre Frauen wie die übrigen; es kamen an die Priester und schleuderten hinweg den Dämon, wie sie es zu tun pflegten. Bald weggeschleudert, legten sie in die Mitte das Zubehör für das Weihrauchopfer und neues Feuer und blauen Teer. Und mit ihrer Frömmigkeit riefen an die Jäger die Götter der Jagd, *Acanum, Zuhuyzib Zipitabai* und andere und verteilten den Weihrauch an sie, welches sie warfen in die Räucherpfanne, und während es verbrannte, holte jeder heraus einen Pfeil und den Schädel eines Hirsches, welche einrieben die *chaces* mit blauem Teer. Nun eingerieben, tanzten sie mit ihnen (den Schädeln) in den Händen; andere durchbohrten sich die Ohren, andere die Zunge und zogen durch die Löcher sieben Blätter eines Grases, etwas (zu) breite, das sie nennen *Ac*. Nachdem dies zuerst gemacht war, opferten der Priester und die Amtsträger danach die Geschenke, und so tanzend, schenkte man sich aus den Wein und sie betranken sich, bis sie sternhagelvoll waren.

Am folgenden Tag hatten die Fischer ihr Fest in der Reihenfolge der anderen, außer, daß das, was eingerieben wurde, die Angelgerätschaften waren und sie sich nicht die Ohren durchbohrten, sondern sie zerkratzten sie rundherum, und sie tanzten ihren Tanz, genannt *Chohom*, und das alles getan, segneten sie einen Stock, lang und dick und stellten ihn aufgerichtet hin. Sie hatten den Brauch, nachdem sie das Fest beendet hatten in den Dörfern, sich anzuschicken es an der Küste zu machen, die Noblen und viele Leute, und dort hatten sie sehr große Fischfänge und Spaß und sie führten mit sich eine große Ausrüstung von Netzen und Angelhaken und andere Gerätschaften, mit denen sie fischen. Die Götter, die auf dem Fest ihre Fürsprecher waren, sind *Ahkaknexoi, Ahpua* und *Ahsictzamalcun*.

Tzoz

In dem Monat Tzoz bereiten sich vor die Besitzer der Bienenhäuser, um ihr Fest zu begehen im (Monat) Tzec, und, obwohl die Hauptvorbereitung für diese Feste war das Fasten, war es nur obligatorisch (für) den Priester und die Amtsträger, die ihm halfen; für die übrigen war es freiwillig.

Tzec

Gekommen der Tag des Festes, bereiteten sie sich vor in dem Haus, in dem es stattfand und sie machten alles so, wie in dem (Fest) davor, außer, daß sie kein Blut vergossen. Sie hielten für die Fürsprecher die *bacabes* und besonders den *Hobnil*. Sie machten viele Opfergaben, und im besonderen gaben sie den vier *chaces* vier Teller mit je einem Ball aus Weihrauch in der Mitte eines jeden und aufgemalt rundherum einige Figuren aus Honig, für dessen Überfluß war dieses Fest. Sie beschlossen es mit Wein, wie sie es gewohnt waren zu tun und übersättigt, da die Besitzer der Bienenstöcke zu ihm (den Wein) den Honig im Überfluß gaben.

Xul

Nach der schon erwähnten Abreise von *Cuculcán* aus Yucatán, gab es unter den Indianern einige, die sagten, er sei weggegangen zum Himmel mit den Göttern, und daher hielten sie ihn für einen Gott, und ihm bestimmten sie einen Tempel, in dem sie beispielsweise ihm ihr Fest bereiteten, und man feierte es im ganzen Land bis zur Zerstörung von *Mayapán*. Nach dieser Zerstörung feierte man besagtes Fest nur noch in der Provinz *Maní*, und die übrigen, in Dankbarkeit für das, was sie schuldeten dem *Cuculcán*, überreichten zu *Maní*, eine im einen und eine andere im anderen Jahr, oder gleichzeitig, fünf sehr hübsche Fahnen aus Federn, mit der sie machten das Fest in der Art und nicht wie die vergangenen: am 16. des (Monats) *Xul* versammelten sich alle Noblen und Priester im *Maní* und mit ihnen eine große Menschenmenge aus den Dörfern, die schon vorbereitet kam durch Fasten und Enthaltsamkeiten. An jedem Tag, am Nachmittag, verließen sie in einer großen Prozession von Leuten und mit vielen von ihren Komödianten, das Haus der Noblen, wo sie sich versammelt hatten und gingen mit großer Ruhe zum Tempel des *Cuculcán*, den sie sehr geschmückt hatten, und angekommen, machten sie viele ihrer Gebete, legten nieder die Fahnen oben auf den Tempel und unten, im Hof, breiteten sie alle aus, jeder einzelne, ihre Idole auf dem Laub der Bäume, das es dafür gab, und die neue Glut geschlagen, begannen sie anzuzünden an vielen Orten den Weihrauch und darzubringen Opfergaben an gekochten Speisen ohne Salz noch Pfeffer und an Getränken aus ihren Bohnen und Kürbiskernen, und immer Copal verbrennend, ohne daß die Noblen zu ihren Häusern zurückkehrten (noch diejenigen), die geholfen hatten, ließen sie vorübergehen fünf Tage und fünf Nächte in Gebeten und mit irgendwelchen frommen Tänzen. Bis zum ersten Tag des (Monats) *Yaxkin* gingen umher die Komödianten diese fünf Tage zu den Häusern der *principales*, Possen treibend, und sie sammelten die Geschenke, die sie ihnen gaben, und sie brachten alles zum Tempel, wo, bis die fünf Tage vorüber waren, liegen blieben die Gaben zwischen den Noblen, Priestern und Tänzern, und sie nahmen die Fahnen und Idole und sie kehrten zurück zum Haus des Noblen und von dort jeder einzelne zu seinem. Sie sagten und hielten es für sehr glaubhaft, daß am letzten Tag herabstieg *Cuculcán* vom Himmel und annahm die Dienste, Nachtwachen und Opfergaben. Sie nannten dieses Fest *Chickabán*.

Mol

In diesem Monat kehrten zurück die Imker, um ein anderes Fest zu machen, wie das des (Monats) *Tzec*, damit die Götter die Blumen versorgten für die Bienen.

Eines der Dinge, die diese Unglücklichen für äußerst mühsam und schwierig hielten, war herzustellen Idole aus Holz, was sie nannten Götter machen, und so hatten sie eine besonders festgelegte Zeit, um sie zu machen, und das war der Monat *Mol* oder ein anderer, wenn der Priester ihnen sagte, daß er genüge. Diejenigen, die sie (die Idole) machen wollten, befragten zuerst den Priester, und nachdem sie seinen Rat erhalten hatten, gingen sie zu einem der Amtsträger der ihren und sie sagen, daß immer sich entschuldigten die Amtsträger, weil sie fürchteten, daß sie oder einer von ihrem Haus sterben würden oder ihnen Krankheiten zum Tode kämen. Wenn sie annahmen, begannen die *chaces*, die sie auch dafür ausgesucht hatten, ihr Fasten. Während diese fasteten, ging oder schickte jener, dem die Idole gehörten, zum Wald um Holz, das immer war von der Zeder. Nachdem das Holz angekommen war, machten sie ein Häuschen aus Stroh, eingezäunt, wo sie es hineinstellten und einen Tonkrug, um hineinzustellen die Idole, und dort hatten sie sie verschlossen, je nachdem, (wie lange) sie dabei waren, sie (die anderen Idole) zu machen; sie legten Weihrauch hinein, um ihn zu verbrennen an die vier Dämone, genannt *Acantunes*, die sie stellten an die vier Teile der Welt. Sie nahmen, womit sie sich schnitten oder Blut entnahmen von den Ohren und das Werkzeug, um zu bearbeiten die schwarzen Götter, und mit diesen Gerätschaften schlossen sich ein in die Hütte die *chaces*, der Priester und der Amtsträger, und sie begannen ihre Arbeit an den Göttern, sich oft einschneidend die Ohren und einreibend mit dem Blut jene Dämone, und sie verbrannten ihnen ihr Weihrauch, und so harrten sie aus bis es beendet war, (dann) gaben sie ihnen zu essen. Und sie durften keine Beziehung zu ihren Frauen haben, weder im Traum noch durfte keine kommen an jenen Platz, wo sie sich befanden.

Aus Kapitel XL: Der Anfang des römischen und yucatekischen Kalenders.

»Das Jahrhundert der Maya«

Nicht nur besaßen die Indianer eine Zählweise für das Jahr und die Monate, wie bereits gesagt und oben beschrieben, sondern sie hatten eine bestimmte Weise die Zeiten zu zählen und ihre Sachen nach dem Alter, die sie machten von zwanzig zu zwanzig Jahren, zählend 13 zwanziger mit einem der 20 Zeichen der Tage, die sie nennen *Ahau*, ohne Reihenfolge, sondern rückwärts wie sie erscheinen in dem folgenden Kreis:

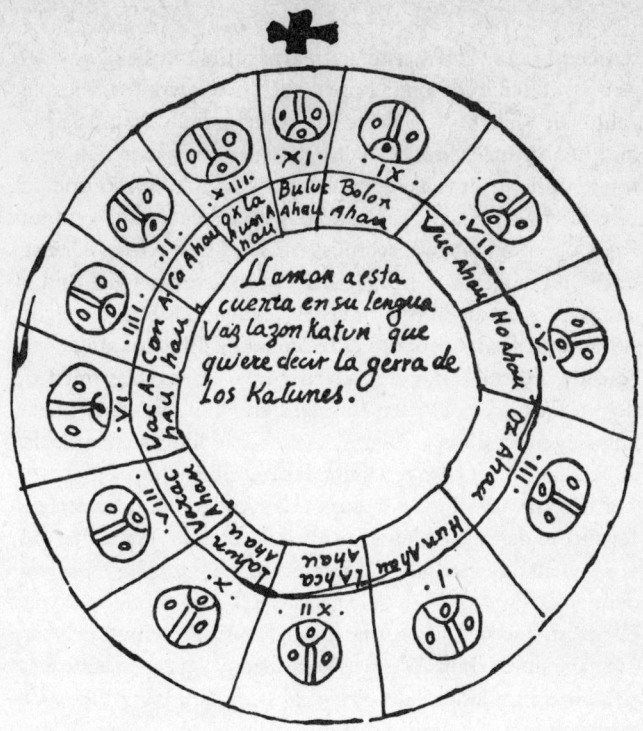

Sie nennen sie in ihrer Sprache *Katunes*, und mit ihnen hatten sie, wunderbar, eine Zählweise ihres Alters, und so war es einfach an das Alte, von dem ich im ersten Kapitel gesprochen habe, das dreihundert Jahre zurücklag, sich daran zu erinnern. Und wenn ich nicht gewußt hätte von ihren Zählweisen, hätte ich nicht geglaubt, daß es möglich sei sich an eine so lange Zeit zu erinnern. Wer diese Zählweise der *Katunes* anordnete, wenn es der Dämon gewesen war, hat er es, wie gewöhnlich, gemacht zu seiner Ehre, und wenn es ein Mensch war, muß es ein guter Götzendiener gewesen sein, denn mit ihren *Katunes* hat er hinzugefügt alle die hauptsächlichen Täuschungen und Prophezeiungen und Schwindeleien, mit denen diese Leute gewöhnlich neben ihren Übeln vollständig betrogen (wurden), und so, war das die Wissenschaft, der sie das meiste Vertrauen gaben und die sie am meisten schätzten und von der nicht alle Priester wußten, wie man zählt. Die Reihenfolge, die sie hatten, um zu zählen ihre Sachen und um zu machen ihre Wahrsagungen mit dieser Zählweise war, daß sie in dem Tempel hatten zwei Idole, zugeordnet zu zwei ihrer Merkmale. Dem ersten, entsprechend dem Kreuz am Kreis oben enthaltend, schmückten sie und machten Dienste und Opferungen zur Abhilfe der Plagen ihrer 20 Jahre und in den 10 Jahren, die in den 20 ersten fehlten, machten sie nichts außer ihm Weihrauch zu verbrennen und Ehre zu erweisen. Nachdem die 20 Jahre des ersten vorbei waren, begannen sie dem Schicksal des zweiten zu folgen und ihm ihre Opferungen zu bereiten, und weggenommen jenes erste Idol, stellten sie das andere auf, um es zu verehren weitere zehn Jahre.

Verbi gratia: die Indianer sagen, daß endgültig ankamen die Spanier in der Stadt Mérida zu Weihnachten im Jahre 1541, welches genau das erste Jahr der Zeitrechnung des *Buluc-Ahau* war, der der ist, der sich in dem Haus (siehe S. 207) befindet, wo das Kreuz ist, und sie kamen im selbigen Monat *Pop*, der ist der erste Monat in ihrem Jahr. Wenn es keine Spanier gegeben hätte, hätten sie verehrt das Idol des *Buluc-Ahau* bis zum Jahr 51 (1551), was zehn Jahre macht, und im zehnten Jahr hätten sie ein anderes Idol aufgestellt, zu *Bolon-Ahau* und hätten ihn verehrt folgend der Prophezeiungen des *Buluc-Ahau* bis zum Jahr 61 (1561), und dann hätten sie ihn aus dem Tempel entfernt und hingestellt in ihn das Idol *Uuc-Ahau*, und sie wären ihm gefolgt nach den Prophezeiungen des *Bolon-Ahau* weitere 10 Jahre, und so drehten sie sie alle. In dieser Art, in der sie anbeteten ihre *Katunes* 20 Jahre und wurden 10 (Jahre) bestimmt durch ihren Aberglauben und ihre Täuschungen, die so groß und so ausreichend waren zu betrügen diese einfachen Leute, die bewunderten, wenn auch nicht diejenigen, die Bescheid wissen über die natürlichen Dinge und die Erfahrung, die der Dämon über sie hatte.

Aus Kapitel XLI: Das Jahrhundert der Maya/Ihre Schrift.

Die Bewertung von Landas Bericht

Diego de Landa steht bei seiner Beschreibung der Dinge von Yucatán vor drei Problemen, die in ihrer Bewältigung Auswirkung auf den Wahrheitsgehalt seiner Darstellung haben:

1. Er versucht das zu leisten, was wir heute unter einer »ethnographischen Darstellung« verstehen, d. h. der Darstellung einer Kultur unter objektiven Kriterien. Dieses Problem ist bis heute selbst in der Ethnologie noch nicht gelöst. Doch gibt es Stellen in den Texten, die diesem Kriterium nahekommen. Immer dann, wenn er berichtet, wie etwas vonstatten geht, beschreibt er es in einer sehr nüchternen, klaren und präzisen Sprache. Wir können vermuten, das dies die Stellen sind, die ihm einheimische Informanten in die Feder diktiert haben.

2. Gleichzeitig muß Landa einem Leser, der die Kultur nicht kennt, bestimmte Dinge in einer Sprache (Spanisch) erklären, für die es weder in seiner Sprache noch in seiner Kultur ein Äquivalent gibt. Er steht also vor dem Problem der Übersetzbarkeit bestimmter Kulturmerkmale. Er löst dies, indem er Begriffe des spanischen benutzt und sie mit Zusätzen versieht wie »gewisse« oder »bestimmten« usw. Das Beispiel des Wortes *demonio* mag dies verdeutlichen.

Bestimmte Wesenheiten des Maya-Pantheons kann Landa nur klassifizieren, indem er ihnen das Klassifikationsschema seiner Religion überstülpt. Dazu muß er die Worte verwenden, die er kennt. So verwendet er das Wort *demonio*, obwohl im Spanischen beim Wort *demonio* immer der christliche Begriff in seiner kirchlich-institutionellen Verwendung des 16. Jahrhunderts verstanden werden muß. Dies ist aber mit Sicherheit nicht die Bedeutung, die diese Wesenheit für die Maya besitzt. Landas Darstellung verliert hier also an Darstellungskraft. Besonders deutlich wird dies, wenn er versucht, den sehr komplizierten indianischen Kalender zu erklären. Er scheitert daran, daß er für das Phänomen, das er beschreiben möchte, keine geeignete Beschreibungssprache zur Verfügung hat, sondern sich immer des Spanischen mit all seinen kulturell geprägten Bedeutungen eines Wortes bedienen muß.

3. Landas Stellung und sein Verhalten in Yucatán erlauben die Vermutung, daß er überzeugter Christ war. Dies zwingt ihn, besonders in religiösen Fragen, Stellung zu beziehen und eine Interpretation vorzunehmen. Zusammmen mit den in Punkt 2 besprochenen Problemen der Übersetzung gelingt ihm daher nur ein naiver Versuch, eine Erklärung für das religiöse Verhalten der Maya zu finden. Besonders in der Beschreibung des Jenseitsglaubens, der Darstellung des Pantheons, bestimmter Riten (z. B. der »Taufe«) versucht er ganz im Sinne der Doktrin der Kirche seiner Zeit eine Paralellität zwischen den christlichen und »heidnischen« Elementen zu entdecken. Daher sind die Maya ganz im Sinne der franziskanischen Theologie eben vom »Teufel« verwirrte, irregeleitete Menschen.

Aber: sie können vom Blendwerk befreit werden. Das erlaubt die Bewahrung ihrer Seelen für den wahren Gott und eben dafür ist Fray Diego de Landa nach Yucatán gereist.

Was Landa mitteilt, wird also durch seine Sicht als Fremder und als Christ bestimmt. Hinzu kommt der Zusammenhang mit seinem Prozeß, was möglicherweise dazu beigetragen hat, das Fremde und Heidnische besonders zu betonen.

Einige Teile in Landas Manuskript sind Abschriften aus ihm vorliegenden Berichten anderer Historiker seiner Zeit (Oviedo, Gómara, Cervantes de Salazar); wir wissen das aus Parallelstellen. Bestimmte Ereignisse kann Landa auch gar nicht miterlebt haben, da er zur fraglichen Zeit noch nicht geboren oder noch in Spanien war. Einen weiteren Teil seiner Ausführungen kann Landa nur von Informanten haben (J. Cocom, A. G. Chi), da dieser eine intime Kenntnis der Mayakultur voraussetzt, wie sie nur Eingeweihte haben. Landa weist bei seiner Beschreibung der Monatszählung darauf hin. In seiner Beschreibung der Natur, des Landes, der Leute, der Zeremonien und Gebräuche muß Landa aber als Augenzeuge eingestuft werden. Er ist in diesem Bereich ein unersetzlicher Zeitzeuge.

Nicht nur Landa nutzte andere Quellen für seine *Relación*, auch er wurde von Zeitgenossen als Quelle genutzt (z. B. in den *Relaciones de Yucatán*, Cogolludo, Lizana). Für die Mayaforschung ist sein Bericht die einzige vollständige Beschreibung der Mayakultur kurz vor und nach der Eroberung. Darüber hinaus ist die *Relación de las cosas de Yucatán* für jeden an der Mayakultur Interessierten eine der wichtigsten Quellen – Dokument einer untergegangenen Welt.

Lexikalischer Teil

Heilige Bäume und halluzinogene Pflanzen
Von Christian Rätsch

>»Am Anfang aller Dinge gab es auf der Welt nur Erde
und Wasser. Einmal aber ließ der Sonnengott einige Kör-
ner fallen, und wieder ein andermal spuckte er die Kerne
von Früchten aus, und alles, was vom Himmel herunter-
gefallen war, wurzelte im Erdreich oder im Wasser, und
so entstanden nach und nach auf der Erde die gleichen
Pflanzen, die auch im Himmel wuchsen.«
>
> Mythe der yucatekischen Maya

Für die Maya sind der Wald, viele wilde und kultivierte Pflanzen
heilig und werden mit besonderer Ehrerbietung und ritueller
Haltung betrachtet. Es gibt Bäume mit kosmologischer Bedeutung, etwa den Weltenbaum und die Bäume der Himmelsrichtungen, und Pflanzen, die als göttlich verehrt werden und in religiösen Zeremonien zentrale Funktionen haben. Berauschende
und bewußtseinsverändernde Gewächse dienten der Divination, der Vergöttlichung und der Präparation von Menschenopfern. Daß psychotrope Pflanzen einen wesentlichen Einfluß
auf die Religion der Maya hatten, ist von Marlene Dobkin de
Rios ausführlich erörtert worden. Auch Richard Schultes und
Albert Hofmann haben darauf hingewiesen, wie wichtig be-

wußtseinsverändernde Pflanzen in den Religionen der Völker sind.

Die Priester und Heiler der Maya hatten ein sehr genaues und umfangreiches Wissen von den vielen verschiedenen Pflanzen ihrer Welt. In den kolonialzeitlichen medizinischen Texten, den Zaubersprüchen und dem *Libro del Judío* werden an die Tausend Pflanzen genannt, die medizinisch verwendet wurden. Einiges Wissen um die magischen und heilenden Kräfte der Pflanzen hat sich bis in die heutige Zeit erhalten (vgl. LOESENER 1922, SMAILUS 1984 und STEGGERDA 1943).

Die wichtigsten heiligen Bäume und die berauschenden oder bewußtseinsverändernden Pflanzen der Götter, über die wir Informationen aus den Quellen beziehen können, sollen im folgenden dargestellt werden.

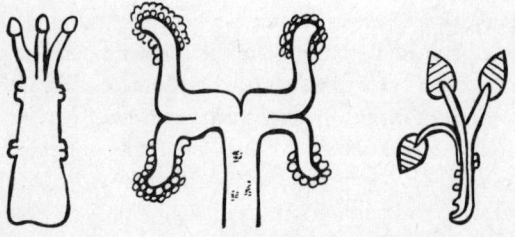

Darstellungen einiger bisher botanisch nicht identifizierter Pflanzen in den Codices.

Balche Lonchocarpus violaceus; ein mittelgroßer kultivierter Baum aus der Familie der Baumleguminosen. Dieser violettblühende Baum und der daraus hergestellte Zeremonialtrunk werden in allen ethnohistorischen Quellen erwähnt (in den Büchern des Jaguarpriesters, in den kolonialzeitlichen Wörterbüchern, in den Zaubersprüchen und medizinischen Texten und den spanischen Berichten; in den Codices konnte diese Pflanze bislang nicht identifiziert werden.) Im Motul-Wörterbuch heißt es von dem Balchebaum, er sei der Baum, aus dem der alte Wein gemacht wurde und gemacht wird (MS 45r). Diego de Landa schreibt darüber: »Die Indianer sind sehr ausschweifend im Trinken und Berauschen... Und sie machen den Wein aus Honig und Wasser und aus einer bestimmten Wurzel eines Baumes, den sie hierfür anbauen, die den Wein stark und übelriechend macht.« In den *Relaciones de Yucatán* (II, 188) wird der Trunk, dessen rituelle und medizinische Bedeutung beschrieben:

»Ein weiterer Grund, warum diese Indianer an Zahl abnahmen ist, weil sie davon abgehalten wurden, einen Wein, den sie zubereiten, gewöhnt waren, herzustellen und von dem sie sagen, er war gesund für sie und den sie *balche* nannten. Sie haben ihn aus Wasser, Honig und einer Wurzel, die *balche* heißt, gemacht. Dies alles haben sie in große Gefäße, die wie große Wannen sind und fünfzig *arrobas* (= 200 Gallonen) oder mehr an Wasser fassen, gefüllt. Darin gärte und schäumte es zwei Tage lang, wurde sehr kräftig und roch dann sehr schlecht. Bei ihren Tänzen und Gesängen sowie sie sie tanzten und sangen, gaben sie jedem der tanzte oder sang eine kleine Schale zu trinken. Sie gaben ihnen so viele bis sie ganz berauscht davon waren, daß sie abartige Dinge taten und machten solche Grimassen, daß es den Zuschauern nicht verborgen blieb. Als sie betrunken waren, erbrachen und entleerten sie sich. Das reinigte sie und machte sie hungrig, daß sie mit gutem Appetit aßen. Einige der alten Männer sagten, daß dies sehr gut für sie war, daß dies eine Medizin für sie war, die sie heilte, weil es wie ein sehr gutes Abführmittel wirkte. Damit blieben sie gesund und kräftig und viele von ihnen wurden dadurch sehr alt.«

In den kosmologischen Passagen der Bücher des Jaguarpriesters tauchen immer wieder der Balche genannte Baum und der ebenso genannte Trunk auf. In der symbolischen Konstellation innerhalb der *Sprache von Zuyua* werden Baum, Trunk, Zutaten und die dafür notwendigen Ritualgegenstände mit der »kleinen Frau«, die vielleicht die Göttin → *Ix Hun Dzit Balche* (»Die des Balchestammes«) ist, metaphorisch beschrieben. Der Trunk heißt darin das »Köstliche der Maya«:

»Dies ist das grüne Blut der kleinen Frau, nach dem gefragt wird, es ist der Maya Köstliches.

Dies sind die Eingeweide der kleinen Frau, sie sind Bienenstöcke.

Dies ist der Kopf der kleinen Frau, er ist das unberührte Gefäß des angesetzten Köstlichen.

Dies ist der grüne Hocker der kleinen Frau, er ist die Wabe (?) der Bienen.

Dies ist das linke Ohr des Ah Bol, es ist das *zul*-Schälchen[1] des Köstlichen.

Dies sind die Knochen der kleinen Frau, sie sind die Rindenstreifen des Balchebaumes.

Dies sind die Schenkel – so sagt man –, sie sind der Stamm des Balchebaumes.

Dies sind die Arme der kleinen Frau, sie sind die Äste des Balchebaumes.

Dies – so sagt man – ist ihr Weinen, es ist die Sprache des Rausches.« (CHUMAYEL-MS 37c)

Der in diesem Text genannte → *Ah Bol* ist vermutlich der Patron des berauschenden Trunkes. Dieser Gott ist bei den modernen Lakandonen sehr gut bekannt und dort der Gott der Trunkenheit (vgl. MA'AX & RÄTSCH 1984: 69–72, 126–127, 218–220, 269–

---

1 Ein kleines Baumkürbisschälchen, welches bei der Herstellung des Balchetrunkes gebraucht wird.

Blatt eines Balche-Baumes.

282). Auch bei den heutigen Maya in Yucatán spielt der Balche-
trunk bei den Regen- und Feldbauzeremonien eine wichtige
Rolle. Dabei wird der Trunk aus Wasser, dem Honig der einheimischen, stachellosen Bienen und Rindenstücken des Balchebaumes gebraut. Er wird zu Ehren der Regengötter (*Chakó'b*)
getrunken. Das nur schwach alkoholische Getränk wirkt durch
die Balcherinde recht stark stimulierend und hat psychotrope
und aggressionsabbauende Qualitäten. Ein halluzinogener
Wirkstoff konnte bisher nicht festgestellt werden (vgl. RÄTSCH
1985).

Buul *Phaseolus vulgaris;* Rankbohne oder Schwarze Bohne.
Die kosmologische Bedeutung der schwarzen Bohnen wird in
den Büchern des Jaguarpriesters in den Abschnitten über die
Struktur des vierfältigen Kosmos und die *Sprache von Zuyua*
benannt (CHUMAYEL-MS 1c, 31c). Jeder der vier Weltgegenden
sind Kapokbäume, farbige Fruchtbäume, farbiger Mais und farbige Bohnengewächse zugeordnet. Die schwarzen Bohnen sind
die Bohnen des Westens, der mit der Farbe Schwarz symbolisiert ist. In Zeremonien werden Gebäcke aus je dreizehn Lagen
gemahlenen Maises und gemahlener schwarzer Bohnen verwendet. Das Weiß des Maisteigs stellt die dreizehn Lagen des Himmels dar und symbolisiert Oben, das Männliche, den Tag und

Eine Darstellung aus dem Codex Dresdensis, die wahrscheinlich Bohnen zeigt, die auf der Hieroglyphe *cab*, »Erde«, wachsen.

die Sonne. Das Schwarz der Bohnen ist das symbolische Komplement dazu; es stellt das Unten, das Weibliche, die Nacht und den Mond dar. Diese *yahau uah*, »Riesiger Maisfladen« genannte Opferspeise steht somit metaphorisch für den gesamten Kosmos.

Chacté Caesalpinia platylobo und *C. velutina;* ein Baum mit rotem Holz aus der Familie der Baumleguminosen.
Nach Diego de Landa wurden während des Muluc-Neujahrsfestes Götterfiguren in diesen Baum oder in einen Schrein aus dessen rotem Holz gestellt.

Chak...Te bisher nicht identifizierbare Baumart mit herzförmigen Blättern. Der Mayaname ist die Lesung einer Hieroglyphe, bei der der Mittelteil noch unlesbar ist; wörtl. »Roter ... Baum«. Im Codex Dresdensis ist →*Gott B* auf diesem roten Baum sitzend dargestellt. Grubes Lesung des dazugehörigen Hieroglyphentextes lautet:
»Er kommt herab‹/Gott B (= Regengott)/(auf den) Roten ... Baum/dort im Osten« (Dresden 30c,r.)
Dieser Baum ist in seiner Farbe – vielleicht die seiner Blüten, Früchte oder Samen – mit der Weltgegend des Ostens, der auf-

gehenden Sonne und dem Roten Regengott des Ostens assoziiert. Vielleicht ist dieser Rote ... Baum mit dem in dem Weihrauchritual der Lakandonen bedeutsamen *chak op' che'*, »Roter Anona Baum«, identisch (vgl. RÄTSCH 1985).

Ci *Agave spp.* (ca. 10 Spezies); Agave, spanisch Henequen oder Maguey. Im *Libro del Judío* heißt es von der Agave, »wenn man wünscht alle Vorzüge der Agave zu beschreiben, würde man ein ganzes Buch füllen. Ihre hervorragende Qualität ist, daß sie zugleich Nadel und Faden, Faser und Seil ist... Mit ihr schmückt man die Kirchen (= Tempel?). Und sie ist ein Balsam und eine Salbe und schließlich ein Gegengift jeder Krankheit«. Die Agave ist im Codex Dresdensis dargestellt und in den medizinischen Texten als Medizin gegen Schlangenbisse und gegen Ohrenschmerzen und sogar gegen Taubheit beschrieben. In der *Sprache von Zuyua* werden Agavenblätter und -seile mit dem rituellen Garen eines Wildschweinkopfes im Erdofen assoziiert.

Darstellung aus dem Codex Dresdensis, die wahrscheinlich eine Agave darstellt.

Dabei ist das weiche Innere der Agave symbolisch die weichgegarte Zunge des (zu opfernden) Wildschweinkopfes. Außerdem wurden die verholzten und scharfen Spitzen der Agavenblätter zum zeremoniellen Aderlaß und zum Opfern des eigenen Blutes benutzt. Diese Form des Aderlasses, bei dem die Mundwinkel angestochen werden, ist in einem Zauberspruch zur Heilung des Wahnsinns beschrieben. Darin ist die Agave auch mit dem → *copo* genannten heiligen Feigenbaum assoziiert.

Copo *Ficus cotinifolia;* Feigenbaum, spanisch *Álamo,* ein heiliger Baum. Im Motul-Wörterbuch heißt es, »ein Baum, der in diesem Land bekannt ist, eine Art Feigenbaum; und er trägt bestimmte kleine Feigen«. Die Mayahäuptlinge haben Stirnbänder aus dem Rindenbast dieses Feigenbaumes getragen (*Relaciones de Yucatán* I,82). Bei den Lakandonen werden Stirnbänder aus der Feigenbaumrinde nur in Zeremonien getragen und den Göttern geopfert. Die Maya haben aus dieser Rinde Papier für ihre heiligen Bücher hergestellt (vgl. VON HAGEN 1944). In einem Zauberspruch zur Heilung des Wahnsinns werden ein Weißer und ein Roter Feigenbaum, die mit Norden und Osten assoziiert sind, angerufen.

Ekte vermutlich *Haematoxylon campechianum*; Campeche- oder Blauholz. Gewöhnlich heißt dieser Baum im Maya nur *ek*, wörtl. »Schwarz« oder »Stern« (kann sich auf die sternförmigen Blüten beziehen). Dieser Mayaname ist die Lesung einer Hieroglyphe und kann als »Schwarzer Baum« oder »Sternenbaum« übersetzt

werden. Im Codex Dresdensis wird der Schwarze Regengott mit
einer Schürze → *Gott B* auf diesem Baum sitzend dargestellt.
Grube liest den dazugehörigen Hieroglyphentext so:
»›Er kommt herab‹/Gott B (= Regengott)/(auf den) Schwarzen
Baum/(im) Westen« (Dresden 31c,m.)

Dieser Baum ist in seiner schwarzen Farbe mit dem Westen,
dem Tod, der Unterwelt und dem schwarzen Regengott des
Westens assoziiert.

Der natürliche Farbstoff des Holzes wurde von den Maya zum
Färben ihrer Kleider und vielleicht auch zum Bemalen ihrer
Tempel benutzt.

Ixim oder *Nal* *Zea mayz*; Mais.

Mais, der vor ca. 5000 Jahren im Hochtal von Mexiko domestiziert wurde, bildete die Nahrungsgrundlage in der vorspanischen Mayazeit, wie schon Diego de Landa bemerkte und in den
Relaciones de Yucatán (II,30) nachzulesen ist. Mais wurde in Form

von Fladen, Gebäcken und Getränken konsumiert (vgl. Souza Novelo 1948). Der Mais wurde von einem Maisgott → *Gott E* beschützt. Ihm und anderen Göttern wurden Maisspeisen geopfert. Noch heute nennen die Maya den Mais *sàntoh xi'm*, »heiliger Mais«, und identifizieren den alten Maisgott mit Jesus Christus. Der neue Mais darf erst geerntet werden, wenn die ersten Maiskolben den Wächtern der Milpa und den Göttern dargebracht wurden (Rätsch und Probst 1982).

Kakao Theobroma cacao; Kakaobaum. Der Mayaname *cacao* ist als Lehnwort ins Deutsche übernommen und bezeichnet sowohl den Kakaobaum als auch die Früchte und Bohnen. Genau wie Linné den Kakao »Götterspeise« genannt hat, galt er den alten Kulturen Mexikos als Nahrung der Götter und als wertvolles Zahlungsmittel (vgl. Head 1903). Columbus schreibt auf seiner vierten Reise über den Kakao, der zugleich Nahrung und Geld ist. Als Hernán Cortéz auf seinem räuberischen Er-

Schale mit Kakaofrüchten/bohnen. Hieroglyphe für Kakao in den Codices (T 25:25:130=CA:CA:WA=CACAW(A))

oberungszug nach Mexiko auf der Halbinsel Yucatán landete, erklärte ihm seine indianische Dolmetscherin Malinche, daß der Kakao die Nahrung der Götter sei. Diego de Landa berichtete, daß die Indianer aus gemahlenem Mais und Kakao einen köstlichen Trunk für ihre (religiösen) Feste herstellten. In den Codices werden Kakaobohnen oder -früchte in Opferschalen, die von verschiedenen Göttern gehalten werden, dargestellt. Der wenig bekannte →*Gott H* sitzt unter einem Kakaobaum mit Kakaofrüchten und -ästen in der Hand. Er ist vielleicht der Patron des Kakaos. In dem Zauberspruch zur Heilung der Jaguar-Ara-Besessenheit wird ein »unberührter Kakao« angerufen. Auf Seite 52c des Chumayel-Manuskriptes wird Kakao und der wilde Kakao *balamte*, »Jaguarbaum« (*Theobroma bicolor*), mit dem Gott (?)→*Chac Bolay balam*, »Roter Jaguarundi-Jaguar«, und der siebten Schicht des Himmels assoziiert.

Kante *Erythrina americana*; Zompantlibaum oder Korallenbaum oder Colorines aus der Familie der Baumleguminosen.

Der Mayaname, der auch in anderen Quellen belegt ist (s. u.), ist die Lesung einer Hieroglyphe und heißt »Gelber Baum«. Im Codex Dresdensis ist →*Gott B* kopfüber im Geäst dieses Baumes liegend dargestellt. Der Hieroglyphentext dazu heißt nach Grubes Lesung:

» ›Es kommt herab‹ /Gott B (=Regengott)/Dort auf den Gelben Baum/(im) Süden« (Dresden 31c,r)

Dieser Baum, dessen Farbe Gelb ist, die sich auf den gelben Farbstoff seiner Wurzel (vgl. MOTUL 239) und auf die gelborangen bis hellroten Bohnen bezieht, ist mit dem Süden und dem gelben Regengott des Südens assoziiert. Der Baum wird in den Zaubersprüchen als ein magisches Therapeutikum gegen Besessenheiten angerufen. In den Katun-Prophezeiungen des Jaguarpriesters ist dieser Baum mit einer Person, die Ah Kantenal (»Der des Gelben Baumes«) heißt, mit einem blutigen Erbrechen, der Rückkehr des → *Kukulcan* und den → *Itzá* assoziiert. Interessanterweise ist der Zompantlibaum als auch Kukulcan mit einem

Phalluskult assoziiert (vgl. FOLAN 1970). Noch heute werden in Mexiko aus dem Holz dieses Baumes kleine *Iquimites* genannte ithyphallische Götterfiguren hergestellt, die als Schutz gegen die Verderbnis von Speisen in der Küche aufgestellt werden (vgl. REKO 1938:127f). Auch die leuchtend roten Bohnen, die noch bei den Mam, Ixil und Kanjobal in Guatemala zur Divination mit dem altindianischen 260tägigen Kalender gebraucht werden (vgl. HINZ 1984: 166 und SCHULTES und HOFMANN 1980: 43), und die von den Lakandonen zu Halsketten verarbeitet werden, stehen eindeutig mit der Sexualität in Zusammenhang. Die Bohnen wurden und werden in Mexiko vor allem von Frauen und Hebammen als starkes Aphrodisiakum und Traumdroge verwendet: »In allen Fällen zeigt sich nach der Einverleibung der roten Bohnen erst unmäßige Heiterkeit, dann Irrereden, Schwanken wie bei Trunkenen, und erhöhte Libido. Dann fallen die Vergifteten in einen tiefen Schlaf aus dem sie gewöhnlich

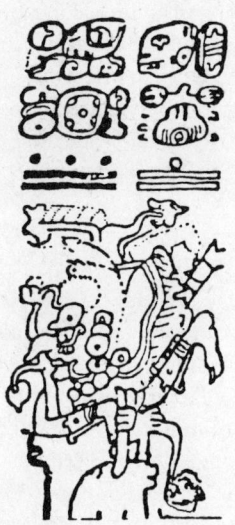

nicht mehr erwachen.« (vgl. REKO 1938: 131). Möglicherweise war den Mayapriestern die halluzinogene und aphrodisierende Wirkung der Bohnen des Gelben Baumes bekannt und im Ritual und phallischen Kult benutzt werden. Diego de Landa beschreibt, daß bei der Zeremonie der unglücklichen Tage Idole in diesen Baum gestellt worden. Die nahe verwandte Spezies *Erythrina standleyana* heißt im Maya *chacmolché*, »Roter Tatzenbaum/Pumabaum« (vgl. LIBRO DEL JUDÍO 81) und bezieht sich vielleicht auf die roten Jaguardarstellungen in Chichén Itzá.

Kikché *Castilla elastica;* Gummibaum, spanisch Hule.

Aus diesem Baum wird eine Milch gewonnen, die vulkanisiert zu Gummi oder Kautschuk wird[1]. Dieser Kautschuk wurde in Form anthropomorpher Figuren (vgl. THOMPSON 1952) oder Kugeln zusammen mit Weihrauch → *pom* bei den von Landa beschriebenenNeujahrszeremonien zu Ehren der Götter verbrannt. Aus diesem Gummi wurde auch der Ball für das rituelle *pok-ta-pok*-Spiel hergestellt. In dem heiligen Cenote von Chichén Itzá wurden viele geopferte Gummibälle gefunden. Der Mayaname *kik* heißt wörtl. »Blut« und wurde als das »Blut des Baumes« wohl mit dem Opferblut assoziiert. In den medizinischen Texten werden auch die heilenden Eigenschaften dieser religiös so wichtigen Pflanze hervorgehoben.

Kuché *Cedrella mexicana*; Zeder oder mexikanische Zeder.

Diego de Landa hat geschrieben, daß die hölzernen Idole der Maya aus Zedernholz gefertigt wurden. Darum auch der Name, der wörtl. »Göttlicher/heiliger Baum« oder »Baum der Götter« heißt. In der frühen Kolonialzeit wurde jeden Freitag zu diesem

---

1 Die Lakandonen, die aus diesem Gummi Opferfiguren herstellen, benutzen zum Vulkanisieren den Saft der halluzinogen wirksamen *hutkih*-Pflanze (*Tanaecinum nocturnum*; vgl. SCHULTES & HOFMANN 1980: 58), die auch *u ts'ak k'ik'*, »die Medizin des Blutes« genannt wird.

Baum unter Leitung eines Priesters eine Prozession geführt. Dabei wurde die besuchte Zeder »der Baum des Lichtes« genannt. Die Zeder steht auch mit Anom, dem ersten Menschen, in Zusammenhang. In den medizinischen Texten wird die Zeder wegen ihrer Heilkraft gepriesen.

Kutz Nicotiana tabacum und *N. rustica*; Tabak und Bauerntabak. Tabak ist wahrscheinlich von den Maya domestiziert worden und seit sehr alter Zeit als Rauschmittel und Medizin benutzt worden (vgl. ROBICSEK 1978).

Im Codex Dresdensis und Codex Tro-Cortesianus sind die → *Götter A* (= Todesgott), *CH* (?), *D* (= Itzamna) und *E* (= Maisgott) mit den *chamal* genannten hölzernen, tönernen oder knöchernden Rauchrohren, vermutlich gefüllt mit Tabak oder anderen rauchbaren Rauschmittel (z. B. Datura; → *xtohku*), dargestellt.

In der *Sprache von Zuyua* wird dieses Rauchrohr in seiner Symbolik und Assoziation mit der Nacht, der Unterwelt, der Richtung des Todes (Westen) und den Jaguaren der Unterwelt beschrieben:

> »Kleiner, so lasse die Glühwürmchen der Nacht zu mir kommen. Einmal soll ihr Duft zum Norden ziehen, einmal zum Westen. Damit kommt die züngelnde Zunge des Jaguars.«
>
> »Gut, oh Herr!« –
>
> Das wonach er fragt ist ein Rauchrohr (für Tabak). Die züngelnde Zunge des Jaguars, nach der er fragt, ist das Feuer. (CHUMAYEL MS 40c)

Darstellung des Rauchrohres *chamal* in den Codices.

Im Codex Perez wird eine Medizin aus zermahlenem Tabak und Kalk beschrieben. Thompson nimmt an, daß die Jaguar-priester diese Mischung benutzt haben, um in eine Trance oder einen hellsichtigen Zustand einzutreten (1970:185f.). Von diesem Gemisch ist mittlerweile ein halluzinogener Gebrauch nachge-wiesen (JANIGER und DOBKIN DE RIOS 1976).

In den Zaubersprüchen wird Tabak zur Heilung von Hautaus-schlägen, Fieber, Schlange-im-Bauch und Zahnschmerzen ange-rufen. In den medizinischen Texten heißt es, es gäbe kaum eine Krankheit, die nicht mit Tabak geheilt werden könne.

Die religiösen Spezialisten der heutigen Maya drehen sich *cha-mal* genannte Zigarren aus Tabak- und Stechapfelblättern, wenn sie Kranke heilen. Die religiöse und magische Bedeutung des Tabaks erklärt auch, warum die heutigen Maya diese Pflanze der Götter nur sehr selten als Genußmittel benutzen.

Kuxub oder *Ciui* *Bixa orellana*; Achiote oder Anotto-strauch.

Strauch mit stacheligen Früchten mit Kernen, die mit blutroter Farbe umhüllt sind. Die Farbe der Fruchtkerne ist ein kräftiges Speise- und Kleidungsfärbemittel und eine vielseitig verwendete Medizin. Bei den heutigen Maya werden im Erdofen gegarte Maisspeisen für religiöse und familiäre Zeremonien aus mit Achiote rot gefärbtem Maisteig zubereitet. Die Lakandonen benutzen die Achiotefarbe zu rituellen Körper- und Kleidungs-bemalungen und als Farbe für Weihrauchbrenngefäße.

Achiote ist in den kolonialzeitlichen Wörterbücher, den medizi-nischen Texten und bei Diego de Landa beschrieben.

In der *Sprache von Zuyua* wird Achiote mit einer roten Höhlen-bemalung und mit → *Kakao* assoziiert (CHUMAYEL-MS 38c). Die Assoziation von Achiote mit dem heiligen Kakao und den mit der Unterwelt in Verbindung stehenden Höhlen, sowie die eth-nographischen Belege deuten auf eine religiöse Bedeutung in der postklassischen Mayazeit hin.

Lol Colebil *Ipomoea sp.cf.bonanox*; spanisch *flor de la luna*, »Blume des Mondes«. Der Mayaname dieser Ackerwindenart, mit dessen Saft die Nabelschnur eines Neugeborenen betupft wird, heißt wörtl. »Blüte der Herrin« und bezieht sich auf die Mondgöttin → *Ixchel*. Diese Pflanze hat halluzinogene Eigenschaften, die vielleicht von den Mayapriestern im Ritual ähnlich wie → *xtabentum* eingesetzt wurden. Im *Libro del Judío* wird von dieser Pflanze gesagt:»Der Aufguß der Blätter, Stücken und Blüten – ein Teelöffel voll einmal am Tag – innerlich eingenommen, und heiße Bäder mit dem gleichen Aufguß können Lähmungen und Wassersucht heilen. Man soll keine höheren Dosen nehmen, denn davon kann das Nervensystem und das Gehirn angegriffen werden, daß zu einer vorübergehenden Verrücktheit oder zu einem langwierigen Schwachsinn führt.«

Naab oder Nicté Há *Nymphea ampla*; Weiße Seerose. Der Mayaname *naab* ist ein nichtübersetzbarer Eigenname; *nicté há* heißt »Blume des Wassers«. Die Bedeutung der Seerose in der Mayareligion wird seit langer Zeit diskutiert (vgl. RANDS 1953). Auf Wandmalereien, Reliefs, Vasen und in den Codices tauchen immer wieder Motive auf, die an die Seerose erinnern. Einige Darstellungen auf Vasen aus der klassischen Mayazeit, und einige Keramiken von Jainá sind derart naturalistisch, daß sie eindeutig als Representationen der weißen Seerose angesehen werden müssen (vgl. ROBICSEK und HALES 1981). Im Codex Dresdensis taucht die Seerose als Attribut des als Gott betrachteten Jaguars auf. Auch steht sie im Zusammenhang mit → *Gott B* und anderen aquatischen Wesenheiten → *Ix kuk nab*. William Emboden glaubt nachweisen zu können, daß die Seerose »eine bedeutende Rolle in der Kultur der Maya spielte und daß sie in dieser und in den abgeleiteten Kulturen als ein wichtiges Halluzinogen benutzt wurde« (1981: 355). Sie wurde dem → *balche*-Trunk zugesetzt um ihn stark genug zu machen, die Jaguarpriester in ekstatische Zustände zu versetzen (vgl. EMBODEN 1979). Der endgül-

Darstellung einer Seerose aus Chichén Itzá

tige Beweis dieser Theorie steht noch aus. In den Zaubersprüchen wird die Seerose zur Heilung des *anal kak*-Hautausschlages
angerufen:

>Die Seerose geht in Feuer auf« und
>Meine Weiße Seerose, die früher meine Kraft der Hitze
des Feuers war.« (MS 113)

Nicté *Plumeria spp.* mit den Spezies *P. rubra* (*chac nicté*, »rote
Blume«); (*zabac nicté*, »Pulverblume«), *P.alba* (*zac nicté*, »weiße
Blume«) und *P.pudica* (*much' nicté*, »zusammengezogene
Blume«). Von den weißen, gelben und roten Blüten dieser klei-
nen Bäume berichtete Diego de Landa, daß die duftenden fri-
schen Blüten als Nasenschmuck benutzt wurden.

 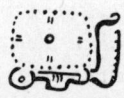

Das Wort *nicté* hat zwei Bedeutungen, »Blüten-Baum« und
»Vulva bzw. Fleischeslust«. Im Motul-Wörterbuch (328) wird
von einem *nicté kay*, »Blumengesang«, geschrieben, der unzüch-
tig und unkeusch über die Liebe spräche. In den *Gesängen von
Dzitbalché* gibt es einen *Káy-Nicté*, ein »Lied an die Blume/
Vulva«. Darin wird die Mondgöttin →*Ixchel* angerufen (vgl.
BARRERA V. 1965: 50f.):

Köstlich schöne(r) Mond(göttin)!
Dort erhebt sie sich am Anfang des Waldes

Dort wird sie aufblühen
Dort in der Mitte des Himmels
Wo sie aufgehängt ist
Um ihn darob zu erhellen
Und die Erde und den ganzen Wald
Nur kommt köstlich-süßer Wind
(Und bringt) den Duft
(usw.)

Dieser Gesang wurde von einer nackten Frau während einer hellen Vollmondnacht tief im Wald gesungen, um einen begehrten Mann zu ihrem Geliebten oder Ehegatten zu machen. Dazu warf sie *nicté*-Blüten in das Wasser eines natürlichen Brunnens. Nach Beendigung dieser Zeremonie konnte das mit dem der Mondgöttin geweihten Blütenduft parfümierte Wasser als Liebestrank verwendet werden.

Auch in den Büchern des Jaguarpriesters wird die *nicté*-Blüte mit Göttern in Verbindung gebracht. In der erotischen Verehrung des von den → Itzá mitgebrachten Gottes →*Ix Macuil Xuchit* ist die *nicté* von zentraler Bedeutung (TIZIMIN-MS 21/22). Der Gott →*Ppizlimtec*, der Gott des Gesanges und der Dichtkunst, der einer der Neun-der-Götter → *bolon-ti-ku* war, konnte sich in einen Kolibri verwandeln und in das Innere der fünffältigen *nicté*-Blüte herabsteigen, den neunschichtigen Honig daraussaugen und die Blüte, die sich daraufhin in eine Göttin verwandelt hat, heiraten (CHUMAYEL-MS 46c).

Die *nicté* kommt in den Codices, den medizinischen Texten und den Zaubersprüchen vor. Sie ist mit einer erotischen (?) Besessenheit und anderen Pflanzen der Götter assoziiert → *naab*, → *pom*.

Pom Protium *copal* und *P.schipii*; Copalbaum.
In den *Relaciones de Yucatán* wird der Baum und das daraus gewonnene Weihrauchharz beschrieben: »Dort gibt es viele Bäume, die in ihrer Sprache Pom heißen. Von diesen Bäumen

Brennendes Pom auf einem Weihrauchgefäß; Darstellung im Codex
Dresdensis.

gewinnen sie ein Harz, das dem Weihrauch ähnelt und mit dem
die Eingeborenen ihre Götzen und Götzenhäuser beräuchern.«
(I,56)
In allen Quellen sind der Copalbaum und der Weihrauch
belegt. Bei allen Zeremonien wurde Weihrauch den Göttern
geopfert und verbrannt. Es gab einen Gott → *yum kuk*, der nur
für den Weihrauch zuständig war. Nach der Vorstellung der
Maya zog der Duft des verbrannten Weihrauches in das Zentrum des Himmels. In der *Sprache von Zuyua* wird der Weihrauch als das »Gehirn des Himmels« bezeichnet (CHUMAYEL-MS
29c,38c). Der in dreizehn Lagen auf ein Opferbrett aufgesetzte
Weihrauch wurde als die »Placenta des Himmels« bezeichnet
(ebd.35c). Landa benennt zwei Arten von Weihrauch, *chahalté*
und *sacah*.
Weihrauchkugeln wurden bereits in klassischer Mayazeit als
Opfergabe benutzt (vgl. HAMMOND 1981).

Xdzun Yail Atropa belladonna (?); Tollkirsche. Diese Pflanze
ist eigentlich in Amerika nicht heimisch (vgl. SCHULTES und
HOFMANN 1980: 35), aber im *Libro del Judío* bereits für das 17. Jh.
ausgewiesen (vgl. ANDREWS H. 1979: 183, 200). Der Mayaname
bedeutet wörtl. »die (Pflanze), die die Krankheiten schrumpfen
läßt« und ist nur in den medizinischen Texten erwähnt.

Im *Libro del Judío* (509) heißt es »das destillierte Öl der *belladona* (= Tollkirsche ?) ist ein aktives Gift, wenn es innerlich eingenommen wird«. Wenn die Tollkirsche oder eine verwandte sicher einheimische Pflanze (z. B. eine Datura oder Solanum) den alten Maya bekannt gewesen sein sollte, wurde das »Gift« (halluzinogen und narkotisierend wirkende Alkaloide) vielleicht zur Vorbereitung für das Menschenopfer Auserwählter benutzt → *xtohku*.

Xtabentun *Turbina Corymbosa*; Ololiuqui (englisch *Morning Glory*).

Der Mayaname kann als »Edelsteinkordel« oder »die sich um Steine windende Kordel« übersetzt werden.

Diese Pflanze spielte im Kultus vieler Völker Mesoamerikas eine hervorraggende Rolle (vgl. Schultes und Hofmann 1980: 158–163) und war mit dem aztekischen Gott Macuil Xochitl →*Ix Macuil Xuchit* assoziiert. Im *Libro del Judío* wird die Pflanze und deren medizinische Wirkung beschrieben: »Diese Pflanze, *(x)tabentun*, ist eine Ranke, die weiße Blüten bekommt. Sie ist häufig in den Gärten. Ihre Qualität ist »gemäßigt« (bezieht sich auf die heiß-kalt-Dichotomie) und sie hat viele Wirkungen; die bekannteste ist für die, die nicht urinieren können. Sie kann die Kanäle, in denen ein Stein ist, öffnen. Von ihren Blüten holen die Bienen Honig.« Aus dem aromatischen Honig wurde und wird ein

Darstellung eines Rankengewächses, das auf der Hieroglyphe *cab*, »Erde«, wächst im Codex Dresdensis, die vielleicht auf Ololiuqui schließen läßt.

stark wirksamer alkoholischer Trunk gleichen Namens bereitet. Diesen Trunk kann man noch heute in einigen Orten in Yucatán (z. B. in Valladolid) kaufen. Er wirkt nicht nur durch seinen Alkoholanteil, sondern auch durch die halluzinogenen Alkaloide der Oloiuqui (vgl. HOFMANN 1966). Der sich auf das alte Geschlecht der Cocóm berufende »Prinz« Cocóm Mojón aus Postunich sagte über die *xtabentun-* Samen: »Besonders wenn man sie frisch erntet, zermahlt und als Getränk einnimmt; und wenn man genügend davon trinkt, sieht man Tausende von Geistern, hat Fühlung mit dem Teufel und mit der Hölle« (zit. in LEUENBERGER 1979: 83).

Xtohku oder Telezku Datura stramonium und *D.inoxia (yucatanica)*; Stechapfel und Toloache.

Der Mayaname heißt wörtl. »die (Pflanze) in der Richtung der Götter« oder »die Richtung der Götter«. Der Stechapfel wird nur in den medizinischen Texten erwähnt; er ist ein starkes Heilmittel gegen Rheumatismus, Asthma, Nervenleiden, Kopfschmerzen, Wunden, Furunkeln, Entzündungen und Krebsgeschwüren. Über die eindeutig religiöse Bedeutung schweigen die Quellen. Warum, wissen wir nicht. Von den Azteken ist bekannt, daß sie Toloache in ihren Ritualen benutzt haben. Die heutigen Maya kennen den Stechapfel sehr gut und behandeln ihn mit großem Respekt. Seine weißen Blüten werden den Göttern geopfert und als ein magisches Liebesmittel benutzt. Die Blätter gelten als Aphrodisiakum und werden zusammen mit Tabak → *kutz* geraucht um Visionen und heilkräftige Bewußtseinszustände zu erzeugen. Die zermahlenen Samen werden von den religiösen Spezialisten zur Divination und Hellsichtigkeit benutzt. Der Wurzelstock liefert ein kräftiges Narkotikum (vgl. RÄTSCH und PROBST 1985). Über die Wirkungen der Daturas schreiben Schultes und Hofmann:»Die physiologische Aktivität äußert sich zuerst in einem Gefühl der Ermattung, das in eine halluzinatorische Phase übergeht und schließlich mit tiefem

233

Schlaf und Bewußtlosigkeit endet. Überdosen können zu dauernder Geistesgestörtheit oder zum Tode führen. Die psychoaktive Wirkung ist bei allen Datura-Arten so stark, daß man sich nicht zu fragen braucht, weshalb sie auf der ganzen Welt von Naturvölkern als Pflanzen der Götter betrachtet worden sind« (1980: III). Es ist anzunehmen, daß der Stechapfel in der alten Mayareligion – schon wegen seines Namens – eine zentrale Stellung einnahm. Aus dem Wirkungsverlauf kann angenommen werden, daß er die ideale Droge für die Auserwählten, deren Herzen den Göttern geopfert werden sollten, war. Denn auch das aus der geöffneten Brust herausgerissene Herz sollte die »Richtung zu den Göttern« einschlagen.

Yaxche *Ceiba pentandra*; Kapokbaum oder Heilige Ceiba. Der Mayaname heißt wörtl. »erster Baum«. Der Kapokbaum ist der ursprüngliche Weltenbaum, der durch die Himmelschichten im Zentrum der Welt wächst und die *axis mundi* darstellt. In jeder Weltgegend wachsen die vierfarbigen Kapokbäume, die sozusagen die Pfosten des Universums sind. Der Kapokbaum wird in allen Quellen beschrieben. Er gilt als heiliger Baum, der nicht gefällt werden durfte, und der im Zentrum einer Ortschaft als Erinnerung an die *axis mundi* und die Schöpfung gepflanzt werden mußte. Noch heute sieht man auf den Dorfplätzen in Yucatán diese eindrucksvollen, schattenspendenden Baumriesen. Die Cruzob-Maya halten bei ihrer wichtigsten religiösen Zeremonie, der Fiesta von Tixcacal, eine Baumpflanzzeremonie ab, bei der vor dem Heiligtum ein junger Kapokbaum gepflanzt wird (vgl. Redfield 1936). Von Anom, dem ersten Menschen, heißt es, er habe sich von den seidigen Früchten des Kapokbaumes ernährt. Im paradiesischen Himmel, in den die Seelen der Guten einzogen, stand ein Kapokbaum »unter deren Zweigen sie allesamt im Schatten ruhten und ewige Beschaulichkeit genossen« (Landa).
Der Kapokbaum war möglicherweise mit →*Itzamna* assoziiert,

Die Hieroglyphe *ti yaxche,* »dort auf dem Kapokbaum«

da die Rinde am Stamm des jungen Baumes und die an den
hohen Ästen des alten Baumes stachelig ist und der Haut eines
Krokodils bzw. eines Reptils ähnelt. Im Codex Dresdensis ist
der Kapokbaum auch mit → *Gott B* assoziiert. Grube liest den
dazu gehörigen Hieroglyphentext wie folgt:

> »Es steigt herab«/dort auf den Kapokbaum/Gott B (=
> Regengott) / »Viel Hitze«… (Dresden 67b, l.)

Außer seiner kosmologischen und religiösen Bedeutung wird
dem Kapokbaum in den medizinischen Texten gute Heilkraft
zugeschrieben. Seine Samen wurden zermahlen mit → *Kacao*
getrunken.

Yaxhalache *Pedilanthus itzeus;* der Mayaname heißt wörtl.
»Grüner Pfeil-Baum«.

Diego de Landa sagt über dieses eigenartige kultivierte Gewächs,
das nur aus steilen Stengeln und kleinen daran angesetzten Blät-
tern besteht, daß es gut sei, alte Wunden zu heilen. Im *Libro del
Judío* wird gesagt, daß diese Pflanze giftig sei, aber ihre Milch als
starkes Abführmittel brauchbar ist. Mit dem Aufguß ganzer
Pflanzenteile wurden heiße Bäder zur Vertreibung der bösen
Winde (= Besessenheiten) abgehalten. Im Codex Perez wird die
Pflanze als ein Hilfsmittel gegen die in der Kolonialzeit nach
Yucatán eingeschleppten Windpocken angeführt.

Die modernen Maya pflanzen dieses Gewächs an ihren Haus-
eingängen an, denn es hält die in Jaguare, Hunde oder Ziegen
verwandelte Zauberer (*wày*) fern, die sich sonst an den Grünen
Pfeilen aufspießen könnten. Außerdem wird diese Pflanze zum
Schutz der Seelen der Verstorbenen vor den dunklen Mächten
an ihren Gräbern angepflanzt. Auch bei den Lakandonen ist dieses Gewächs mit den Heerscharen des Todes und der Unterwelt

assoziiert. Es ist anzunehmen, daß die alten Maya dieser Pflanze ähnliche Bedeutung beimaßen.

Zactun bisher nicht identifizierbare Baumart mit gerippten Blättern. Der Mayaname ist die Lesung einer Hieroglyphe und heißt wörtl. »Weißer Edelstein«. Im Codex Dresdensis ist → *Gott B* auf diesem Baum kniend dargestellt. Grube liest den dazugehörigen Hieroglyphentext als:

»»Herabgekommen ist«/Gott B (= Regengott)/(auf den) Weißen Edelstein/(im) Norden« (Dresden 31c, l.)

Dieser Baum ist in seiner Farbe, die wahrscheinlich auf weiße Blüten schließen läßt, mit der Weltgegend des Nordens und dem weißen Regengott des Nordens assoziiert.

Für viele den heutigen Maya heilige Pflanzen, die in religiösen Zeremonien und schamanistischen Ritualen von zentraler Bedeutung und Wichtigkeit sind, konnten bislang keine ethnohistorischen oder archäologischen Belege gefunden werden. Es ist aber wahrscheinlich, daß die in den Regenzeremonien verwendeten Bäume *habin* (*Piscidia communis* und *P.piscipula*) und *sípche'* (*Bunchosia glandulosa* und *B.swartiana*) auch in vorspanischer Zeit diesem Zwecke dienten. Ob die als *lòl lú'm*, »Blüten der Erde«, bekannten halluzinogenen Pilze (*Stropharia spp.*) im Kultus verwendet wurden, muß noch Spekulation bleiben.

Mythologisches Wörterbuch

In diesem Alphabet samt Register sind die Namen der Götter, wie sie in den vorne beschriebenen Quellen auftauchen, in der Originalschreibweise aufgelistet. Querverweise sollen ermöglichen, Zusammenhänge zwischen verschiedenen Göttern, kosmologischen und religiösen Begriffen herzustellen. Obwohl uns viele Termini bekannt sind, die vermutlich Götter, deren Aspekte oder Manifestationen bezeichneten, wissen wir oft nicht mehr als diese Namen. Ein genaues Pantheon der Maya läßt sich nicht rekonstruieren, da die Quellen lückenhaft sind und nicht das Wissen der Mayabauern, sondern das hochentwikkelte Wissen weniger Eingeweihter repräsentieren. Auch muß es eine Anzahl von Lokalgottheiten und Stammesgöttern gegeben haben, die schon in der benachbarten Stadt unbekannt waren. Die Götterdarstellungen der Hieroglyphenhandschriften, die größtenteils nicht namentlich zuzuordnen sind, werden als Gott A, Gott A' usw. angeführt.

Ix und *Ah* sind Präfixe, die das Geschlecht der Gottheit andeuten; *Ix* steht für weibliche Gottheiten (aber auch für hermaphroditische, geschlechtslose oder neutrale, aber belebte Wesen); *Ah* kennzeichnet männliche Gottheiten. Da die Präfixe wegfallen können, werden sie (außer bei *Ixchel* und *Ixtab*) nicht alphabetisch berücksichtigt.

Abkürzungen:

Z	:	wird in den Zaubersprüchen erwähnt
CB	:	wird in den Texten der Chilam-Balam-Bücher erwähnt
L	:	Diego de Landa (Zahlen bezeichnen Kapitel)
WW	:	Wiener Wörterbuch
MW	:	Motul-Wörterbuch

Die in den vorangehenden Texten bereits erwähnten und meist eingehend behandelten Götter werden durch Seitenziffern erschlossen, aber im Wörterbuch selbst nur kurz charakterisiert. Den bislang nicht genannten Göttern wurde entsprechend mehr Platz eingeräumt.

Ac Uinic Ik »Zwergen (wörtl. »Schildkrötenmann«)-Wind«; wird im Zauberspruch zur Heilung der erotischen (?) Blütenbesessenheit angerufen. Dieser als Zwerg personifizierte Wind →*Ik* lebt in einem mythischen Wesen der heutigen Maya fort, das *ah k'i'ix ak wínik,* »der stachelige Schildkrötenmann«, heißt und in den Lagunen der südlichen Regenwälder leben soll. → *Gott N.*

Acan Name eines Gottes berauschender Tränke und des → *Balche.*

Acantun oder *Acantunes* »Stele« oder »aufgestellter Stein«; die vier den Himmelsrichtungen zugeordneten »Dämonen« (L), die sich in Steinen manifestiert haben. Diesen Göttern oder Götterbildern zu Ehren wurden im Kultus vier Stelen aufgestellt, die mit Opferblut bespritzt wurden.
206

Acanum Eine Gottheit der Jagd (L).
203

Acatunal Der Name ist die verballhornte Form des aztekischen Namen *ce acatl tunalli* »eins Rohr«. Es ist der Kalendername des aztekischen Gottes Tezcatlipoca-Itzlacoliuhqui in seiner Eigenschaft als Morgensterngott des Ostens. Der Name Acatunal erscheint im Codex Dresdensis S. 50 als Name des mit verbundenen Augen gezeichneten Venusgottes (→ *Venus*).
58 f.

[ah] Ahsah »Der Erwecker« (CB); Name des Morgensternes, einer der vielen Venusgötter.

Ahau Can »Königsschlange (= Klapperschlange)«; Name des Hohepriesters, der an der Spitze der geistlichen Hierarchie stand und als Erzieher und Lehrer der anderen Priester tätig war.
21, 137

Ahau Caan »Herr des Himmels« oder »Himmelskönig«, eine in den Chilam Balam-Büchern benannte Gestalt, die entweder eine Himmelsgottheit (möglicherweise → *Itzamna*) war oder den Hohepriester →*Ahau can* bezeichnete, wenn sich dieser im Ritual in einen Gott verwandelt hatte.

Ahau Chamahez »Herr ?«; ein Gott der Medizin (L 40); laut Brasseur de Bourbourgh soll der Name »Herr des magischen Zahnes« bedeuten.
202

Ahau Kin »Herr Sonne« oder »Sonnenkönig«; Lesung der Namenshieroglyphe des →*Gottes G;* → *Kinich Ahau.*
55, 91

[ix] Ahau Na »Die Mutter des Herrn« (Z); Göttin, die im Zentrum des Himmels lebt und in einem Zauberspruch zur Heilung angerufen wird.

Ahau Tun »Herr des Edelsteines = Jade)« oder »Jadekönig« (CB).

Aixchel →*Ixchel*
183

Amayte Kauil »Rohrbaum-Überfluß« (CB); positive Kalendergottheit.

Amayte Ku »Gott des Rohrbaumes« (CB); Kalendergottheit.

Anom Name des ersten Menschen (WW, MW); laut Cogolludo wurde er »aus Erde und dünnem Zacate-Gras gebildet. Fleisch und Knochen sollen aus der Erde, Kopf-, Bart- und Flaumenhaare aus dem Zacate-Gras, das man der Erde beigemengt hatte, gemacht worden sein« (nach KRICKEBERG 1928: 181).
15

[ix] Azal Voh »Die des gebärenden Zeichens«; laut Cogolludo die Göttin der Webkunst und Gemahlin des →*Kinch ahau* bzw. des →*Hunab ku.* Ihre Tochter ist → *[ix] Chebel iax* und ihr Sohn ist → *Itzamna;* vgl. → *Ixchel.*

[ah] Bab Name der Meereskröte *Bufo marinus.* Diese Kröten, deren Drüsensekrete stark halluzinogene und aphrodisierende Wirkstoffe enthalten, waren den Maya heilig. Auf Keramiken erscheinen immer wieder Darstellungen von anthropomorphen Kröten oder Fröschen; oft in Assoziation mit → *Gott D* (→ *Itzamna*). Auf Cozumel wurden viele rituell bestattete Krötenskelette gefunden (HAMBLIN 1981 und 1984). Im Codex Dresdensis (49c) wird eine Kröte vom Morgensterngott → *Lahun chan* mit Pfeilen durchbohrt.

Bacab laut Las Casas (I, 507) ein Sohn des → *Itzamna.* Eine vierfältige Gottheit bzw. vier Götter, die mit den Winden → *Ik;* → *Gott N* und den vier Himmelsrichtungen assoziiert waren. Sie galten als die vier Himmelsträger und waren in der Zauberei besonders wichtig (Z). Der Rote Bacab des Ostens hieß auch → *Chacal bacab,* → *Chac xib chac* oder → *[ah] Can tzicnal.* Der Schwarze Bacab des Nordens hieß → *Ekel bacab,* → *Ek xib chac* oder → *Hozan ek.* Der Weiße Bacab des Westens hieß → *Zacal* bacab, → *Zac xib chac* oder → *Zaczini.* Der Gelbe Bacab des Südens hieß → *Kanal bacab,* → *Kan xib chac* oder → *Hobnil;* vgl. auch → *Pauahtun.*
18, 89, 101, 123, 125, 134, 138, 142, 145, 148 f., 161, 166, 187 f., 190, 194–198, 204

Bacab Canzienal »Der Bacab der vier Ecken«; → *[ah] Can tzicnal.*
192

[ah] Bacocol eine Gottheit des Katun 4 Ahau.

Balam »Jaguar«; er kommt unter dem Namen → *Chac balam* »roter/großer Jaguar« an zwei Stellen des Codex Dresdensis vor. Auf S. 8 oben erscheint er mit einer Seerose → *Naab* auf dem Kopf, ein bereits in der klassischen Zeit häufiges Motiv.

An anderer Stelle (S. 47 unten) wird er von einem Speer, den der Venusgott → *Lahun Chan* auf ihn geschleudert hat, durchbohrt.
59, 108

Balche Name des berauschenden Zeremonialtrunkes der Maya; siehe Lexikon der heiligen Bäume.
19, 23

[ah] Bol in der Sprache von Zuyua (→ *Zuyua than*) im Zusammenhang mit dem → *Balche*-Symbolismus genannt. Er ist vermutlich, so wie heute noch bei den Lakandonen, der Gott des Balche-Trunkes, der Trunkenheit und des Rausches, »denn er ist es, der den Balche-Trunk für alle seine Verwandten, die Götter, macht. Er ist es, der als einziger den Trunk ansetzt. Es ist seine Arbeit, nicht die Arbeit der anderen Götter« (MA'AX und RÄTSCH 1984: 127).

[ah] Bolon Ahau »Der Neun Herr«; eine Kalendergottheit (L 41) oder eine Regionalgottheit, die in Campeche verehrt wurde.
208

[ah] Bolon Am »Neun-Spinne« (CB); vielleicht ein Unterweltsgott?

[ix] Bolon Can »Frau Neun-Schlange« oder »Frau des neunten Himmels« (Z); in den Zaubersprüchen zur Krankenheilung angerufene Göttin.

Bolon Chooch »Neun-Salz« oder »Neun-Gedärm« (CB).

Bolon (D)Zacab »Neun Generationen«; wird in den Quellen als »Gott der Hölle« (CB) und »Dämon« (L 35) bezeichnet, aber auch einer der → *Oxlahun ti ku*.
95, 123 f., 132, 189 f.

[ah] Bolon Kanaan »Neun–Schönheit« (CB).

[ah] Bolon Kin »Neun Sonne« oder »Herr der neunten Sonne/des neunten Tages« (CB); entweder ein Kalendergott oder eine Gottheit des neunten Himmels.

[ah] Bolon Mayel »Neun-Mayel« (CB); Mayel ist vermutlich der mayaisierte Name der aztekischen Göttin *Mayahuel*. Sie war eine Jungfrau, mit der der Windgott Ehecatl → *Gott N* die Liebe erschuf und den Menschen brachte. Da die Göttin der Liebe bei den Maya → *Ixchel* ist, ist dieser Name vielleicht eine Alternativbezeichnung. Vgl. auch → *[ah] Com mayel*.

123, 132

[ix] Bolon Puc oder *Ix Bolon Pucil* »Frau Neun-Hügel«; eine häufig in den Zaubersprüchen genannte Göttin, die zusammen mit ihrem Mann → *[ah] Bolonte uitz*, Krankheiten verursacht.

170

Bolon ti Ku »Neun der Götter« die neun Götter der neunschichtigen Unterwelt (→ *Metnal*, → *Xibalba*). Neun/Unterwelt sind Symbole des Todes, des Weiblichen und der Erde. Diese Gottheiten werden sehr häufig in den Zaubersprüchen als Erzeuger oder Verursacher von Krankheiten gekennzeichnet. → *Oxlahun ti ku*.

[ah] Bolon Yocte oder *Ah Bolon Yocteil* »Neun Pfosten« (Z, CB); eine mit der Unterwelt assoziierte Gottheit.

[ix] Bolon Yol Nicte »Die des siebten Herzens der Nicté« (CB); eine exotische Göttin oder eine metaphorische Bezeichnung für Gebärmutter. → *Nicte* (Lexikon der heiligen Bäume).

[ah] Bolonil »Der der Neun«; → *[ah] Bolon Ahau.*

[ah] Bolonte Uitz »Herr der Neun Berge« (Z); eine mit der Unterwelt und mit Krankheit assoziierte Gottheit, Gatte der → *[ix] Bolon Puc.*
161, 171

Buluc Ahau »Elf-Herr« (L 41); Kalendergottheit einer Prophezeiung und der Zählung für ein Dezennium.
40, 208

[ah] Buluc Ahau ti Yocte Tok »Der Elf-Herr des Feuersteinpfostens« (CB).

Buluc Am »Elf-Spinne« (CB).

[ah] Buluc Balam »Elf-Jaguar«; laut Landa (38) ein »Dämon«; entweder eine Kalender- oder Himmelsgottheit.
196

Buluc Ch'abtan »Elf(mal) Fastender« (CB); eine negative Gottheit, die »sieben Jahre Krieg und Trockenheit« bringen kann. Wahrscheinlich der Name des → *Gottes R* und Beherrscher des Katun 4 Ahau.
93 f.

[ix] Bunic, Ix Bunie oder *Ix Bunieta* Eine Göttin (L 3), deren Name sich vielleicht von *bul nii ti haa,* »die Nase überschwemmen (= ertrinken)« (WW), ableitet. Vielleicht eine Form der → *Ixtab.*
183

Ca Kin Chicul »Zwei(tes) Sonnenzeichen« (CB).

[ah] Cab »Biene«; Übersetzung der Hieroglyphe für den Bienengott → *[ah] Muzen Cab*.

[ah] Can Chakan »Der der vier Wiesen«, »Herr Schlangen-Wiese« oder »Herr der himmlischen Wiese« (Z); eine in den kosmologischen Zaubersprüchen angerufene Gottheit der Himmelsregionen.

[ah] Can Ek »Herr Schlangenstern« (CB).

Can Sicnal → *[ah] Can Tzicnal Bacab*.

[ah] Can Tzicnal Bacab »Der Bacab der vier(ten) Ecke(n)« (CB, L 34, 36); eine Anrede des → *Chacal Bacab* des Ostens im Jahre mit dem Zeichen Muluc.

[ah] Can Uol Cab »Der Herr der vierten Erdschicht« oder »Er der vier Meeresküsten«; laut Landa ein »Dämon« (38), dem man in Cauac-Jahren Opfer brachte.
196

Can Yah Ual Kak »Vier Lagen schmerzenden Feuers«; eine negative, krankheitsverursachende Gottheit, die oft in den Zaubersprüchen vorkommt.

Canzienal → *[ah] Can Tzicnal Bacab*.
144, 187, 191

[ah] Cai Uah Tun »Der die Maisfladen formt« (CB).

[ix] Catil Ahau »Die des zweiten (?) Herrn« (Z); Name einer Göttin.

Ceh »Hirsch«; diese kleine mittelamerikanische Hirschart (Odocioleus virginianus) kommt auf S. 13 des Codex Dresdensis als Kopulationspartner des Hirschgottes → *Gott Y*, → *[ah] Uuc Yol Zip* vor. Der Hirsch ist bei den klassischen Maya wie im gesamten Mesoamerika mit der Sonne assoziiert. Auf der Insel Jaina vor der Westküste Yucatáns wurden zahlreiche Tonfiguren gefunden, die sexuelle Szenen mit einem Hirsch und einer jungen weiblichen Person zeigen. Wahrscheinlich handelt es sich um die aus der Mythologie bekannte Kopulation zwischen dem Sonnengott → *Kinich Ahau* und der Mondgöttin → *[Ix] Chel*. Der Hirsch ist mit Sexualität und Fruchtbarkeit assoziiert; noch heute benutzen die Maya die bei rituellen Gemeinschaftsjagden geschossenen Hirsche als Opfergaben und deren Penisfleisch und -knochen als Aphrodisiakum.
Abb.: 101

[ah] Chab »Ameisenbär« (CB); eine Gottheit, die im schwarzen Westen lebt und vermutlich mit dem Tod assoziiert ist (für die Lakandonen ist der Ameisenbär Symbol und Omen des Todes).

Chac[1] »Regen« oder »Regengott«; eine der wichtigsten Gottheiten oder Göttergruppen der Maya. Es gibt vier den Himmelsrichtungen zugeordnete Regengötter, die mit den → *Bacab* und den → *Pauahtun* korrespondieren. Diese Götter bringen den die Erde befruchtenden Regen und waren in vorspanischer und sind in heutiger Zeit die für die Mayabauern zentrale Gottheiten. → *Chaces*, → *Gott B*, → *Dzimin Chac*, → *Yaxal Chac*.
67 f., 115, 118, 132, 200

Chac[2] Die temporär ausgewählten und eingesetzten vier Hilfspriester des → *Nacom.* Sie mußten während der Herzopfer das
Opfer an Armen und Beinen halten. Sie galten im Ritual als Per-
sonifikationen der vier Regengötter.
22

Chac Acantun »Rote Steinstele«; ein Gott oder ein Götterbild des roten Ostens (L 36).
192 f.

Chac Ahau oder *Chacal Ahau* »Roter Herr«; Name für
einen Gott des Ostens (Z).
144, 146, 157 f.

Chac Bolay Balam »Großer/Roter fleischfressender Jaguar«
(CB, Z, Wörterbücher); eine von drei Gottheiten (s. u.), die mit
→ *Kakao* (Lexikon der heiligen Bäume) assoziiert ist und viel-
leicht mit → *Gott H* identisch ist.

Chac Bolay Can »Große/Rote fleischfressende Schlange«
(CB).

Chac Bolay Ul »Große/Rote fleischfressende Schnecke«
(CB); vielleicht ein Aspekt des → *Gottes N;* vgl. auch → *Yax
Bolay Ul.*

Chac Chel »Roter/Großer Regenbogen«; wahrscheinlich der
Name der → *Göttin O.*
92

[ah] Chac Chibal »Der Große/Rote Verschlinger« (CB);
Name einer negativen oder mit dem Herzopfer assoziierten
Gottheit.

Chac Ek »Großer/Roter Stern« (CB); Name des Planeten → *Venus* im Codex Dresdensis.
55, 58

Chac Hubil Ahau »Der Herr der Schneckentrompete« (CB); ein Gott, der mit dem nördlichen Weltmeer und → *[ah] Masuy* assoziiert ist. Die aus den Schalen der großen Flügelschnecke *(Strombus gigas)* hergestellten Schneckentrompeten dienten als Signale für religiöse Feierlichkeiten. Noch heute wird mit dem Blasen der Schneckentrompete die Balche-Zeremonie der Lakandonen eingeleitet.

[ix] Chac Lah Yeeb »Die der langen Feuersteinspitze« (Z); eine erotische Göttin.

[ah] Chac Mitan Choc »Der des großen Verwesens (CB); mit dem Gott → *Ah Uucte Cuy* assoziierte Unterweltsgottheit.

Chac Pauahtun »Roter Pauahtun«; ein → *Pauahtun* bzw. → *Bacab* des Ostens im Jahr Muluc (L 34).
144, 151, 187

Chac Tenel Ahau »Der Herr des großen/roten Leibes« oder »Rot aufgestützter Herrscher« (CB).
129

Chac Uayab Cab »Große/Rote Ameisen der Erde«; eine negative Gottheit der Unterwelt (Z).

Chac Uayab Xoc »Großer/Roter Ameisen-Hai« (CB); ein Monster, dessen Schwanz Feuer ist und das mit Sonnen- und Mondfinsternissen in Zusammenhang steht. Vielleicht ist ein Name für einen Feuerschweifkometen oder eine Venusgottheit.

Chac Uuayayab »Roter Verwandler«; laut Landa ein »Dämon« (34, 36); → *Uuayayab*.
188, 191

Chac Xib Chac »Roter Mann des Regens«; → *Bacab* des Ostens im Jahr Muluc (L 34).
187

Chacal Bacab »Roter Bacab«; → *Bacab* des Ostens im Jahr Muluc (L 34); → *[ah] Can Tzicnal Bacab*.
144, 187

Chacal Itzamna »Roter Itzamna« (Z); eine dem Osten zugeordnete Manifestation des Gottes → *Itzamna*.
144, 153–158, 162

Chacal Ixchel »Rote Ixchel« (Z); eine dem Osten zugeordnete Manifestation der Göttin → *Ixchel*.
144, 158, 160, 162, 172

Chaces Landa bezeichnet so die »Götter der Maisfelder und Götter des Getreides« (40); → *Chac*.
134, 198–204, 206

[ix] Chan Cab »Die der kleinen/schönen/weiblichen Erde« (CB).

Chan Tokil »Kleiner Feuerstein« (CB).

[ix] Chante Kak oder *Ix Chante Oyoch* »Die das Feuer betrachtet/die die Speise betrachtet« (Z); eine Göttin des Herdes?

[ix] Chebel Iax »Die des blaugrünen Gefieders«; eine Göttin
(L 3); → *Chiribias Ix Chebel Yax.*
183

Chi Chac Chob »Heiliger Roter Chob« oder »Großes
Gesichtstuch«; laut Landa ein »Dämon«. Äkinchob, der Götter-
bote der Lakandonen, wird noch heute in zeremoniellen Kontexten *ki chäk chob* genannt. *Chob* ist eine altertümliche Bezeichnung für den Maisbart; vielleicht ist dieser Gott mit → *Gott E*
identisch.
196

Chichan Chob »Kleiner Maisbart«; → *Chi Chac Chob.*

[ah] Chichic Soot »Der die Rassel rührt« (CB).

[ah] Chicum Ek »der *chicum*-Stern« (CB); vielleicht eine
Venusgottheit.

Chilam Balam Ebenso schwierig wie die Übersetzung dieses
Begriffes ist die genaue Bestimmung seiner Bedeutung.
Ursprünglich bedeutet das Wort *chilan* im yucatekischen Maya
»Prophet« wie »Übersetzer«. *chilan* ist vermutlich eine Kontrak-
tion von *chila'an,* »liegend« und bedeutet wohl der »Liegende«.
Diese Bezeichnung beschreibt die prophetische Tätigkeit, bei
der er mit Drogen präpariert im Dunkeln liegt, um mit den Göttern in Verbindung zu treten. *Balam* »Jaguar« ist der Name einer
Gruppe von sehr wichtigen und in der Hierarchie der Priesterschaft hochstehenden Priester. Verschiedene Quellen bezeichnen die Chilam Balam als die wichtigsten Priester nach dem →
[ah] Kin, dem Sonnenpriester. Ihre Aufgabe war es, als »Sprecher
der Götter« zu dienen. Mit Hilfe halluzinogener Pflanzen vermochten sie, ihre Bewußtseinszustände zu verändern und Kontakt zu den Göttern aufzunehmen. Gleichzeitig waren sie die

Hüter der schriftlich niedergelegten Überlieferung. Wir dürfen annehmen, daß sie es waren, die in den Tempeln die Hieroglyphenhandschriften bewahrten und zu bestimmten Anlässen öffentlich vortrugen. In allen größeren Orten gab es Chilam Balam-Priester.

In der frühen Kolonialzeit ist ein Teil des Wissens und der Prophezeiungen der Chilam-Balam-Priester von Maya in ihrer Sprache aber in lateinischer Schrift niedergeschrieben worden. Zahlreiche Manuskripte mit solchen Texten sind uns erhalten geblieben und werden zum Teil noch heute von den Maya als Heilige Bücher verehrt. Diese Bücher werden ebenfalls mit dem Begriff »Chilam Balam« benannt. Um sie voneinander zu unterscheiden, ergänzt man den Namen ihres Herkunftsortes. Die bedeutendsten Chilam Balam-Bücher sind die aus den Orten Chumayel, Tizimin, Kaua, Mani und Ixil. Die Chilam Balam-Bücher sind Sammelhandschriften und enthalten Prophezeiungen, Chroniken, Almanache und Mythen.

23 f., 40, 49 f., 64, 72, 91–94, 100, 107–112, 114, 122 f., 133–136, 138. Abb.: 135

Chilan Than »Die Sprache der Liegenden«; Bezeichnung für die prophetischen Texte, die der → *Chilam Balam* in Trance empfangen hat (WW).
116

Chiribias Ix Chebel Yax »Heilige Frau des blaugrünen Gefieders«; nach Las Casas (I, 507, 649) die Gefährtin des Gottes → *Itzamna*. Mit *yax* ist wahrscheinlich das strahlend türkisblaue Gefieder des *yaxum (Cotinga amabilis)* gemeint, ein Vogel, der häufig in religiösen Texten des Jaguarpriesters genannt wird.

[ix] Chuah »Skorpionin« (CB); vielleicht die Frau des → *Ek Chuah*.

[ah] Chun Caan »Der der Wurzel des Himmels«; laut Cogolludo war dies der Name des Lokalgottes von Tihoo (Mérida), der wohl mit dem fünften Himmel assoziiert war. Auf seinem Tempel errichteten die Spanier eine Kapelle für den Heiligen Antonius.

[ah] Chuy Kak »Der des schwebenden Feuers«; laut Cogolludo der Kriegsgott der Maya.

[ah] Ch'ibaltun Chaacob »Das Geschlecht der Regengötter« (CB); → *Chac.*

[ah] Ch'om »Geier«; vielleicht hatte der Truthahngeier *(Cathartes aura)* die Rolle einer eigenständigen Gottheit. Im Codex Dresdensis (S.3 oben) sitzt er auf einem Baum, der aus der offenen Brust eines gerade Geopferten wächst. Der Geier erscheint auf Seite 17 der gleichen Handschrift als die Manifestation einer von der → *Göttin I* gebrachten Krankheit.

Cilich Colel »Heilige Frau« (CB); der Titel einer Göttin (→ *Ixchel* ?). Bei den heutigen Maya heißt so die Mutter Maria, die Anführerin der Regengötter (→ *Chaces*).

Cinchahau Izama → *Kinch Ahau Itzamna.*
195, 201

Cit Ah Coyi »Vater Eule (?)«; ein Gründergott von Izamal; → *Itzamat Ul.*

Cit Ah Cutz »Vater Truthahn«; ein Gründergott von Izamal; → *Itzmat Ul.*

Cit Bolon Tun »Vater des Neunten Steines«; ein Gott der Medizin (L 40), der mit der Göttin → *Ixchel* assoziiert ist.
202

Cit Bolon Ua »Vater des Neunten Maisfladens« (CB).

Cit Chac Coh »Vater Roter Puma«; ein Kriegsgott.

[ah] Cit Zamal Cun »Vater der baldigen Heilung«; ein Gott der Medizin (L 40).

Cizin »Verursacher des Todes«; ein Name des Unterweltgottes → *Hunhau*. Bei den Lakandonen heißt so der Herr des Todes, der die Seelen der Verstorbenen für die Fehler ihres Erdenlebens bestraft (vgl. Maʾax und Rätsch 1984: 41–42, 80–92, 202–205) und die heutigen Maya identifizieren ihn mit dem christlichen Teufel.

[ix] Co Pauah Ek »Der Stern des Wahnsinns, des Medizinbeutels« (Z).

[ix] Co Tancas Ek »Der Stern des Wahnsinns, der Besessenheit« (Z).

[ah] Coc Tun Numya »Der Herr der Krankheiten und Besessenheiten«; Name des Opferpriesters → *Nacom*.

Cocolcan → *Kukulcán*.

[ix] Cocoyol Cab »Die des Wahnsinns im Bewußtsein der Erde«; eine negative krankheitsverursachende Göttin (Z).

Colel Caan »Frau des Himmels« (CB); eine Bezeichnung für eine Himmelsgöttin. → *Cilich Colel*.

Colop U Uich Akab »Der das Gesicht der Nacht bedeckt« oder »Der das Gesicht der Nacht ausreißt«; eine in den Zaubersprüchen genannte negative Gottheit, die mit → *Metnal* und mit

Mondfinsternissen assoziiert ist. Sie ist der negative und auch weibliche Gegenpol zu → *Colop U Uich Kin*.
146

Colop U Uich Kin »Der das Gesicht des Tages bedeckt« oder »Der die Augen der Sonne ausreißt«; nach dem Wiener Wörterbuch eine Gestalt- und Körperlose Gottheit, die die Ursache aller Dinge ist, und von der man kein Abbild herstellen kann. Dieser Gott taucht sehr oft in den Zaubersprüchen und den Chilam-Balam-Büchern auf; in den Zaubersprüchen besitzt er einen positiven (d. h. heilenden) Aspekt. Einige Forscher sehen in *Colop u uich kin* einen für Sonnenfinsternisse verantwortlichen Gott.
130, 146

[ah] Com Mayel »Die kurze Mayel« (CB); → *Ah Bolon Mayel* → *Gott W.*

[ix] Cucul Patz Kin »Der Umhang/Mantel der Sonne« (Z).

Cuculcan → *Kukulcán.*
204 f.

[ix] Culum Can »Die des Schlangenstempels« (Z)?

[ix] Culum Chacah »Die des Rotholzstempels« (Z)?

Cum Ahau oder *Cumhau* »?-Herr«; nach WW »Luzifer, der Prinz der Teufel«; der Herr der Unterwelt; → *Cizin*, → *Hunhau.*

Cunyah Than »Heilende Sprache« oder »Zauberspruch« (WW); Bezeichnung für die auch in religösen Kontexten verwendeten kosmologischen Zaubersprüche.
137

[ah] Cup Capat »Der, der den Atem abschneidet« (CB)2 eine negative Gottheit.

Cuxaansuum »lebendiges Seil«, »Nabelschnur«; *Cuxaansuum* versorgte die ersten Menschen → *Anom* mit vom Himmel tropfenden Blut. Das Abtrennen dieser »himmlischen Nabelschnur« bedeutet nicht nur ein Verlust der Nahrungsmittel sondern auch Sünde und Verlust der Verbindung zu den Göttern. Im Codex Peresianus werden häufig durch eine Nabelschnur verbundene Götter gezeigt, deutlich auf S. 19 (→ *Kuxan Sum*).

[ix] Dziban Yol Nicte »Die des gezeichneten Nicté-Herzens« (CB); eine erotische Göttin.

Dzimin Chac »Tapir-Regengott«; nach Cogolludo. Die Assoziation der Regengötter mit dem Tapir würde die Identifizierung des → *Gottes B* als → *Chac* unterstützen. Bei den Lakandonen ist der Tapir symbolisch mit Wind, Regen und (sexueller) Fruchtbarkeit verbunden. Bei den heutigen Maya reiten die Regengötter auf Pferden, die mit dem Namen des Tapirs bezeichnet werden.

[ix] Dzoy »Die Schwache/Unterlegene« (CB).

[ah] Dzuudz »Der Raucher« (CB); vielleicht eine allgemeine Bezeichnung der rauchenden, liegenden und visionären Götter (→ *Kutz;* siehe auch ROBISCEK 1978).

Echua → Ek Chuah.

[ah] Ek »Der Schwarze« oder »Stern« (CB); eine Gottheit des Nordens.
69

Ek Balam Chac »Schwarzer Jaguar-Regengott«; nach Landa ein »Dämon« (38).
196

Ek Chuah oder Ek Chuuah »Schwarzer Skorpion« (L 27, 40); ein Gott des Krieges; → *Gott M* und Beherrscher des Katun 7 Ahau.
81 f., 184, 200

Ek Coc Ah Mut »Das Schwarze Omen der Krankheit« oder »der Stern, dessen Omen Asthma ist« (CB); vielleicht eine Venusgottheit.

Ek Pauahtun »Schwarzes Edelsteinnetz«; nach Landa ein → *Bacab* des Westens im Jahr Cauac; → *Pauahtun.*
144, 188

[ah] Ek Tenel »Der Herr des schwarzen Leibes« oder »Schwarz aufgestützter Herr« (CB); eine Gottheit des Westens.
129

Ek Uuayayab »Schwarzer Verwandler«; laut Landa ein »Dämon« (34, 38); → *Uuayayab.*
188, 195 f.

Ek Xib Chac »Schwarzer Mann des Regens«; → *Bacab* des Westens im Jahr Cauac (L 34).
188

Ekel Acantun »Schwarze Steinstele« (L 38); Gott oder Götterbild des roten Ostens.
196

Ekel Ahau »Schwarzer Herr« (Z); Gott des Westens.
144, 157 f.

Ekel Bacab »Schwarzer Bacab« (L 34); → *Bacab* des Westens im Jahr Cauac.
144, 188

Ekel Itzamna »Schwarzer Itzamna« (Z); eine dem Westen zugeordnete Manifestation des Gottes → *Itzamna.*
144, 153–158, 170

Ekel Ixchel »Schwarze Ixchel« (Z); eine dem Westen zugeordnete Manifestation der Göttin → *Ixchel.*
144, 170, 172

Ekel Nok Canal »Das schwarze himmlische Gewand« (CB).

Erde Maya *cab* oder *luum*. Über die Vorstellungen der Maya von der Beschaffenheit der Erde wissen wir nur wenig. Eines der → *Tageszeichen* der Maya war *cab* »Erde, Land«.
13, 45, 70, 77 f., 93, 118, 123, 125–130, 143, 145, 153, 157 f., 173

Farben Farben spielen in der Kosmologie der Maya eine bedeutende Rolle. Jede Farbe war einer → *Himmelsrichtung* und darüber hinaus einem der vier → *Jahresträger* zugeordnet. Viele Götter erscheinen in vier Aspekten, die durch die vier Farben bezeichnet sind. Die vier Farben sind
chac »rot«   Himmelsrichtung: Osten
zac »weiß«   Himmelsrichtung: Norden
ek »schwarz«   Himmelsrichtung: Westen
kan »gelb«   Himmelsrichtung: Süden
Die Farbe des Mittelpunktes ist *yax* »blaugrün«.
50, 52, 66, 115, 123, 134, 142, 200

Gestirne Unter allen alten Hochkulturen waren die Maya wahrscheinlich die bedeutendsten Astronomen. Eine »Astronomie« hat es jedoch nie bei ihnen gegeben. Die Gestirne und

Himmelsphänomene wurden nicht aus naturwissenschaftlichem Erkenntnisdrang beobachtet, sondern weil sich in ihnen kosmische Gesetze und Zyklen widerspiegeln, denen alles Leben unterworfen ist. Das Hauptinteresse der Maya-Astronomen galt der → *Venus,* deren Lauf die Maya mehrere tausend Jahre im voraus berechneten, um ihre vier Phasen genau bestimmen zu können. Man fürchtete die Venus als unglücksbringender Morgenstern. Aus zahlreichen Hieroglyphentexten wissen wir auch, daß die Bahn des Mondes und seine Phasen genau registriert wurden → *Mond.* Die Maya hatten einen komplexen Mondkalender entwickelt, der es ihnen ermöglichte, die Daten vorauszubestimmen, an denen Finsternisse eintreten konnten. Sowohl Mond- wie Sonnenfinsternisse galten als höchst gefährlich. Besonders schwangere Frauen durften bei Finsternissen das Haus nicht verlassen, um das Leben ihres Kindes nicht zu gefährden. Das Ergebnis der über Jahrhunderte fortgeführten Himmelsbeobachtung ist der hochentwickelte und genaue → *Kalender.*

Die Frage, ob die Maya neben der Venus, der Sonne und dem Mond noch weitere Gestirne beobachteten, wird zur Zeit heftig diskutiert. In der Ikonographie erscheinen häufig sogenannte »Himmelsbänder« mit den Zeichen der Venus, des Mondes und der Sonne, darüber hinaus mit einigen anderen Zeichen, die von vielen Forschern als Zeichen der Planeten Merkur, Mars, Jupiter und Saturn gedeutet werden. Einige gehen sogar so weit, die wichtigsten Götter der Codices als Götter dieser Planeten zu interpretieren. Tatsächlich sprechen viele Gründe dafür, daß die Maya die Planeten Merkur, Mars, Jupiter und Saturn beobachteten und ihre Bahnen berechneten. Ein endgültiger Beweis dieser Vermutung steht allerdings noch aus.

Götter und Göttinnen In den drei erhaltenen Hieroglyphenhandschriften aus der vorspanischen Zeit, dem Codex Dresdensis, dem Codex Tro-Cortesianus und dem Codex Pere-

sianus erscheinen mehr als zwei Dutzend verschiedene Göttergestalten. Die Götter können sowohl durch ihre Attribute als
auch durch ihre Namenshieroglyphen voneinander unterschieden und identifiziert werden. Von einer großen Zahl von Göttern kennen wir allerdings nur die sie bezeichnende Namenshieroglyphe, weil ihre Darstellungen in den Handschriften feh-
len oder nicht erhalten sind. Alle Götter die als Zeichnungen in
den Codices vorkommen (bis auf die Götter der → *Venus* und
die Tiergötter) werden heute mit Buchstaben bezeichnet. Dieses
vor fast hundert Jahren eingeführte System findet noch heute
Verwendung, da uns die Namen der meisten Götter in den
Codices unbekannt sind und ihre Namenshieroglyphen noch
nicht gelesen werden können. Man vermeidet auf diese Weise
vorschnelle Interpretationen der Göttergestalten.

Aus den Codices geht nicht hervor, in welchem Verhältnis die
Gottheiten zueinander stehen. Es ist daher nicht eindeutig, ob es
eine Hierarchie der Götter gegeben hat und wie diese aussah.
Das einzige Kriterium, nach dem die Bedeutung der Götter in
den Codices bewertet werden kann, ist die Häufigkeit ihres Auf-
tretens. Die am häufigsten abgebildeten Götter sind → *Gott B,*
der Regengott, → *Gott D,* → *Gott E,* der junge Maisgott und
→ *Gott A,* der Todesgott.

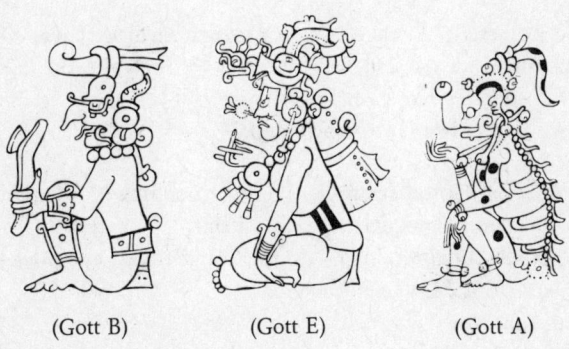

(Gott B)   (Gott E)   (Gott A)

Gott A, Todesgott, erscheint in den Codices als Skelett; dunkle Flecken auf seinem Körper deuten Verwesung an. Gott A ist die am häufigsten dargestellte negative Gottheit. Die Hieroglyphe des Gottes lautet wahrscheinlich *le cimi* »der Tote«; → *Cizin, Hunhau*
47, 49, 53, 73–75, 84f., Abb.: 74, 75 (Namenshieroglyphe)

Gott A', einer der negativen Götter, die vor allem mit Opfer von eigenem Blut assoziiert sind. Auf seinem Umhang sind gekreuzte Knochen gezeichnet. Häufig wird er auf Vasenmalereien beim Suizid durch Selbstenthauptung gezeigt. Sein Name ist nicht bekannt.
70, 74, 96 f., Abb.: 97

Gott A" Dieser mit verbundenen Augen dargestellte negative Gott ist weder in seinem Namen noch in seiner Bedeutung bekannt.
105, Abb.: 105

Gott B Die wichtigste Göttergestalt in den Codices. Er ist wahrscheinlich der durch seine an den Tapir erinnernde Rüsselnase → *Dzimin Chac* ausgewiesene Regengott. Seine Namenshieroglyphe kann möglicherweise als → *Chac* gelesen werden.
47, 65–68, 89, 94, 96, 105, Abb.: 20, 66, 67 (Namenshieroglyphe)

Gott B' Gestalt, die mit → *Gott B* assoziiert ist. Sie erscheint nur einmal im Codex Dresdensis mit einer Hieroglyphe, die deutlich von der des Gottes B abweicht.
105, Abb.: 105 (Namenshieroglyphe)

Gott C Ein Gott, der mit der Himmelsrichtung Norden und dem Polarstern assoziiert zu sein scheint. Charakteristisch ist seine Affenschnauze. Als Gott des Polarsterns ist er vielleicht mit → *Xaman Ek* vergleichbar.
78–80, Abb.: 79

Gott CH Ein jugendlicher Gott mit vielen negativen Attributen. Er läßt sich bis in die klassische Mayazeit zurückverfolgen. Auf Keramiken zerfällt die Gestalt des Gottes C in die Personifizierung der Zahl 9 (→ *Zahlensymbolik*) und den Gott des Tages Chicchan, die meist zusammen auftreten. Die genaue Bedeutung des Gottes CH in den Codices ist unbekannt.

47, 65, 98–100, Abb.: 98 (Namenshieroglyphe), 99

Gott D Ein häufig dargestellter Gott der alten Generation. Seine Namenshieroglyphe ist als → *Itzamna* entziffert worden. Diese Deutung verträgt sich gut mit den zahlreichen Darstellungen des Gottes D mit Pflanzen und mit Kultgeräten in dem Codex Tro-Cortesianus.

53, 67–71, 90, Abb.: 69, 70 (Namenshieroglyphe)

Gott E Der jugendliche Maisgott, dessen Namenshieroglyphe noch nicht entziffert ist. In den Codices ist er oft mit der Maispflanze selbst identifiziert → *Ixim*. Vasenmalereien zeigen ihn häufig als tanzenden Gott oder in einem geborstenen Schildkrötenpanzer, dem Symbol der Erdoberfläche, stehend.

47, 58f., 65, 71–73, 89, Abb.: 72

Gott G Der alte Sonnengott. Seine Hieroglyphe kann zweifelsfrei als → *Ahau Kin* gelesen werden → *Kinich Ahau*. Als auffälligstes Attribut ist er mit der Hieroglyphe *kin* »Sonne« auf dem Körper bezeichnet. Charakteristisch sind weiterhin ein Kinnbart und häufig deformierte Schneidezähne.

47, 55, 70, 90f., Abb.: 90

Gott H Ein junger Gott mit anscheinend positiver Grundbedeutung. Er gehört zu den ganz und gar unerforschten Göttergestalten der Codices. Auch seine Namenshieroglyphe ist noch nicht entziffert.

65, 82f., Abb.: 83

Göttin I Die junge Mondgöttin (→ *Ixchel*) und Patronin der Krankenheilungen. Im Codex Dresdensis ist ihr ein ganzes Kapitel gewidmet (S. 16–33), in der sie durch Vögel symbolisierte Krankheiten auf dem Rücken trägt. Häufig erscheint sie in Kopulationsszenen mit anderen Göttern.

47, 55, 62, 76–78, 91–93, Abb.: 20, 76, 77 (Namenshieroglyphe)

Gott K ein dem Regengott → *Gott B,* → *Chac* nahestehender Gott. Von dem Regengott unterscheidet sich Gott K jedoch in der exzentrisch-ausgefransten »Rüsselnase« → *Ah Ni Toc.* Gott K besitzt zwei Namenshieroglyphen, von denen die eine auch als Variante der Namenshieroglyphe von Gott B auftritt. In der klassischen Zeit war er vielleicht ein mit Erbfolge und Generationswechsel assoziierter Gott. Einige Forscher sehen in ihm daher → *Bolon Dzacab.*

59, 70, 94–96, Abb.: 51, 95

Gott L Ein alter Gott aus der Gruppe der (mit Krieg assoziierten?) schwarzen Gottheiten. Sein charakteristisches Attribut ist ein Hut, auf dem ein Muan-Vogel (→ *Oxlahun Muan*) sitzt. Zumindest in der klassischen Zeit scheint Gott L die Rolle eines Unterweltherrschers gespielt zu haben. In den Codices wird er mit Krieg und Zerstörung in Verbindung gebracht.

59, 80, 102–104, Abb.: 103

Gott M Seine Hieroglyphe ist ein großes Auge → *Nohoch Ich.* In den Codices erscheint er oft als wandernder Gott mit einer Last. Wegen seiner Ähnlichkeit mit dem aztekischen Gott Yacatecuhtli (»Herr der Vorhut«), vor allem weil beide Götter als besonderes Kennzeichen eine lange »Pinocchio-Nase« haben wird er als Gegenstück zu diesem Gott der Kaufleute interpretiert.

80–82, 103 f., Abb.: 81, 82 (Namenshieroglyphe)

Gott N Ein greisenhafter Gott, der in verschiedenen Gestalten in den Codices erscheint. Oft wird er mit einem Schildkröten-panzer → *Ac Uinic Ik* oder einem Schneckenhaus → *Chac Bolay Ul* auf dem Rücken oder der Hüfte dargestellt. In der Kunst der klassischen und postklassischen Zeit sind Darstellungen von Gott N sehr häufig. Oft treten vier Gott N gemeinsam als Him-melsträger auf, daher werden sie auch mit den → *Bacab* identifi-ziert. Verschiedene Autoren halten Gott N auch für einen der → *Pauahtun* oder für → *Mam*, den Gott des Jahresendes.
47, 88 f., 101, Abb.: 87, 88 (Namenshieroglyphen)

Göttin O Wahrscheinlich die gleiche Person wie → *Göttin I*, lediglich der alten Generation zugehörig. In den Codices ist sie die Patronin der Webkunst und die Verursacherin von Wasser-fluten. Ihr Name wird versuchsweise als → *Chac Chel* gelesen.
53, 62 f., 76, 78, 91–93, 103 f., Abb.: 91, 92 (Namenshieroglyphen)

Gott P Ein Gott mit einer Muschelkette und mit Schwimm-häuten zwischen den Fingern. Seine Attribute deuten darauf hin, daß das Wasser sein Lebensraum ist. Der Kopfputz ist die bildliche Umsetzung des Namens → *Pauahtun*, »Edelsteinnetz«. Die Namenshieroglyphe ist noch nicht entziffert.
100 f.

Gott Q Eine junge negative Gottheit, die in Verbindung mit Blutopfern und Krieg steht. Aufgrund ähnlicher Attribute wird er mit dem aztekischen Gott Xipe Totec »unser Herr der Geschundene« gleichgesetzt. Die Namenshieroglyphe des Got-tes Q deutet vielleicht auf Selbstkasteiung und Verstümmelung hin.
53, 58 f., 74, 84–86, 94, Abb.: 84, 86 (Namenshieroglyphe)

Gott R Ein wenig erforschter Gott der jungen Generation mit wahrscheinlich positiver Grundbedeutung. Sein Name ist *buluc ch'ab* »elf Fasten« oder »elf Buße«; → *Buluc Ch'abtan*.
65, 93 f., Abb.: 93, 94 (Namenshieroglyphe)

Gott U Dieser junge Gott ist nur einmal im Codex Dresdensis belegt. Weder Name noch Bedeutung sind bekannt.
105, Abb.: 105 (Namenshieroglyphe)

Gott W Eine Göttergestalt mit einem »Schnabelmund«, der an Abbildungen des aztekischen Windgottes Ehecatl erinnert. Ehecatl war eine Manifestation des Quetzalcoatl → *Kukulcán*.
105

Gott X Eine Gottheit mit einem Tierkopf und Raubtierklauen anstelle von Händen, die nur einmal im Codex Dresdensis vorkommt. Die Namenshieroglyphe ist verwittert.
106

Gott Y der Hirschgott; er wird stets mit einem Geweih und mit leeren Augen gezeigt. Sein Körper ist schwarz bemalt. Er ist eindeutig negativ zu interpretieren. Wahrscheinlich handelt es sich um → *Uuc Yol Zip*.
74, 80, 101–103, Abb.: 101, 102 (Namenshieroglyphe)

Gott Z ein alter Gott mit einem Skorpionschwanz als Attribut. Er scheint eine ähnliche Funktion zu besitzen wie → *Gott L*, sein Charakter ist negativ.
74, 80, 103 f.

Hahal Ku »Wahrer Gott«; Name des christlichen Gottes in den Chilam-Balam-Büchern und frühen Chroniken. Noch heute wird der christliche Gott mit dieser Bezeichnung in Gebeten angerufen.
27, 115

Hapai Can »Funkenschlange«. Göttliche Schlange, die in den Chilam-Balam-Büchern mit dem Weltende assoziiert ist (vgl. MA'AX und RÄTSCH 1984: 120 f.).

Himmel Maya *caan*. Es ist noch immer umstritten, ob der Himmel der Maya in dreizehn Himmelsstufen eingeteilt war, wie oft behauptet wird. Wahrscheinlich regierten die dreizehn → *Oxlahun ti Ku* über den Himmel. Der Himmel war der Ort, an dem sich die Götter der → *Gestirne* aufhielten. Die dreizehn Götter des Himmels → *Oxlahun ti Ku* hatten ihr Gegenstück in den neun Göttern der → *Unterwelt*, den → *Bolon ti Ku*. (→ *Unterwelt*).

13–15, 18 f., 21, 23, 25, 45, 55, 66, 70, 79, 118, 121 f., 125–128, 132, 140, 142, 145–149, 153, 156, 158, 160, 162, 165 f., 185–187, 204 f.

Himmelsrichtungen Viele Götter des Maya-Pantheons hatten vier Aspekte, die mit den vier Himmelsrichtungen assoziiert waren. Jede Himmelsrichtung war einer → *Farbe* zugeordnet. Da sich die Maya am Sonnenlauf orientierten, sind Osten und Westen als die Punkte zu deuten, an denen die Sonne auf- bzw. untergeht. Süden und Norden sind offensichtlich ebenfalls Stationen der Sonnenbahn und beziehen sich auf Zenit und Nadir, den sie auf ihrer Bahn nie erreicht. Die Himmelsrichtungen sind ein Gliederungsprinzip, nach dem sich in der vorspanischen Zeit wie auch noch heute das Ritual der Maya richtet.

Die vier Himmelsrichtungen sind *lakin* »Osten«, *xaman* »Norden«, *chikin* »Westen« und *nohol* »Süden«. Die Hieroglyphen der vier Himmelsrichtungen finden sich auf der Karte des Mayagebietes auf S. 30.

15, 18, 50, 52 f., 56, 61, 66, 79, 115, 123, 133 f., 140–145, 152, 159, 161

Hirschgott → *Zip*, → *Uuc Yol Zip*, → *Gott Y*.
101 f.

[ix] Ho Dzacab »Die der fünf Generationen« (Z); vermutlich ein Name einer Himmelsgöttin.

Ho Habnal Tok »Fünf-Feuersteinblitz« (CB).

Hobnil nach Landa der gelbe → *Bacab* des Südens und des Jahres mit dem Zeichen Kan → *Jahresträger*. Er galt als Schutzpatron der Imker.
144, 187, 189, 200, 204

[ix] Hochan Ek »Der zermahlene Stern« (Z)? vielleicht eine Schreibvariante von → *Hozanek*.

[ix] Hol Can »Die Schlangenköpfige« oder »die des Himmelstores« (Z, CB); → *Yum Hol Can*.

Holche »Opfer, Opfergabe«; die Maya kannten viele Formen des Opfern und verschiedene Opfergaben. Die wichtigsten waren: Menschenopfer, Speisen (besonders zeremoniell gebackene Maiskuchen), berauschende Trünke (→ *Balche*), Weihrauch (→ *Pom*, → *Kik*), ferner Wild Vögel, Tabak, Kakao.

Hom To Chac »Strudelnder Regengott« (CB); → *Chac*.

[ah] Hoya' »Der Wasser verschüttet« oder »Der uriniert«, ein Beiname des → *Regengottes* → *Chac* in den Chilam Balam-Büchern. Diese Bezeichnung des Regengottes ist den Maya von Quintana Roo heute noch bekannt und wird für den Regengott gebraucht, der den Nieselregen bringt *(→ Gott B)*.
67

Hozanek »Der die Samen herauszieht«; → *Bacab* des Westens im Jahr Cauac (L 34, 38).
144, 188, 195 f.

Hubtun Ahau »Steintrompeten-Herr« (Z).

[ah] Hulneb »der mit Pfeilen schießende«; eine Gottheit des Krieges, aber auch eine Orakelgottheit von Cozumel.

Hun Ahau »Eins Herr«; Kalendergott; → *Hunhau.*
148 f., 152

[ix] Hun Ahau »Die des Eins-Herrn« (Z); Gemahlin oder Gegenpol zu → *Hunhau.*

Hun Chuen »Eins-Affe« (CB); eine junge Gottheit; Zwillings-gestalt von → *Yaxal Chuen.* Ihnen entsprechen vielleicht die göttlichen Zwillinge des Popol Vuh.
100

[ix] Hun Dzalab Caan »Die des ersten Zeichens des Him-mels« (Z, CB).

[ix] Hun Dzalab Muyal »Die des ersten Zeichens der Wolken« (Z, CB).

[ix] Hun Dzit Balche »Frau des Balchestammes«; eine Göt-tin des Rausches. Vielleicht die Frau des → *Ah Bol;* → *Balche.*

[ix] Hun Itzamna »(Die) Eins-Itzamna« oder »der erste des Itzamna« (Z); laut Cogolludo der Sohn des → *Hunab Ku,* der auch den Namen → *Yax Coc Ah Mut* trug.

Hun Pic Ti Ku »8000 der Götter« (Z); vermutlich ein Aus-druck für die große Vielfalt der Aspekte und Manifestationen der Götter.
170

Hun Pic Toc »8000 Feuersteinmesser«; eine in Izamal mit Opferritualen verehrte Gottheit; → *Itzmat Ul.*

[ix]Hun Pudzub Kik/Olom »Eins-Nadel des Blutes« (Z); eine Göttin des Blutopfers. Alternative Namen waren oder weitere Göttinnen des Blutopfers hießen: *Ix hun tah acay olom, Ix hun tah dzib olom, Ix hun tah kik, Ix hun tah olom, Ix hun tah nok olom, Ix hun hacay kik, Ix hun hacay olom* (Z).

[ix]Hun Sipit Can »Die Eins, die vom Himmel springt« (Z). 162

[ix]Hun Sipit Muyal »Die Eins, die von den Wolken springt« (Z).

[ix]Hun Tipplah Can »Die Eins, die den Himmel zum Vorschein bringt« (Z).

[ix]Hun Tipplah Muyal »Die Eins, die die Wolken zum Vorschein bringt« (Z).

[ix]Hun Tzelep Akab »Die Eins, mit der sich die Nacht neigt« (Z).

[ix]Hun Tzelep Kin »Die Eins, mit der sich der Tag neigt« (Z).

Hun Uitzil Chac »Der Regengott des einzigen Berges« (CB); → *Chaces.*

[ix]Hun Ye Ta/Toon »Eins-Feuerstein/Penisspitze« (Z); Gottheit des durch Penisperforation erzeugten Blutopfers.

Hunab Ku »Einziger Gott«; nach Cogolludo der höchste Gott der Maya:
»Die Indianer von Yucatán glaubten, daß es einen einzigen lebendigen, wahren Gott gebe, der der größte aller Götter sei, aber keine Gestalt habe und auch nicht gestaltet werden könne, da er körperlos sei. Sie nannten ihn *Hunab ku* und behaupteten, daß von ihm alle Dinge herrührten; und da er körperlos war, verehrten sie ihn nicht unter einem Bilde und besaßen auch keines von ihm. Er hatte einen Sohn, der *Hun itzamna* oder *Yax coc ahmut* hieß.
Dieser Gott, der größer war als alle anderen, wurde auch *Kinich ahau* genannt. Er war verheiratet, und sein Weib war die Erfinderin der Kunst, baumwollene Stoffe, mit denen die Indianer sich kleiden, zu weben. Darum verehrte man sie als Göttin und nannte sie *Ix azal voh*. Der Sohn des einzigen Gottes, den man *Itzamna* nennt, war, wie als sicher anzusehen ist, [derselbe, wie] der Mensch, der zuerst die Schriftzeichen erfand, die den Indianern als Lettern dienen; denn diesen nennt man gleichfalls *Itzamna* und verehrt ihn gleich einem Gott« (KRICKEBERG 1928 S. 178).

27

Hunhau »Eins-Herr«; nach Landa »Fürst aller Dämonen« (33) und Herrscher über das Totenreich → *Metnal*; vgl. → *Cizin*.

25, 185

Ik »Wind«; für die Maya waren manche Winde personifiziert und die Verursacher von Krankheiten, die nur mit Zaubersprüchen → *Cunyah Than* geheilt werden konnten; vgl. → *Ac Uinic Ik*. Auch bei den modernen yucatekischen Maya werden Krankheiten durch verschiedene Winde hervorgerufen. Es ist die Aufgabe der Hmèn (Schamanen, wörtl. »Macher«), mit Hilfe von Zaubersprüchen den Körper der Kranken von den Winden zu reinigen. Winde spielen darüberhinaus eine entscheidende Rolle in den Feldbauzeremonien. Sie werden als Boten der Regengötter der → *Chac* betrachtet und kündigen den Regen an.

47, 67

Itzam Cab/Kab Ain »Leguan der Erde, Krokodil« oder »eidechsenfüßiges Krokodil« (CB, Z); ein mythisches Wesen, das die Sintflut verursacht hat.
127

[ah]Itzam Caan »Der Leguan des Himmels« (CB); entweder ein Name des → *Itzamna* oder die Bezeichnung eines himmlischen Ungeheuers.

Itzam Tzab »Leguan-Klapperschlange« (CB); eine himmlische Schlange.

Itzamna Eine der wichtigsten Gottheiten der Maya. Sein Name läßt sich sehr vieldeutig übersetzen: »Haus der Tropfen«, »Haus aus Tau«, »Eidechsenhaus« oder »Mutter (d.h. Ezeuger) des Leguans«. Die Übersetzung »Eidechsenhaus« ist angesichts der vielen Darstellungen von Eidechsen als »Himmelsgewölbe« in der Kunst der Maya am überzeugendsten. *Nah* bedeutet »Haus« und zugleich »Kosmos«, *itzam* »Eidechse« bezieht sich auf die Vorstellung, daß die unterste Schicht des Himmels der Leib einer (manche Quellen sprechen von vier den Himmelsrichtungen zugeordneten) Eidechse sei. Itzamna war nicht nur ein Schöpfergott; er besaß zahlreiche Aspekte und war Gott der Heilpflanzen, des Kultes und, nach Cogolludo, eine andere Form des → *Hunab Ku*. Itzamna ist außerdem der Gott der Schreibkunst. Wahrscheinlich ist Itzamna identisch mit dem → *Gott D* der Codices (→ *Izamna*, → *Yzamna*)..
68, 70, 142, 161 f.

Itzamna Kauil »Der Itzamna des Überflusses« (CB); ein Titel des → *Itzamna*, in der Neujahrszeremonie.

Itzamna Kinich Ahau »Itzamna, der sonnengesichtige Herr«; nach MW der Gott, von dem die Maya ihre Kunst und das Schreiben gelernt haben.

Itzen Caan Itzen Muyal »Ich, der Tau des Himmels, ich, die Tropfen der Wolken«; Selbstbezeichnung des → *Itzmat Ul.*

[ah]Itzim Thul Chac oder *[ah] Itzmal Thul* »der Regengott der reichlichen Tropfen« (CB); vermutlich mit → *Itzmat Ul* identisch.

Itzmat Ul »Der die Tropfen des Himmels empfängt«, Gott der Stadt Izamal. Lizana berichtet über Itzmat ul, daß er ursprünglich ein weiser Fürst und zugleich ein Orakel war, das man in Krisenfällen um Auskunft bat. Als Sohn der Götter habe er großes Ansehen genossen. Er konnte nicht nur in die Zukunft sehen, sondern vollbrachte zahlreiche Wunder wie etwa die Wiederbelebung von Toten. Nach dem Tode des Herrschers Itzmat ul errichtete man ihm einen Tempel, der später zu einem großen Pilgerzentrum für die Maya der gesamten Halbinsel wurde. Vielleicht ist Itzmat ul eine andere Form des Namens → *Itzamna.*
117

Ixchel »Regenbogenfrau« oder »die des Regenbogens«; die Mondgöttin der Maya, die Erotik, Zeugung und Geburt repräsentiert; → *Göttin I,* → *Göttin O,* → *Chac Chel.* Sie hatte ihren Hauptschrein auf der Insel Cozumel und galt als Göttin der Medizin (L32, 40).
18, 22, 27, 77, 93, 142, 148, 158–162, 171 f., 185, 202

Ixtab »Die des Seils«. Bei den modernen yucatekischen Maya gibt es ein männerverführendes weibliches Wesen mit dem Namen *Xtabay* »die mit dem Seil«. Man stellt sich die *Xtabay* als schöne Frau mit langen roten Haaren und an Stelle der Füße mit den Krallen des Truthahns vor. Die Xtabay lauern an Wegkreuzungen und unter den → *Yaxche*-Bäumen auf ihre männlichen Opfer, die, wenn sie sich mit der Xtabay eingelassen haben, verzaubert werden. Ob diese Xtabay jedoch mit der Ixtab identisch ist, bleibt ungeklärt. Im Codex Dresdensis S. 53 ist eine junge Göttin mit einem Seil um den Hals abgebildet. Hierbei scheint es sich um Ixtab zu handeln, denn Landa berichtet, daß Ixtab die Göttin der Selbstmörder sei.

25, 185

Izamna nach Landa (40) Gott der Medizin (vgl. GIRON MENA 1979); → *Itzamna*.

198, 200, 202

Izona Schreibweise des Las Casas von → *Itzamna*.

Jaguar Maya → *balam*. Wohl das wichtigste Tier in der Mythologie der Maya und mit Herrschaft, Macht, der → *Unterwelt* und dem Nachthimmel assoziiert.

23, 25, 59, 82, 84, 121, 145, Abb.: 24

Jaguarpriester Eine der möglichen Übersetzungen des Wortes → *Chilam Balam*.

15, 23, 26, 107, 116

Jahre → *Jahresträger*, → *Kalender*, → *Katun*, → *Sonne*.

14, 48–56, 70, 88, 95, 97, 186–200, 204, 206–208

Jahresträger In der postklassischen Zeit wurden die Jahre nach dem ersten Tag, mit dem sie begannen, benannt. Aufgrund der Struktur des Kalenders konnten nur die vier Tage Cauac, Kan, Muluc und Ix die ersten Tage von Jahren sein. Landa berichtet, daß jeder dieser »Jahresträger« mit einer Weltrichtung und einer Farbe assoziiert war. Gleichzeitig herrschte über jeden der Jahresträger und damit über jedes Jahr ein anderer Gott:

Jahresträger *Kan*   – Osten   – rot   → *Bolon Dzacab*
Jahresträger *Muluc* – Norden – weiß   → *Kinich Ahau*
Jahresträger *Ix*   – Westen – schwarz → *Itzamna*
Jahresträger *Cauac* – Süden   – gelb   → *Uuac Mitun Ahau*
Die Jahresträger im Codex Dresdensis liegen jeweils um einen
Tag früher: *Akbal – Lamat – Ben – Edznab.*
50–53, 95, Abb.: 51

Kab Ku »Hand/Arm der Götter« (WW); Name für das zeremonielle Opfermesser, mit dem den Opfern vom → *Nacom* die
Herzen herausgeschnitten wurden.

Kab Ul »Hand-Schnecke«; ein Gott der Heilkunst, dessen
Tempel in Izamal stand und zu dem Pilger aus dem ganzen
Land kamen; → *Itzmat Ul.*

[ah] Kak Nexoi »Der sich ums Feuer windende«; Gott in
dem Fest des Monats Zip (L 40). In der Kolonialzeit wurde dieser Gott mit dem Heiligen Antonius und dem Antoniusfeuer
(*ah kaknel*) identifiziert. Er war vielleicht einer der Götter des
Rausches und der Halluzinationen.
203

Kak Tan Chel »Feuriger Regenbogen«, vielleicht die Frau
von → *Kinich Kakmo.* In den Zaubersprüchen ein Name der →
Mondgöttin → *Ixchel.*
147, 150

Kakil Metnal/Mitnal »Die Feuer der Unterwelt« (WW); →
Metnal. Auch Bezeichnung für das Antoniusfeuer und verschiedene Hauterkrankungen.

Kalender In der vorspanischen Zeit benutzten die Maya verschiedene Kalender, die gleichzeitig nebeneinander abliefen und miteinander verschaltet waren. Ein Kalender bestand aus einer Zählung von Jahren zu 260 Tagen. Dieses Jahr setzte sich aus 20 Tagen zusammen, die mit den Zahlen 1 bis 13 kombiniert wurden. Das 260tägige Jahr diente in erster Linie zu wahrsagerischen Zwecken, denn jeder Tag war mit einem Gott und mit bestimmten augurischen Bedeutungen assoziiert. Daneben gab es ein *ha'ab* genanntes angenähertes Sonnenjahr aus 18 Monaten zu zwanzig Tagen und einem unglücksbringenden »Restmonat« zu fünf Tagen. Da keine Schalttage eingefügt wurden, verschob sich der Jahresbeginn gegenüber dem Sonnenjahr. Der Beginn des *ha'ab* fiel alle 18980 Tage (18980 = 73 x 260 = 52 x 365) auf den gleichen Tag im 260tägigen Jahr. Neben diesen Kalendern zählten die Maya die Tage, die seit der letzten Weltschöpfung, die sie auf den 10. August 3114 v. Chr. datierten, vergangen waren. Diese Zählung macht es den Archäologen heute möglich, jedes im Mayakalender festgehaltene Ereignis auf den Tag genau in unseren Kalender umzurechnen.

Die Zeiteinheit von 20 rechnerischen Jahren (*tun*) zu 360 Tagen, also 7200 Tage wurde von den Maya → *Katun* genannt. Jeder Katun erhielt seinen Namen nach dem Tag, auf dem er endete. Dies konnte immer nur ein Tag mit dem Namen Ahau und den Zahlen eins bis dreizehn sein. Nach dreizehn Katun wiederholte sich die gleiche Abfolge von Katun. In der Vorstellung der Maya war die Wiederkehr eines Katun gleichen Namens mit der Wiederkehr der gleichen historischen Ereignisse gekoppelt. Die Geschichte war also wie ein Rad, das sich in dreizehn Katun (das sind etwa 256 Jahre) einmal drehte und zur gleichen Position zurückkehrte. Die Zählung von dreizehn Katun wurde zur wichtigsten Form der Zeitrechnung in der postklassischen Periode und in den Chilam-Balam-Büchern.

Die Tage, Monate und Jahre des Kalenders waren keine bloßen rechnerischen Einheiten. In ihnen manifestierte sich die Kosmologie der Maya, die Vorstellung, daß die Welt von Zyklen

beherrscht war und von Göttern, die die Zyklen trugen und ihren Charakter bestimmten. (→ *Tageszeichen,* → *Monate,* → *Jahre).*
33 f., 38, 43–57, 61, 88, 134, 140 f., 198, 209

[ix] Kan Citam Thul »Gelbes-Pekari-Kaninchen« (CB).

[ix] Kan Itzam Thul »Gelbes Leguan-Kaninchen« (CB).

Kan Pauahtun »Gelbes Edelsteinnetz«; nach Landa (34) der gelbe → *Bacab* des Südens im Jahr Kan.

[ah] Kan Tenal »Der Herr des Gelben Leibes« oder »Gelb aufgestützter Herr« (CB); wahrscheinlich ein Gott des Südens.
129

Kan Uuyayab »Gelber Verwandler«; nach Landa ein »Dämon« (34, 35).
188–190

Kan Xib Chac »Gelber Mann des Regens«; nach Landa der gelbe → *Bacab* des Südens im Jahr Kan.
187

[ix] Kan Yuk Ta »Die des gelben Durchfalles« (CB; eine negative, krankheitserregende Göttin).

Kanal Ahau »Gelber Herr« (Z); Gott des Südens.
144, 157 f.

Kanal Bacab »Gelber Bacab«; der → *Bacab* des Südens im Jahr Kan (L 34).
144, 187 f.

Kanal Cantun »Gelbe Steinstele«; Gott oder Götterbild des Südens.
190

Kanal Ixchel »Gelbe Ixchel« (Z); eine dem Süden zugeordnete Manifestation der Göttin → *Ixchel*.
144, 162, 171 f.

Kanal Itzamna »Gelber Itzamna« (Z); eine dem Süden zugeordnete Manifestation des Gottes → *Itzamna*.
144, 154–156, 158, 171

[ix] Kanleox »Die der Gelben Brotnußblätter«; nach Cogolludo die Mutter aller anderen Götter. Im Lakandon ist dieser Name noch heute die zeremonielle Anrede für die Göttin, die als erste eine Niederkunft erlebte.

Katun Das Wort Katun setzt sich zusammen aus dem Wort für »zwanzig«, *kal* und dem rechnerischen Jahr *tun*, das 360 Tage hatte → *Kalender*. Ein Katun ist eine Einheit von 7200 Tagen und zugleich eine der wichtigsten Zyklen im Mayakalender. Jeder Katun wurde nach dem Tag benannt, auf dem er endete. Dies konnte immer nur ein Tag Ahau und ein Koeffizient eins bis dreizehn sein. Nach dreizehn Katun (= 93 600 Tage = ca. 256 Jahre) wiederholte sich ein Katun gleichen Namens. Für die Maya hatte sich damit ein Zyklus vollendet, und nicht nur die Zählung der Katun begann erneut, sondern auch die Geschichte wiederholt sich in gleicher Weise. In den Chilam-Balam-Büchern ist jeder Katun mit einem Gott und einer Reihe von Prophezeiungen assoziiert. So konnten die Priester ihre Bücher befragen, welche Ereignisse für einen beliebigen Katun in der Zukunft prophezeit wurden und an welche Götter man sich zu wenden hatte, um eine schlechte Prophezeiung abzuwenden.

Die Listen der über die Katun herrschenden Götter weichen in den verschiedenen Chilam-Balam-Büchern geringfügig voneinander ab. Hier sind die Katunregenten aus den beiden wichtigsten Chilam-Balam-Büchern, dem Chilam Balam von Chumayel und dem Chilam Balam von Kaua aufgeführt:

Name des Katun	Regent im C.B. von Kaua	Regent im C.B. von Chumayel
11 Ahau	→ Yaxal Chac	→ Yaxal Chac
9 Ahau	→ Zac Uacnal	→ Uuc Yabnal
7 Ahau	→ Ek Chuah	→ Yaxal Chac
5 Ahau	Kauahom	Chac Yulab
3 Ahau	→ Yax Cocaymut	→Yax Cocaymut
1 Ahau	→ Amayte Ku	→ Ix Ual Icay/ Hunpic ti ax
12 Ahau	→ Yaxal Chuen	→ Yaxal Chuen
10 Ahau	→ Lahun Chan	→ Lahun Chable
8 Ahau	→ Amayte Kauil	→Kinich Kakmo
6 Ahau	→ Kinich Kakmo	→ Uuc Yabnal
4 Ahau	→ Ah Bacocob/Uac chu ahau	→ Uuc Yabnal
2 Ahau	→ Buluc Ch'abtan	?
13 Ahau	→ Itzamna	→ Itzamna

26, 39 f., 48, 53 f., 109, 116 f., 120, 123, 126, 131 f., 134, 207 f., Abb.: 207

[ah] Kauil »der des Überflusses« oder »der Herr der Nahrung« (Z); ein Name des → *Itzamna* (?) oder des Maisgottes → *Gott E*; vgl. auch → *Uaxac Yol Kauil.*
73

[ah] Kay Kin Bak »Der Herr des Gesanges, der Sonne und des Fleisches« (CB).

Kin → *Sonne, »Tag« oder »Prophetie«.*
48, 69, 90 f.

[ah] Kin »Der der Sonne/des Tages/der Prophetie«; allgemeine Bezeichnung für die Priester (vgl. HELFERICH 1973).

[ah] Kin Xooc oder *Ah Kin Xocbiltun* »Der, der die Tage liest« (CB); ein Name des Sonnengottes →*Kinich Ahau* oder des *Ah Macuil Xuchit*, denn er ist mit dem Inneren einer vierblättrigen Blüte assoziiert.

Kinch Ahau oder *Kinich Ahau* »der Sonnengesichtige Herr« (L 36); laut Cogolludo ein anderer Name des → *Hunab Ku*, der mit der Göttin → *Ix Azal Voh* verheiratet war; vgl. auch → *Itzamna*, → *Ahau Kin*, → *Gott G.*
91, 146 f., 191 f.

[ah] Kinchil »Der des Sonnengesichtes« (CB).

Kinich Ahau Itzamna »Der sonnengesichtige Herr Itzamna«; ein Titel des → *Itzamna.*

Kinich Kak Mo »Der sonnengesichtige Feuer-Arara« (Z, CB); männliche Gottheit des Himmels; vgl. → *Itzmat Ul.*
18, 118, 147, 150

[ix] Ko Ti Tzab »Die Maske der Klapperschlange (= Plejaden)« oder »die Krankheit der Plejaden«; in den Zaubersprüchen genannte Göttin.

[ah] Koh Bacab »Der maskierte Bacab« (CB; → *Bacab*).

Kolop U Uich Kin → *Colop U Uich Kin.*

Ku Caan »Gott (im) Himmel« (CB); allgemeine Bezeichnung.

Ku Citbil Ti Caan »Gott, der Vater im Himmel« (CB); Name des Christlichen Gottes.

Ku Likul Caanal »Gott, der den Himmel verlassen hat (?)« (CB); vielleicht Luzifer, der gefallene Engel?

Kuil, Kulil oder *Kuyen* »göttlich, heilig« (WW), z. B. *kuil na*, wörtl. »heiliges Haus«: Kirche oder Tempel.
115, 129

Kuil Hun Olal »Gott des einigen Bewußtseins«; nach WW der Gott des Friedens.

Kuil Than »göttliche Sprache« (WW): Zeremonien oder Messen.

[ix] Kuk Nab »Die gefiederte Seerose« (Z); eine erotische Göttin; → *Naab.*

Kulem Ts'ib »heilige Schrift« (WW): Hieroglyphen.

Kuulob »Götter«; nach WW die »Idole und Götter der Heiden«.

Kukulcán »Gefiederte Schlange«; Übersetzung von Quetzalcoatl, dem Namen des Kulturheros und Hauptgottes der Tolteken in das yucatekische Maya. Er war der Schutzgott und Patron der mexikanischen Eindringlinge, die oft mit dem Volk der Itzá gleichgesetzt werden. Als eigentlich mexikanische Gottheit scheint Kukulcán bei den Maya nie recht Fuß gefaßt zu haben, er blieb auch unter den Göttern ein Außenseiter, der vor allem in Chich'en Itzá von der mexikanisierten Oberschicht verehrt wurde.

Ursprünglich war Quetzalcoatl ein Herrscher von Tula, der alten Hauptstadt der Tolteken. Ob Quetzalcoatl jemals eine historische Person war, läßt sich nicht mit Entschiedenheit sagen. Schon früh beginnt die Vergöttlichung Quetzalcoatls als Gott der Priesterschaft, der Fruchtbarkeit, der Venus und als Kulturschöpfer und Gegenspieler zu dem zerstörerischen Gott Tezcatlipoca. Um die Wende des ersten nachchristlichen Jahrtausends wird Quetzalcoatl aus Tula vertrieben. Nun taucht ein Kukulcán in zahlreichen Mayaquellen, vor allem in den Chilam-Balam-Büchern als Eroberer der heiligen Stadt Chich'en Itzá auf. Hier stellt sich die ungelöste Frage, ob Quetzalcoatl von Tula identisch ist mit Kukulcán, der »Gefiederten Schlange« der Maya. Wahrscheinlich ist, daß Kukulcán/Quetzalcoatl sowohl als Name von Herrschern weit verbreitet war und daß es zugleich einen Gott gleichen Namens gab. Eine Trennung zwischen dem Gott Kukulcán und Herrschern gleichen Namens dürfte im Nachhinein nahezu unmöglich sein. Die Chilam-Balam-Bücher jedenfalls berichten, daß Kukulcán bis dahin unbekannte Formen des Opfers einführte wie das Menschenopfer und das Töten der Opfer mit Pfeil und Bogen. Außerdem verbreitete er sexuelle Praktiken, die die angeblich Maya zutiefst verabscheuten.

Xk'uk'ikán, »die gefiederte Schlange«; Zeichnung eines kleinen Mayajungen aus X-Yatil, Quintana Roo.

In der Folklore der heutigen Maya lebt er als *xk'uk'ikán* fort und soll eine fliegende Schlange sein. Bei den Lakondonen ist er ebenfalls eine riesige Schlange und ein Haustier der Götter → *Hapai Can;* (→ *Cuculcan*).
19, 21, 24, 26, 39, 118

[ah] Kul Itzam Caan »Der Leguangott des Himmels« (CB).

Kuxan Sum → *Cuxaansum.*
18, 118

Lahun Chan »Zehn Himmel«; einer der fünf unheilvollen Götter der → *Venus* als Morgenstern in den Venustafeln des Codex Dresdensis. Laut Cogolludo ein »Idol mit sehr häßlichen Zähnen« (4/8).
59, 127, Abb.: 61

[ix] Ma Bakel »Die ohne Fleisch«; nach WW eine Gestalt, die keinen Körper hat.

[ix] Ma Cimilil »Unsterblichkeit« (WW).

[ix] Ma Uay »die nicht hier ist« oder die »Nicht-Hexe« (Z).

[ah] Maax Cal »Der Herr (mit dem) Spinnenaffen-Hals« (CB); vielleicht ein Name des → *Gottes C.*

[ah] Maben Tok »Der Herr des Feuersteinkästchens« (CB).

[ix] Macuil Xuchit Von aztekisch Macuil Xochitl, »Fünf-Blume« (eine Manifestation von Xochipilli, Gott der Blumen und psychedelischen Pflanzen; (vgl. SCHULTES/HOFMANN 1980: 62), der Gott der Musik, des Tanzes, der Ekstase.

Maisgott → *Uaxac Yol Kauil,* → *Gott E,* → *[ah] Kauil,* → *Zahlensymbolik.*
27, 47, 71–73, Abb.: 27

Mam »Großvater« Ein alter Gott, der möglicherweise mit → *Gott N* identisch ist und der über die fünf letzten und unglückbringenden Tage des Jahres herrschte. Im Codex Dresdensis werden die vier Opossumgötter, die in den → *Jahresträger-*Zeremonien auftreten, Mam genannt.
89

[ah] Masuy »Der Reine« (CB); eine mit dem kosmologischen Nordmeer der nördlichen Weltgegend assoziierte Gottheit.

[ah] May »Herr des Hufes« (CB); vielleicht eine Bezeichnung für einen Tapir- oder Hirschgott → *Dzimin Chac,* → *Uaxac Yol Zip.*

[ah] May Cuuc »Herr der Eichhörnchenpfote« (CB).

Metnal oder *Mitnal* Name der Unterwelt in allen Quellen über die Religion der yucatekischen Maya; Lehnwort aus dem aztekischen (*mictlan*). Die Einstiege in die Unterwelt waren die zahlreichen Karsthöhlen und Dolinen. Über die Bewohner der Unterwelt ist aus schriftlichen Quellen nur wenig bekannt. Wahrscheinlich herrschte → *Cizin* über das Totenreich. Darstellungen von Metnal sind dagegen sehr häufig auf Keramiken. Aus diesen Malereien erfahren wir, daß die Unterwelt von Raubtieren, blutsaugenden Fledermäusen, Hirschen mit ausgerissenen Augen, Schlangen und Skeletten bevölkert war.
15, 25, 27, 142, 153, 157, 185

Metnalil Kak »Unterweltsfeuer; nach WW Name des Anto-
niusfeuers. Ob es in vorspanischer Zeit Mutterkornvergiftungen
gab ist fraglich, aber nicht unwahrscheinlich (vgl. SCHULTES &
HOFMANN 1980: 102–105). → *Ah Chun Caan*, → *Ah Kak Nexoi*,
→ *Kakil Metnal*.

[ah] Misnilacpec Vielleicht der verballhornte Name einer
ursprünglich aztekischen Gottheit (CB).

[ah] Mol Box »Der Herr, der die Balchekrüge zusammen-
stellt« (CB); eine mit → *Ah Bol* verwandte oder identische Gottheit.

Monate Ein kalendarischer Monat mit dem Namen *uinal*
hatte 20 Tage. 18 solcher Monate hatte das Jahr *ha'ab*. Die fünf
letzten Tage des Jahres waren kein eigentlicher Monat sondern
galten als angehängte Resttage, die gefürchtet wurden, weil sie
Unheil brachten. Landas Bericht enthält eine ausführliche Schilderung der Monatsfeste und der Götter, die über jeden Monat
herrschten:

Monat	Gott des Monates	Monatsfeste und -zeremonien
Pop		Neujahrszeremonien
Uo	→ *Kinich Ahau,* → *Itzamna*	
Zip	→ *Ixchel,* → *Itzamna,* → *Cit Bolon Tun* u.a.	Feste der Zauberer, Ärzte, Jäger und Fischer
Zotz		
Zec	→ *Bacab,* → *Hobnil*	Fest der Imker und Bitte um Honig
Xul	→ *Kukulcan*	Preisen der Götterbilder
Yaxkin		
Mol	→ *Acantun*	Anfertigen neuer Idole

Monat	Gott des Monates	Monatsfeste und -zeremonien
Chen		Anfertigen neuer Idole
Yax	→ *Chac*	Renovierung des Tempels von Chac
Zac	→ *Acanum*, → *Suhui Dzipitabay*	Zeremonien zu Ehren der Götter der Jagd
Ceh		
Mac	→ *Chac*, → *Itzamna*	Regenzeremonien
Kankin		
Muan	→ *Chac*, → *Ek Chuah*, → *Hobnil*	Bitte um eine reiche Kakaoernte
Pax	→ *Cit Chac Coh*	Bitte um erfolgreiche Kriegszüge
Kayab		
Cumku		Feste zur allgemeinen Belustigung
Uayeb	→ *Kan U Uayeb*, → *Chac U Uayeb*, → *Zac U Uayeb*, → *Ek U Uayeb*	Vorbereitungen für die Neujahrszeremonien → *Jahresträger*

14, 48–50, 82, 172, 186 f., 198–208, 210

Mond Das Wort *u* heißt im yucatekischen Maya sowohl »Mond« wie auch Monat. Neben der → *Venus* war der Mond der von den Maya am meisten beachtete Himmelskörper. Die Maya hatten einen komplexen Mondkalender entwickelt, um die Tage vorauszusagen, an denen eine der gefürchteten Mond-oder Sonnenfinsternisse eintreten kann. Sie berechneten die fügig von dem mit modernen Meßinstrumenten errechneten Wert von 29,50588 abweicht. Die Seiten 51–58 des Codex Dresdensis enthalten sogenannte »Finsternistafeln« für einen Zyklus von 11.960 Tagen oder 405 Lunationen. In ihnen werden die

Tage berechnet, an der die Bahn des Mondes die scheinbare Bahn der Sonne kreuzt, denn nur 18 Tage vor oder nach diesem Datum konnten Mond- und Sonnenfinsternisse eintreten. Auf diese Weise konnten die Priesterastronomen für 32 Jahre im voraus vor den Tagen warnen, an denen Finsternisse möglich waren.

Die Göttin des Mondes ist in den Codices die → *Göttin I*, die vielleicht mit → *Ixchel* identisch ist. Eine andere, mit dem Mond assoziierte Göttin scheint → *Ixtab* gewesen zu sein. Sie wird auf einer Seite der Finsternistafeln des Codex Dresdensis mit einem Seil um den Hals dargestellt. Vielleicht läßt sich dieses Bild als Darstellung einer Finsternis deuten.

13 f., 22, 55, 69, 77, 127, 150, 186

Mondgöttin → *[ix] U*, → *Ixchel*, → *Göttin I*.

62, 70, 76–78, 92

Muan → *Oxlahun Muan*.

102, 200

[ah] Muzen Cab »Die Honigsammler« (CB); diese bienengestaltigen Götter waren die Schöpfer der Welt (CB) und Beschützer des heiligen Honigs der einheimischen, stachellosen Bienen. Dieser Honig wurde zur rituellen Herstellung des →

Der Bienengott der Maya (Codex Tro-Cortesianus S. 104).

Balche-Trunkes für die religiösen Feste und Zeremonien benutzt. Nach dem Wissen der heutigen Maya leben diese Bienengötter in den Ruinen von Cobá. Die Maya bringen ihnen noch heute Kerzen-, Blumen- und Speiseopfer vor den Stelen der Ruinenanlage dar. Sie sind auch mit der *Ch'a'chák*, der Regenzeremonie, assoziiert, denn sie behüten die Bienen, die den Honig für die Opfergaben an die Regengötter herstellen. 19, 122 f., 133

Nacom Name des Opferpriesters, der für die spanischen Chronisten der Inbegriff des Grauens war: »Die Priester dieser Tempel trugen lange weiße Gewänder aus Baumwolle. Mehr noch als diejenigen, die nicht (opfern), trugen sie ihre Haare langgewachsen und verworren; die durften sie niemals waschen, denn darin klebte das Blut der Opfer und es war sehr unflätig...« (COGOLLUDO 1688: 194).
22

Nacxit Einer der vielen Namen des Gottes und Herrschers → *Quetzalcoatl*, der mit Mayanamen eigentlich → *Kukulcan* heißt. Das Wort Nacxit kommt aus dem Nahuatl (Nacxitl) und bedeutet »Vierfuß«. In einigen Chilam-Balam-Texten wird Kukulcan als Nacxit angeredet.
118

Naual Von aztekisch *naualli*, »Schicksalsdoppelgänger« → *Uuay*; bezeichnet im Maya den Zustand des Torkelns im Rausch- oder Ekstasezustand.

Nen Cab/Cah »Der Priester, Kazique oder Befehlhaber des Landes oder Ortes, der der Spiegel ist, in dem sich alle Leute sehen (= erkennen)« (MW).

[ah]Ni Poop »Der Mattennasige« (CB); vielleicht der Hinweis auf einen Ausschlag verursachenden Krankheitsdämonen oder - gott.

[ah] Ni Toc »Der der brennenden Nase« (CB); ein Krankheitsdämon? → *Gott K.*

Nohoch Ich »Großes Auge« → *Gott M.*

[ah] Okol Koh »Der Herr der weinenden Maske« (CB).

Ox Multun Tzek »Drei Haufen Schädel« (CB); Name des → *Yum Cimil* und Gott der Seuchen.

Oxlahun Citbil »Dreizehn der Väter« (CB); → *Oxlohun ti Ku.*

Oxlahun Muan »Dreizehn-Muan-Vogel«; dieser in der Literatur als Eule (*Otus guatemalae*) gedeutete Vogel ist das häufigste Göttertier in den Codices. Der Vogel erscheint mehrfach mit wechselnd positivem und negativem Aspekt in den augurischen Abschnitten der Codices Dresdensis und Tro-Cortesianus.

Der »Muanvogel« (Codex Dresdensis S. 11).

Darüber hinaus ist er *u mut*, »Omen/Schicksalsruf«, einer von der → *Göttin I* gebrachten Krankheit und gehört als Kopfschmuck zu den Attributen des → *Gottes L.* Der Vogel hat an drei Stellen des Codex Dresdensis den Ritualnamen *Oxlahun caan*, »dreizehn Himmel« (laut MW »Vollmond«?), der ihn mit dem Tag und dem Himmel assoziiert. Der lange Schnabel des Vogels macht eine Identifikation als Eule unwahrscheinlich, vielmehr scheint es sich um einen Harpienadler (*Harpia harpyja*) zu handeln. Im Symbolismus der Lakandonen ist die Eule der Unterweltsgötter die negative Manifestation des Adlers der Himmelsgötter. Da der Muan-Vogel sowohl positiv als auch negativ sein kann, ist er dann vielleicht zugleich Adler *und* Eule.
102

Oxlahun ti Ku »Dreizehn der Götter« (CB, Z); die dreizehn Götter der dreizehn Himmelsschichten. Dreizehn/Himmel sind Symbole des Lebens, des Männlichen und der Sonne. Im Kalendersystem der Maya gab es dreizehn Tagesnamen, die eventuell mit diesen Göttern korrespondieren.
15, 123–125, 128, 147, 161 f.

Pa Hool Chac »Der schädelzertrümmernde Regen(gott)« (CB); vielleicht ein negativer Aspekt der → *Chaces.*

Pauahtun »Edelsteinnetz«; Name für die vier mit den → *Bacab* und → *Chac* assoziierten Götter, die für die Winde und Krankenheilungen stehen; → *Gott N.* Der Medizinbeutel der Hmèn, der Heiler der heutigen Maya, heißt immer noch *pauah*.
89, 101, 142, 145, 161, 166

Piltec wahrscheinlich Mayaform von Piltzintecuhtli, einer der aztekischen Namen des Sonnengottes. Es gibt den roten, weißen, schwarzen und gelben Piltec; sie sind jeweils den Weltgegenden zugeordnet (CB); → *Pizlimtec.*
126 f.

Pok Ta Pok Das Ballspiel der Maya, das neben unterhaltenden Funktionen immer auch religiöse Bedeutung hatte. Die doppel-T-förmigen Ballspielplätze lagen direkt in den Zeremonialzentren und Städten; noch heute sieht man sie in Uxmal, Chichen Itzá, Mayapán, Kohunlich usw. Der Spielball verkörperte die Sonne bzw. den Sonnengott → *Kinich Ahau*. Der Ball durfte während des Spieles nur mit den Ellenbogen, Hüften und Knien berührt werden. Einige Überlieferungen sprechen davon, daß die Verlierer des Spieles den Göttern geopfert wurden, andere Quellen behaupten, daß es die Gewinner waren, die direkt zu den Göttern reisen durften.

[ah] Pua vielleicht von *ah pul ha*, »der, der Wasser verschüttet«; Gott in einem Fest (L 40).
203

[ix] Puc Yola »Die des Inneren des Hügels« (CB).

[ah] Puch Name des Todesgottes → *Hunhau*.

P'app Hol Chac »Blitzender Kopf des Regengottes«; → *Itzmat Ul*.

[ix] P'en »Hermaphrodit« (WW); → *Gott Q*.
22, 86

P'izlimtec Vermutlich wie → *Piltec* eine Mayaform von Piltzintecuhtli (CB); nach einer mexikanischen Quelle ist dieser Gott der Vater des Maisgottes, den er mit der Göttin Xochiquetzal in einer Höhle gezeugt hat.

Quetzalcoatl Aztekische Form von → *Kukulcan*. Der Name bedeutet »Gefiederte Schlange«.
20, 39, 57, 118

Regengott → *Chac,* → *Chaces,* → *[ah] Hoya',* → *Gott B.*
18, 27, 29, 45, 47, 65–68, 115, 118, 161, 173

Sac Bob »Weiße Bestie«, eine Gottheit, die in den Zaubersprüchen gegen das Asthma angerufen wird.
167

Sac Cimi → *Zaczini.*
144

Sac Tenel Ahau »Der Herr des Weißen Leibes« oder »Weiß aufgestützter Herr« (CB); ein Gott des Nordens.
129

Sac Uacnal »Weißer Hirsch« (CB); eine Jagdgottheit und Herrscher des Katun 9 Ahau.

Sacal Ahau »Weißer Herr« (Z); ein Gott des Nordens.
144, 157 f.

Sacal Itzamna »Weißer Itzamna« (Z); eine dem Norden zugeordnete Manifestation des Gottes → *Itzamna.*
144, 153–156, 158, 169

Sacal Ix Chel »Weiße Ixchel« (Z); eine dem Norden zugeordnete Manifestation der Göttin → *Ixchel.*
144, 158, 160, 162, 169, 172

[ix] Saclactun »Die der weißen Höhle« (CB).

[ah] Sic Tzamal Cun? Ein Gott, von dem Landa berichtet, daß er im → *Monat* Zip von den Fischern angerufen und gefeiert worden sei.
203

Sip → *Zip*.

[ah] Siyah Tun Chac »Der weise Regengott« (CB); → *Chac*.

Sonne Maya → *kin*; Obgleich die Maya wußten, daß ihr Sonnenjahr *ha'ab* → *Kalender* zu 365 Tagen gegenüber dem tatsächlich 365,2422 Tage langen Sonnenjahr zu kurz war, fügten sie keine Schaltjahre in ihren Kalender ein. Allmählich verschob sich daher die Entsprechung von Monaten zu bestimmten Jahreszeiten, und der Jahresanfang begann immer früher gegenüber dem tatsächlichen Sonnenjahr. Diese Abweichung wurde zwar bemerkt, aber für Korrekturen der Jahreslänge gibt es keine Anzeichen.
Der Sonnengott, → *Gott G*, wird in der Kunst der Maya häufig dargestellt. In den Quellen der frühen Kolonialzeit hat er die Namen → *Kinich Ahau* und → *Kinich Kak Mo*.
13 f., 18–20, 22, 43, 49, 51, 55, 69, 90 f., 121 f., 127, 130, 147, 150, 186, 194

Suhuy Kak »Unberührtes/jungfräuliches Feuer« (Z); nach Cogolludo »Der Geist des neuen Feuers und die Göttin der Heilkunst und der jungen Mädchen. Sie war die vergöttlichte Tochter eines Herrschers und Begründerin eines religiösen Ordens der Jungfrauen«. (4, 8).

Ta Ch'om »Scheiße-Geier«; der im Codex Dresdensis auch *Kuch* genannte schwarze Geier (*Coragyps atratus*), erscheint in dieser Handschrift als eigene Göttergestalt. Sein Hieroglyphenname erinnert an den Namen, den die Lakandonen diesem Geier geben: *äh mäk' ta' ch'om*, »der scheißefressende Geier« (weil er sich von Fäkalien ernährt). Im Codex Dresdensis ist er eine negative Gestalt und taucht als (Kopulations-)Partner des Hundes (→ *Tzul*) auf. Er gilt als *u mut* Omen einer von → *Göttin I* gebrachten Krankheit.

[ah] Tabay »Herr Seil?« (Z, L); wohl eine Jagdgottheit
(→ *Zipi Tabai*) oder das männliche Pendant zu → *Ixtab*.

Tageszeichen Der Ritualkalender zu 260 Tagen bestand aus
zwanzig Tageszeichen, die mit den Zahlen eins bis dreizehn
gekoppelt wurden (→ *Kalender*). Jedes der zwanzig Tageszeichen
hatte eine ganz besondere augurische Bedeutung und war mit
bestimmten Vorzeichen und Göttern assoziiert. Die Namen der
zwanzig Tageszeichen sind Imix, Ik, Akbal, Kan, Chicchan,
Cimi, Manik, Lamat, Muluc, Oc, Chuen, Eb, Ben, Ix, Men, Cib,
Caban, Edznab, Cauac und Ahau. Die Hieroglyphen der zwanzig Tageszeichen hat u. a. Diego de Landa überliefert (Abb.: 199).
49–53, 56 f., 75, 99, 187 f., 190–197

[ix] Tan Yol Chulul/Ha »Die im Antlitz des Herzens der
Lauge/des Wassers« (CB); vielleicht eine Gottheit der Medizin.

Thul Can Chac »Alle vier Regengötter« oder »Kaninchen-
Schlange-Regen« (CB); → *Chaces*.

[ix] Ti Ho Tzab »Die Frau dort im fünften (Himmel der)
Pleiaden« (Z).

[ah] Toc Dzudzil »Herr Räucherer« (CB); → *Ah Dzuudz*.

Todesgott → *Cizin,* → *Gott A,* → *Hunhau*
47, 49, 53, 73–75, 84 f., 96

[ah] Tooc »Der Brenner« (CB); → *Yum Kak*.

Tupul U Uich Kin/U »ausgelöscht ist das Gesicht der Son-
ne/des Mondes« (WW); beides sehr schlechte Vorzeichen für
die Maya. Noch heute fürchten sie Finsternisse und bitten
Sonne und Mond in langen Zeremonien, daß sie wieder zum
Vorschein kommen. → *Colop U Uich Akab/Kin*.

Tzul Der Hund erscheint an zwei Stellen des Codex Dresdensis als eigenständige Gottheit: S. 7 oben hält er die ausgerissene Klaue eines Raubtieres und auf S. 13 unten ist er in einer Kopulationsszene mit dem schwarzen Geier → *Ta Ch'om* dargestellt. Der Hieroglyphentext bezeichnet den Hund als eine negative Gestalt.

[ix] U »Frau Mond« (Z); die Mondgöttin → *Ixchel.*
69, 186

Uac Chuuah Nal »Sechs Flaschen Maisfladen« (CB).

[ix] Ual Cuy »Die Mörder-Eule« (CB); negative mit der Unterwelt assoziierte Gottheit.

[ix] Ual Icim »Der Mörder-Nachtvogel« (CB); → *Ix Ual Cuy.*

[ah] Uaxac Yol Kauil »Acht-Herz des Überflusses«; vermutlich eine Bezeichnung des Maisgottes → *Gott E*, der mit dem achten Himmel assoziiert ist.
72

[ah] Uay »Zauberer, Verwandler, Nagual« (WW, MW, CB, Z); ein in den magischen Künsten geübter, der mit den Toten und den »Dämonen« kommunizieren und sich selbst in ein Tier (Jaguar) verwandeln kann.

Uayazba »Zaubermittel/Ding der Verwandlung« oder »Symbol/Abbild« (WW).

Uay »Nagual« oder »Hilfgeist« eines Priesters, Herrschers oder Zauberer in der Gestalt eines Tieres. Die Zauberer → *Ah Uay* der Maya konnten sich in ihr Nagual verwandeln und in der Gestalt Kontakt mit den mythischen Wahrheiten aufnehmen;

oder sie konnten ihre Hilfsgeister ausschicken um z. B. Kranke zu heilen. Bei den heutigen Maya und Lakandonen ist *way* eine Hexe oder Schadenzauberer.

[ah] Uay Xibalba »Der Verwandler der Unterwelt« (WW); Name eines Priesters, der in den Wörterbüchern als Nekromant dargestellt wird; er konnte mit den Toten in Verbindung treten; vgl. → *Xibalba*.

[ah] Uitz »Der des Berges«; eine Kalendergottheit, die mit den *manik*-Prophezeiungen in Verbindung steht (L).

Unterwelt → *Metnal,* → *Xibalba,* → *Bolon ti Ku.*
14 f., 18 f., 23, 25, 45, 82, 103, 123, 133 f., 140, 153, 158, 161, 185

[ah] Uooh Puc »Der des Zeichens des Jaguars«; eine negative Gottheit, die als Gegenpol zu → *Itzamna* gilt (CB).

Uuac Mitun Ahau »Herr der sechsten Unterwelt«; laut Landa ein *Dämon* (38).
97, 195 f.

Uuyayab »Verwandler?« (L 40).
50, 201

Uuc Ahau »Sieben-Herr«; Kalendergott (L 41).
208

[ah] Uuc Chapat »Sieben-Tausendfüßler« (CB); eine negative mit Hungersnöten assoziierte und menschenherzenfressende Gottheit. Ist mit → *Ah Uucte Cuy* verbunden.

[ah] Uuc Cheknal »Der der sieben Maiskolben« (CB); eine Gottheit der siebten Schicht des Himmels.
123, 127

[ah] Uuc Chuah »Sieben-Skorpion« (CB); → *Ek Chuah*.

[ah] Uuc Kin »Sieben Sonne/Tag« (CB); Kalendergott, → *Uuc Ahau*.

Uuc Satay »Sieben-Tod« (CB); Unterweltsgottheit.

Uuc Suhuy Sip »Sieben-unberührter Hirsch« (CB); eine Gottheit der Jagd, → *Ah Uuc Yol Zip*.

Uuc Uitzil Chac Ek »Sieben Berge-Großer Stern« (CB); vermutlich eine Venusgottheit.

[ah] Uuc Ti Cab »Der Herr der siebten Erde« (Z); ein negativer, krankheitsverursachender Gott.
158 f.

[ah] Uuc Tut »Herr Sieben-Papagei« (CB); vermutlich einer der neun Götter der Unterwelt.

[ah] Uuc Yol Zip »Herr sieben Herz des Hirsches« oder »der Springer des siebten Bewußtseins« (Z, CB); wahrscheinlich die mit → *Gott Y* identische Hirschgottheit.
102, 128

[ah] Uuceb »Herr Sieben-Penis« (CB); ein erotischer Gott.

[ah] Uucte Chapat → *Ah Uuc Chapat*.

[ah] Uucte Cuy »Sieben-Eule« (CB); eine negative, schon durch das Omen der Eule mit Tod, Hungersnöten und Seuchen assoziierte Gottheit. → *Ah Uuc Chapat*.

Venus Die Venus hatte bei den Maya verschiedene Namen. Der am häufigsten überlieferte Name ist jedoch → *Chac Ek*, »großer/roter Stern«. Die Maya der klassischen und postklassischen Zeit hatten einen genauen Venuskalender entwickelt, der es ihnen ermöglichte, den Beginn der verschiedenen Phasen der Venus genau vorherzubestimmen: das letzte Erscheinen der Venus als Morgenstern, das erste Erscheinen der Venus als Abendstern, das letzte Erscheinen der Venus als Abendstern und das erste Erscheinen der Venus als Morgenstern. Besonders das erste Erscheinen der Venus als Morgenstern galt als unheilvolles Datum. Die Maya erkannten, daß fünf Venusjahre auf den Tag genau acht Sonnenjahren entsprechen ($5 \times 584 = 8 \times 365 = 2920$). Innerhalb dieses Zyklus von 2920 Tagen erscheint die Venus fünfmal als Morgenstern. Dieses Phänomen konnte im Mayakalender nur auf die Tage Kan, Lamat, Eb, Cib und Ahau fallen. Mit jedem der Tage war ein anderer Morgensterngott assoziiert. Das Konzept der fünf Morgensterngötter war stark von aztekischen Vorstellungen beeinflußt. Zwei der Morgensterngötter sind daher nur unter ihrem aztekischen Namen bekannt. Auf den Seiten 46–50 des Codex Dresdensis sind die fünf Morgensterngötter mit Waffen in den Händen dargestellt, mit denen sie auf fünf Opfer schießen. Die Zuordnung von Tagen, Morgensterngöttern und Opfern im Codex Dresdensis ist:

Tag	Morgensterngott	Opfer
Kan	→ *Gott L*	→ *Gott K*
Lamat	→ *Lahun Chan*	→ *Balam*
Eb	→ der azetkische Gott Yoaltecuhtli (?)	→ *Gott E*
Cib	→ der azetkische Gott Quetzalcoatl (→ *Kukulcan*)	→ Schildkröte
Ahau	→ *Acatunal*	→ *Gott Q (?)*

43, 45, 48, 55–59, 61, 97, 103

Wassergöttin → Göttin O.
92

Winde → Ik.
18, 67, 142, 145, 152, 171

Windgötter → Ik, → Pauahtun, → Chac.
18, 45, 47, 105

Xaman Ek »Nordstern« → Gott C.

Xibalba laut WW ein Dämon, der »Teufel«; aber eine Gottheit, der auch geopfert wurde. Sie ist wahrscheinlich ein neutraler Totengott → Ah Uay Xibalba. Bei den Quiche und anderen Völkern Mesoamerikas ist *xibalba* der Name der Unterwelt → Metnal.
196

Xobil Tun → Ah Kin Xocbil Tun.

Xulab »Zerstörer«; Name des Morgensternes und so ein negativer Venusgott. Er ist u. a. für Mondfinsternisse verantwortlich (CB).

Yax Bolay Ul »Erste/blaugrüne fleischfressende Schnecke« (CB); → Chac Bolay Ul.

Yax Bolon Dzacab »Die ersten neun Generationen« (CB); vielleicht sind die → Bolon ti Ku gemeint.

Yax Cheel Cab »Erster Baum der Welt«; ein runder steinerner Altar, dessen Unterteil von grotesken Masken gebildet wurde. Dieser Altar sollte den ersten Baum symbolisieren, dessen Früchte → Anom, der erste Mensch, aß.

Yax Coc Ah Mut »Das erste Omen der Krankheit/des Asthmas«; gilt als Himmelsgott und Sohn des → *Hunab Ku*.
192 f.

Yax Dzoy »Große erste Schwäche« (CB); → *Ix Dzoy*.

Yaxal Chac »Grünblauer Regengott« (Z); der → *Chac* der Mitte.
173

Yaxal Chuen »Der erste/blaugrüne Affe« (CB); Zwillingsgestalt von → *Hun Chuen*.
100

Ytzam »Leguan« (Z); → *Itzamna, Itzam Caan*.
153–156, 158

Yubte Takin »Goldenes Gewand« (CB).

Yuk Xot Kin »? -geschnitteten Sonne«; laut WW das jüngste Gericht.

Yum Cimil »Herr des Todes; → *Ox Multun Tzek*.

Yum Ho Can »Herr Fünf Himmel«, »Der schlangenköpfige Herr« oder »Der Herr des Himmelstores« (Z); → *Ix Hol Can*.

Yum Kak »Herr des Feuers« (WW); Name für die heiligen Räuchergefäße.

Yuma Netziuit Kuk Yaxum »Herr Netziuit, Kotingagefieder« (CB); vermutlich die Mayafassung des Namens eines mexikanischen Gottes.

Yumil Caan »Herr des Himmels« (CB); allgemeine Bezeichnung für Himmelsgötter.

Yumil Caan Yetel Luum »Herr des Himmels und der Erde« (CB).

Yzama → *Itzamna.*
193 f.

Yzamna Kauil → *Itzamna Kauil.*
190

Zac Acantun »weiße Steinstele« (L 37); Gott oder Götterbild des Nordens.
194 f.

Zac Pauahtun »Weißes Edelsteinnetz«; laut Landa der weiße → *Bacab* des Nordens im Jahre Ix.
144, 188

Zac Uuayayab »Der weiße Verwandler«; laut Landa ein »Dämon« (34, 37); → *Uuayayab.*
188, 193 f.

Zac Xib Chac »Weißer Mann des Regens«; → *Bacab* des Nordens im Jahr mit dem Zeichen Ix (L 34).
188

Zacal Bacab »Weißer Bacab«; der → *Bacab* des Nordens im Jahr Ix (L 34).
144, 188

Zacal Puc »Weißer Hügel«; der größte Stammesgott (L).

Zaczini, Zacciui oder *Zaccini* wahrscheinlich eine Fehl-
schreibung von *zac cimi*, »Weißer Tod« (Bezeichnung für eine
epileptische Ohnmacht oder den Scheintod); der weiße
→ *Bacab* des Nordens im Jahr mit dem Zeichen Ix (L 34, 37).
188, 193

Zahlensymbolik Zahlen spielen in dem komplexen Kosmos
der Maya eine herausragende Rolle. Die Zahlen selbst waren
Götter, deren Aufgabe es war, die Last der Zeit zu tragen. Jede
Zahl war ein Gott, jeder Tag und jeder Zeitzyklus wurde als gött-
liche Macht angesehen, die die Geschicke des Menschen zu
beeinflussen vermochten. Am deutlichsten wird dies in der Hie-
roglyphenschrift, wo Köpfe von Göttern oder ganze Götterfigu-
ren für Zahlen und Positionen im Kalender stehen können.
Daher wissen wir auch, welche Götter welcher Zahl zugeordnet
waren:
Die *Zahl Eins* war die junge Mondgöttin, die → *Göttin I* der
Codices;
Die *Zahl Zwei* war ein junger Gott mit einer Hand als Kopfputz;
Die *Zahl Drei* war ein Gott mit dem Symbol für → *Wind/Ik* auf
der Wange, vielleicht tatsächlich ein Windgott → *Gott W*;
Die *Zahl Vier* war der Sonnengott → *Kinich Ahau*, der → *Gott G*
der Codices;
Die *Zahl Fünf* war der alte Gott des Jahresendes, der in der post-
klassischen Zeit wahrscheinlich in die → *Bacab* und die
→ *Pauahtun* überging → *Gott N*. Der letzte Monat des Jahres
mit dem Namen Uayeb bestand aus fünf unglücksbringenden
Tagen, an denen, laut Landa, Zeremonien für die Götter des Jah-
resendes abgehalten wurden.
Die *Zahl Sechs* war → *Gott B*, der Regengott → *Chac*.
Die *Zahl Sieben* war der Jaguargott der Unterwelt. Dieser Gott
ging wahrscheinlich in der postklassischen Zeit in → *Gott L* auf.
Die *Zahl Acht* war → *Gott E*, der junge Maisgott. Ein Name des
Maisgottes war auch → *Uaxac Yol Kauil* »*acht* Herz des Überflus-
ses«. Von der Aussaat bis zum ersten Sichtbarwerden eines

Der Gott der Zahl Neun (→ *Zahlensymbolik*) und der Vogelgott der Einheit *baktun* zu 144 000 Tagen von einer Inschrift aus dem Ort Yaxchilan.

Schößlinges benötigt der Mais in der Vorstellung der yucatekischen Maya genau acht Tage.

Die *Zahl Neun* war → *Gott Ch* und war mit dem Tag Chicchan assoziiert.

Die *Zahl Zehn* war → *Gott A*, der Todesgott. »Zehn« heißt im yucatekischen Maya *lahun*, darin steckt das Wort *lah* »Ende«.

Die *Zahl Elf* war → *Gott R*, dessen Name mit einiger Sicherheit als → *Buluc Ch'abtan* »elf Fasten« zu deuten ist.

Die *Zahl Zwölf* war vielleicht der Venusgott → *Lahun Chan*.

Die *Zahl Dreizehn* wurde von zwei Göttern dargestellt, dem Gott der Zahl Drei und dem Gott der Zahl Zehn. Ebenso wurde mit allen weiteren Zahlen verfahren.

Die Zahlen Neun, Dreizehn und Zwanzig waren im gesamten mesoamerikanischen Raum von größter Bedeutung. Neun war die Zahl der Herren der Nacht, der Götter der Unterwelt → *Bolon Ti Ku. Bolon* »neun« hat zugleich die sekundäre Bedeutung von »rein« und »unberührt« und ist Bestandteil zahlreicher Götternamen. Die Zahl Dreizehn (yuc. Maya *oxlahun*) galt als heilig, weil sie Grundbestandteil des 260tägigen Wahrsagekalenders war und darüber hinaus vielen Einheiten des Mayakalenders zugrunde liegt. Auch sie ist Bestandteil von Götternamen → *Oxlahun ti Ku*. Die Zahl Zwanzig (yuc. Maya *hunkal*) stellt das Fundament der auf einem Vigesimalsystem basierenden Mathematik der Maya dar.

46, 134

Zip »Hirsch/Reh« (Z); eine Jagdgottheit bzw. der Herr der Hirsche und Rehe; → *Zipi Tabay*, → *Zuhuy Zip*. Noch heute bei den Maya hochverehrte Gottheit des Waldes, die über den Wildbestand wacht und der regelmäßig von den Jägern, besonders bei Gemeinschaftsjagden, geopfert wird.

102, 202

Zipi Tabai »Der Hirsch des Tabai«; von Landa erwähnte Gottheit der Jagd (40).

203

Zuhuy Zip »Jungfräulicher Hirsch«; eine mit dem → *Zipi Tabai* verwandte oder vielleicht sogar identische Jagdgottheit (40).

203

Zuyua Than »Sprache von Zuyua« (CB); Bezeichnung für einen symbolischen Codex, nach dem die aus verschiedenen Elementen zusammengesetzten Symbole → *Uayazba* der Götter und mythologischen Wirklichkeiten dekodiert werden können.

119

Anhang

Schreibweise und Aussprache des Maya

Als die Franziskaner-Missionare im 16. Jh. anfingen das Maya
mit lateinischen Lettern zu schreiben, gab es noch keine einheitliche Orthographie. So wurden manche Laute des Maya nicht
berücksichtigt oder mit nicht genau gleichen Werten der spanischen Phonologie ersetzt. Außerdem war das Gehör der Franzis-
kaner für die so fremde Sprache mit ihren merkwürdigen klak-
kenden Klängen unterschiedlich gut. So schrieb ein sprachkun-
diger den Namen eines Mayagottes *Itzamná*; andere schrieben
ihn *yzamná*, *izona* oder *izama*; die phonetisch einwandfreie
Schreibweise ist aber *ȝiḏ amná'* oder *ȝiḏ amná'*. Da dieses Buch
auf Quellentexten beruht, haben wir auch die in den Quellen
benutzten Schreibweisen beibehalten und geben hier einige
Hinweise zur Aussprache. Die Vokale *a, e, i, o* und *u* werden wie
im Spanischen ausgesprochen. Die im Maya häufigen Halbvo-
kale *w* und *y* sind in der kolonialzeitlichen Orthographie mit *u*
oder *v* und *i* oder *y* wiedergegeben.

Das *b* wird leicht explosiv gesprochen. *c* wird wie ein unaspirier-
tes *k* gesprochen. Die Konsonanten *l, m, n, p* und *t* werden wie im
Spanischen ausgesprochen (*p* und *t* sind nicht aspiriert). Das *h*
entspricht dem deutschen *h* wie in *Haus*. *ch* ist wie *tsch* in *deutsch*,
tz wie *z* in *Zeit*, *s* oder *z* sind immer stimmlos wie im Spanischen,
x wird wie das deutsche *sch* ausgesprochen.

Die Konsonanten *ch, tz, k, p* und *t* kommen auch als glottalisierte

(d. h. durch Kehlkopfverschluß gebildete) Phoneme vor. Dabei variieren die kolonialzeitlichen Schreibweisen:

Das glottalisierte *ch* wird als *chh*, *ch'* oder *c̄h* geschrieben (Laut: *č'*).

Das glottalisierte *tz* wird als *dz* oder *tz'* geschrieben (Laut: *ǳ'*).

Das glottalisierte *k* wird als *k* geschrieben (Laut: *k'*). Das glottalisierte *p* als *pp* oder *p'* (Laut: *p'*). Und das glottalisierte *t* kommt in den Schreibformen *tt*, *th*, *t'* oder *ŧ* vor (Laut: *t'*).

Der im Maya sehr häufige und bedeutungsunterscheidende, einfache oder mit Vokalen kombinierte Glottalstop wurde in der kolonialzeitlichen Orthographie kaum berücksichtigt. Gelegentlich wurde er durch ein Akzent gekennzeichnet (z. B. in *ná*; Laut: *na'*). Glottalisierte Vokale wurden manchmal verdoppelt geschrieben (z. B. *caan*; Laut: *ka'an*).

Die Pluralendung im Maya ist *-oob* oder *-ob* und wurde gelegentlich benutzt. Häufig – vor allem in den spanischsprachigen Quellen – wurde die spanische Pluralendung *-s/-es* an den Mayawortstamm gehängt: z. B. in *Bacabes* (statt *bacaboob*) oder in *Chaces* (statt *chacoob*).

Zu den Illustrationen

»Zurück zu den Quellen« ist einer der wesentlichen Impulse für dieses Buch. Die Quellen, die wir über die vorspanische Religion der Maya von Yucatán besitzen, bieten sich äußerst unterschiedlich dar. Es sind schriftliche Texte in der kaum entzifferten Hieroglyphenschrift der Maya, Berichte von spanischen Eroberen und Missionaren, und von Maya in lateinischer Schrift, aber in ihrer Sprache verfaßte Texte über Götter und Weltsicht der vorspanischen Zeit. Von ebensolcher Bedeutung wie diese schriftlichen Quellen sind die zahlreichen gemalten Darstellungen von Göttern in den drei erhaltenen (vorspanischen) Codices und auf

Keramiken der klassischen Zeit. Diese Malereien sind eine wichtige Quelle zur Religion der Maya. Sie können daher nicht unberücksichtigt bleiben.

Die schönste und zugleich am besten erhaltene der drei Handschriften ist der Codex Dresdensis. Aus diesem Grunde sind die meisten Illustrationen Umzeichnungen aus dieser Handschrift. Im Codex Tro-Cortesianus finden sich einige Göttergestalten, die nicht im Codex Dresdensis auftreten, daher sind einige Zeichnungen auch aus dieser Handschrift kopiert. Viele Gottheiten der in der postklassischen Zeit gemalten Codices wurden bereits in der klassischen Mayakultur verehrt und dargestellt. Um dem Leser diese jahrhundertlange Traditionskonstanz deutlich zu machen, wurden einige Illustrationen nach Darstellungen von Göttern auf Keramiken gezeichnet. Zu jeder Illustration einer Göttergestalt ist ein Vorkommensnachweis gegeben. Die Hieroglyphen der Götter stehen dagegen ohne Legende und Vorkommensnachweis an der sie behandelnden Textstelle. Die Hieroglyphen wurden ausnahmslos nach dem Codex Dresdensis gezeichnet.

Bis auf das Frontispiz, die Abbildungen auf den Seiten 16–17 und die Darstellungen der heiligen Bäume, die aus den Umzeichnungen der drei Codices von Villacorta und Villacorta (1930) entnommen sind, wurden sämtliche Illustrationen eigens für das Buch neu angefertigt. Den neuen Zeichnungen wurden die hervorragenden Faksimileausgaben der Codices aus der Grazer Druck-und Verlagsanstalt zugrundegelegt. Die Karte des Mayagebietes sowie die Abbildungen auf den Seiten 24, 69 und 99 zeichnete Astrid Fischer, Hamburg. Alle anderen Zeichnungen fertigte, wenn nicht anders vermerkt, Nikolai K. Grube an.

Bibliographie

Abkürzungen:

AP = Anthropological Papers, Bureau of American
Ethnology, Bulletins

EA = Ethnologia Americana, Düsseldorf

ECM= Estudios de Cultura Maya, México

MSQ= Maya Society Quarterley

1. Quellen

a) Hieroglyphen-Handschriften

Codex Dresdensis
1975 Codices Selecti, Reihe C – Mittelamerikanische Handschriften,
Bd. 54, Graz

Codex Peresianus
1968 (Codex Paris) Codices Selecti, Reihe C – Mittelamerikanische
Handschriften, Bd. 9, Graz

Codex Tro-Cortesianus
1967 (Codex Madrid) Codices Selecti, Serie C – Mittelamerikanische
Handschriften, Bd. 8, Graz

VILLACORTA CALDERON, José A. & Carlos A.
1930 *Codices Mayas – Reproducidos y Desarrollados*. Guatemala
(In vielen Details ungenaue, doch zur Orientierung geeignete
Umzeichnung der Codices).

*Untersuchungen zu den Hieroglyphenhandschriften und den Göttern
der vorspanischen Mayakultur*

BARDAWIL, Lawrence W.
1976 »The Principal Bird Deity in Maya Art – An Iconographic Study
of Form and Meaning.« In M. G. ROBERTSON (Hrsg.), *Proceedings
of the Segunda Mesa Redonda de Patenque* Vol. III: 195–209. San Francisco

BARTHEL, Thomas S.
1952 »Der Morgensternkult in den Darstellungen der Dresdener Maya-handschrift.« *Ethnos* 17: 73–112. Stockholm
1953 »Regionen des Regengottes: Zur Deutung der unteren Teile der Seiten 65–69 in der Dresdener Mayahandschrift.« *Ethnos* 18: 86–105. Stockholm
1966 »Mesoamerikanische Fledermausdämonen.« *Tribus* 15: 101–124. Stuttgart
1968 »Götter – Sterne – Pyramiden.« *Paideuma* 14: 45–92. Frankfurt
1977 »Untersuchungen zur Großen Göttin der Maya.« *Zeitschrift für Ethnologie* 102: 44–102. Braunschweig

BERLIN, Heinrich
1963 »The Palenque Triad.« *Journ. Soc. des Americanistes de Paris* 52: 91–99 Paris

BIEDERMANN, Hans
1971 *Altmexikos heilige Bücher*. Graz
(Faksimilereproduktionen einzelner Seiten verschiedener mexi-kanischer und Maya-Codices mit allgemeinverständlichen Kom-mentaren)

CHASE, Diane Z.
1985 »Between Earth and Sky: Idols, Images, and Postclassic Cosmo-logy.«
M. G. ROBERTSON und V. M. FIELDS (Hrsg.), *Fifth Palenque Round Table*, 1983 Vol. VII: 223–235. San Francisco

COE, Michael D.
1973 *The Maya Scribe and his World*. New York
1975 »Death and the Ancient Maya« in E. P. Benson (Herausgeber), *Death and the Afterlife in Pre-Columbian America:* 87–104. Washing-ton
1978 *Lords of the Underworld: Masterpieces of Classic Maya Ceramics*. Prin-ceton University Press, Pri
1982 *Old Gods and Young Heroes: The Pearlman Collection of Maya Cera-mics*. Jerusalem

CORDAN, Wolfgang
1963 *Götter und Göttertiere der Maya*. Bern-München

DÜTTING, Dieter
1976 »The Great Goddess in Maya Religious Belief.« *Zeitschrift für Eth-nologie* 103: 41–146. Braunschweig
1980 »Aspects of Classic Maya Religion and World View.« *Tribus* 29: 106–167. Stuttgart

FOLAN, W. J.
1970 »Kukulcán y un culto fálico en Chichén-Itzá, Yucatán, México.« *ECM* 8: 77–72. México

FÖRSTERMANN, Ernst Wilhelm
1901 *Commentar zur Mayahandschrift der Königlichen Öffentlichen Biblio-thek zu Dresden*. Dresden
(Erste systematische Interpretation des Codex Dresdensis, heute noch aktuell)

GARZA, Mercedes de la
1978 »Quetzalcóatl – dios entre los mayas« *ECM* 11: 199–213. México

GRUBE, Nikolai K.
1985 »Untersuchungen zur dynastischen Geschichte von Naranjo, El Petén, Guatemala« *Zeitschrift für Ethnologie* 110. Berlin

GUERRA, Francisco
1971 *The Pre-Columbian Mind*. New York, London

HAMMOND, Norman
1981 »*Pom* for the *Ancestors*.« *Mexicon* 3 (5): 77–79. Berlin

HELFERICH, Klaus
1973 *Menschenopfer und Tötungsrituale im Kult der Maya*. Berlin

KELLEY, David H.
1976 *Deciphering the Maya Script*. Austin
(Beste moderne Darstellung der Mayaschrift und der Versuche, sie zu entziffern)

KNOROZOV, Yurij W.
1983 *Maya Hieroglyphic Codices*. Albany
(Der Autor versucht, alle Codices sprachlich zu lesen. Das Buch enthält weder Kommentare noch eine Diskussion der Entziffe-rungen)

MILLER, Arthur G.
1977 »The Maya and the Sea« in E. P. BENSON (Hrsg.), *The Sea in the Pre-Columbian World*: 97–138. Washington

NOWOTNY, Karl A.
1963 Übersicht über den Inhalt des Codex Dresdensis. *Archiv für Völkerkunde* 18: 179–193. Wien

PICKANDS, Martin
1980 »The First Father« Legend in Maya Mythology and Icono-graphy«, in M. G. ROBERTSON (Herausgeber), *Third Palenque Round Table, 1978* Vol. V Part 2: 124–138. Austin

PIÑA CHAN, Román
1968 *Jaina: la casa en el agua*. México, D.F.

QUIRARTE, Jacinto
1976 »The Underworld Jaguar in Maya Vase Painting: An Iconographic Study«. *New Mexico Studies in Fine Arts* I: 20–25. Albuquerque

RANDS, Robert L.
1953 »The Waterlily in Maya Art«. *AP* 34: 75–153

RIESE, Berthold
1982 »Eine mexikanische Gottheit im Venus-Kapitel der Maya-Handschrift Codex Dresdensis« *Bulletin de la Société Suisse des Américanistes* 46: 37–39. Genf

ROBICSEK, Francis
1978 *The Smoking Gods.* Norman
1979 »The Mythological Identity of God K« in M. G. ROBERTSON (Herausgeber), *Third Palenque Round Table*, 1978 Vol. IV Part 1: 124–141. Austin

ROBICSEK, Francis und Donald M. HALES
1981 *The Maya Book of the Dead: The Ceramic Codex.* Norman
1982 *Maya Ceramic Vases from the Late Classic Period.* Charlottesville

SCHELE, Linda
1984 »Human Sacrifice Among the Classic Maya« in E. H. BOONE (Herausgeber), *Ritual Human Sacrifice in Mesoamerica*: 7–48. Washington, D. C.
1985 »The Hauberg Stela: Bloodletting and the Mythos of Maya Rulership« in M. G. ROBERTSON und V. M. FIELDS (Herausgeber), *Fifth Palenque Round Table*, 1983. VII: 135–151. San Francisco

SCHELLHAS, Paul
1897 *Die Göttergestalten der Mayahandschriften.* Dresden
(Pionierarbeit, in der Schellhas erstmalig die einzelnen Götter der Handschriften und ihre Namenshieroglyphen identifiziert)

SCHLENTHER, Ursula
1965 *Die geistige Welt der Maya.* Berlin (Ost)

SELER, Eduard
1902– *Gesammelte Abhandlungen zur amerikanischen Sprach- und Alter-*
23 *thumskunde.* 5 Bde. Berlin (Nachdruck Graz 1967)
(Enthält zahlreiche Aufsätze über Hieroglyphen und Götter in den Codices)

STONE, Andrea
1985 »The Moon Goddess at Naj Tunich« *Mexicon* 7 (2): 23–30. Berlin

Taube, Karl
1985 »The Classic Maya Maize God: A Reappraisal.« In M. G. Robertson und V. M. Fields (Herausgeber), *Fifth Palenque Round Table,*
1983 VII: 171–183. San Francisco

Thompson, Sir John Eric S.
1934 *Sky Bearers, Colors and Directions in Maya and Mexican Religion.*
Washington, D. C.
1939 *The Moon Goddess in Middle America with Notes on Related Deities.*
Washington, D. C.
1950 *Maya Hieroglyphic Writing: Introduction.* Washington, D. C.
(fünfte Aufl. Norman 1971)
(immer noch die umfassendste Darstellung der Mathematik,
Astronomie und des Kalenders der klassischen Maya)
1958 »Symbols, glyphs and divinatory almanacs for diseases in the
Maya Dresden and Madrid Codices«. *American Antiquity* 23: 297–
308. Menasha
1970 *Maya History and Religon.* Norman
(Der Autor vertritt die These, die Maya der klassischen Zeit hätten Itzamna als höchsten Gott verehrt. Breit angelegte Darstellung »der« Maya-Religion)
1972 *A Commentary on the Dresden Codex.* Philadelphia
(Zuverlässige und detailliert kommentierte Interpretation der
gesamten Handschrift)

Tozzer, Alfred M. und G. Allen
1910 Animal Figures in the Maya Codices. *Papers Peabody Mus. Harvard Univ.* 4 (3). Cambridge, Mass.

Von Hagen, Victor
1944 *The Aztec and Maya Papermakers.* New York
(Beschreibt das Material, aus dem die Handschriften der Azteken,
Maya und anderer mexikanischer Völker bestehen)

Willard, Theodor A.
1941 *Kukulcan, the bearded Conqueror.* Hollywood

Zimmermann, Günter
1933 »Die Bedeutung der oberen Teile der Seiten 4–10 der Dresdener
Mayahandschrift« *Zeitschrift für Ethnologie* 65: 399–401. Berlin
1956 *Die Hieroglyphen der Maya-Handschriften.* Hamburg
(Katalog der in den Handschriften vorkommenden Hieroglyphen und Beschreibung der Götter)

b) Chilam Balam-Bücher

Chilam Balam von Chan Cah
1982 *El Libro de Chilam Balam de Chan Cah.* Herausg. von »Grupo Dzibil«, Mérida

Chilam Balam von Chumayel
1913 »The Book of Chilam Balam of Chumayel« (Hg. G. B. GORDON), *University of Pennsylvania Museum, Anthro. Publ.* 5
1932 William GATES, »Eras of the Thirteen Gods and the Nine Gods« *MSQ* 1: 78–92
1932 William GATES, »The Testing of the Princes« *MSQ* 1: 123–144
1933 *The Book of Chilam Balam of Chumayel.* Herausg. von Ralph ROYS, Carnegie Inst. of Washington Pub. 436. Washington, D.C. (zweite Auflage: University of Oklahoma Press, Norman, Oklahoma 1967) (erste vollständige Übersetzung eines Chilam-Balam-Buches)
1973 *El libro de Chilam Balam de Chumayel,* Hg. Antonio Mediz BOLIO, México, D.F.

Chilam Balam von Ixil
1946 The book of Chilam Balam of Ixil. *Carnegie Inst. Wash., Div. Hist. Res., Notes on Middle Amer. Arch. and Ethnology,* No. 75. Cambridge

Chilam Balam von Kaua
Reproduktion von William Gates im Peabody Museum; Kopie in der Latin American Library, Tulane University, New Orleans. Eine Übersetzung und quellenkritische Edition dieses Chilam-Balam-Buches wird derzeit von Helga-Maria Miram, Hamburg angefertigt.
1931 William GATES, »The Thirteen Ahaus in the Kaua Manuskript« *MSQ* 1: 2–20

Chilam Balam von Maní
1837 *Códice Pérez,* Manuskript in Mérida
1909 *El Chilam Balam de Maní o Códice Pérez,* Hg. Juan MARTINEZ HERNANDEZ, Mérida
1949 *Codice Pérez,* Hg. Ermilio SOLIS ALCALA, Mérida
1979 *The Codex Pérez and the Book of Chilam Balam of Maní* Hg. Eugene R. CRAINE und Reginald C. REINDORP, Norman

Chilam Balam von Nah
1982 *Los Libros de Chilam Balam de Tekax y Nah.* Herausg. von »Grupo Dzibil«, Mérida.

Chilam Balam von Oxkutzcab
identisch mit einem Teil des Buches von Maní

Chilam Balam von Tekax
1982 *Los Libros de Chilam Balam de Tekax y Nah.* Herausg. von »Grupo Dzibil«, Mérida.

Chilam Balam von Tixcacal
Manuskript in Privatbesitz, San Francisco Ake, Quintana Roo.

Chilam Balam von Tizimin
1951　The Book of the Jaguar Priest: A Translation of the Book of Chilam
　　　Balam of Tizimin with Commentary. Hg. Maud W. MAKEMSON,
　　　New York (vgl. dazu Review, *American Anthropologist* 53: 546–7)
1982　The Ancient Future of the Itzá: The Book of Chilam of Tizimin, Hg.
　　　Munro S. EDMONSON, Austin

Chilam Balam von Tusik
　　　o. d. Photostat von MORLEY im Carnegie Institut, Washington.
　　　Span. Übersetzung von P. CASTILLO ist nicht publiziert worden.

Untersuchungen zu den Chilam Balam-Büchern:

ALVAREZ LOMELI, Ma. Christina
1974　Textos coloniales del Libro de Chilam Balam de Chumayel y textos glífi-
　　　cos del Códice de Dresde, México, D. F.

BARRERA VAZQUEZ, Alfredo
1976　Horoscopos mayas, Mérida

BARRERA VAZQUEZ, Alfredo & Silvia RENDON
1948　El libro de los libros de Chilam Balam, México, D. F.

BRINTON, Daniel G.
1882　Maya Chronicles, Philadelphia

BROTHERSTON, Gordon
1979　»Continuity in Maya Writing« in N. HAMMOND und G. WILLEY
　　　(Hrsg.), Maya Archaeoloy and Ethnohistory: 241–258, Austin, Lon-
　　　don

EDMONSON, Munro S.
1985　The First Chronicle of Yucatán (692–1848). M. G. ROBERTSON und
　　　V. M. FIELDS (Hrsg.), Fifth Palenque Round Table 1983, Vol. VII,
　　　S. 193–211. San Francisco

LANCZKOWSKI, Günther
1965　»Die Sprache von Zuyua als Initiationsmittel« in C. J. BLEEKER
　　　(Hg.), Initiation: 27–39, Leiden

ROYS, Ralph L.
1949　The Prophecies for the Maya Tuns or Years in the Books of Chi-
　　　lam Balam of Tizimin and Maní, Contr. to Amer. Anthro. and Hist.
　　　No. 51, CIW, Publ. 585

c) Zaubersprüche, Medizinische Texte und Gesänge

CAN CANUL, Cecilio
o. d. *Santo Huun*, Manuskript, 64 S., vgl. Mexicon 7 (1): 4–5, 1985

El Libro de los cantares de Dzitbalche Hg. A. BARRERA VAZQUEZ, 1965, México, D. F.

Libro del Judío
o. d. Manuskript im Peabody Museum der Harvard Universität
1976 Ralph L. ROYS, *The Ethno-Botany of the Maya*, Philadelphia
1977 Dorothy ANDREWS HEATH DE ZAPATA, *El Libro del Judío o medicina domestica*, Mérida

Princeton Codex
1779 *U thanil balam mo tancase...* Manuskript in der Princeton University Library, New Jersey
1965 *Ritual of the Bacab* Hg. Ralph L. ROYS, Norman
1984 Ramón ARZAPALO, »Der Text für erotische Trances« *Indiana* 9: 273–281, Berlin

Yerbas y Hechicerias del Yucatán
o. d. Manuskript in der Library of Middle American Research Institute, Tulane University, New Orleans

d) Spanischsprachige Quellen der frühen Kolonialzeit

COGOLLUDO, Diego López de
1688 *Historia de Yucathán*, Madrid
      1867–68 2 Bd., Mérida
1971 *Historia de Yucathán*, Graz

LANDA, Fray Diego de
1566 *Relación de las cosas de Yucatán*, Manuskript
1864 *Relation des choses de Yucatán de Diego de Landa*, Hg. Charles Etienne BRASSEUR DE BOURGOURGH, Paris
1881 *Relacion de las cosas de Yucatán*, Madrid
1900 Colección de documentos inéditos... Tomo XII, S. 265–411, Madrid
1928 Relacion des Choses de yucatán, Hg. J. GENET, Paris
1937 *Yucatán before and after the Conquest*, übersetzt von William Gates, New York (Reprint 1978)
1938 *Relación las cosas de Yucatán*, Hg. Hector PEREZ MARTINEZ, México, D. F.
1941 *Landa's Relacion de las cosas de Yucatán*, Hg. Alfred TOZZER, Cambridge (Papers of the Peabody Museum of Amer. Arch. and Ethn. XVIII)
1959 *Relación de las cosas de Yucatán*, Hg. Angel M. GARIBAY K., México, D. F. (letzte Auflage 1978)

LAS CASAS, Bartolomé
1967 *Apologética historia sumaria...*, 2 Bde., México, D.F.
1981 *Bericht von der Verwüstung der Westindischen Länder*, (H.M. ENZENSBERGER, Hg.) Frankfurt am Main (unvollständig)

LIZANA, Bernardo de
1633 *Historia de Yucatán: Devocionario de Ntr. Sra. de Izamal, y conquista espiritual*, Valladolid
1893 *Historia de Yucatán*, México, D.F.

PONCE, Fray Alonso
1873 *Relacion breve y verdadera* ... Madrid, vgl. Ernest Noyes, *Fray Alonso Ponce in Yucatán 1588*, New Orleans 1932

Relaciones de Yucatán
1898 *Colección de documentos inéditos...* 2. S., Tomo II & 13, 2 Bde., Madrid
1983 Relaciones históricogeográficas de la gobernación de Yucatán, México, D.F.

Bearbeitungen und Untersuchungen dazu:

BLOM, Frans
1928 »Gaspas Antonio Chi, Interpreter« *American Anthropologist* 30 (2): 250–262

CLINE, Howard F.
1972 »The Relaciones Geográficas of the Spanish Indies, 1577–1648« *Handbook of Middle American Indians*, Bd. 12: 183–242, Austin

JAKEMAN, M. Wells
1952 *The »Historical Recollection« of Gaspar Anotio Chi: An Early Source – Account of Ancient Yucatan*, Provo/Utah

STRECKER, Mathias und Gloria LARA PINTO
1977 *Die »Relación Geográfica de Quinacama o Moxopipe« von Pedro de Santillana und Gaspar Antonio Chi (1581)*, Hamburg (MS)

2. Benutzte Lexika und Grammatiken

a) kolonialzeitliche Wörterbücher

Motul-Wörterbuch
Manuskript von ca. 1577
1929 *Diccionario de Motul, Maya-Español*. Herausg. von Juan MARTINEZ HERNANDEZ, Mérida.

Solana-Wörterbuch
o.d. Microfilm, Hispanic Society of America, New York
1962 J. E. S. THOMPSON, »El misterio del Diccionario Maya de Solana«
      ECM 2: 11–16
1984 David BOLLES, »The Yucatec-Spanish Solana and Motul Dictio-
      naries« *Mexicon* 6 (2): 23–25

      Wiener Wörterbuch
1625 *Bocabulario de Mayathan por su abecedario*, MS in der Wiener
      Nationalbibliothek
1978 *Vocabulario de Mayathan por sus abecedarios*, Hg. Dorothy
      ANDREWS HEATH DE ZAPATA, Mérida

Wörterbuch von San Francisco
1976 *Diccionario de San Francisco*, Hg. Oscar MICHELON, Graz

Diccionario Maya Cordemex
1980 Alfredo Barrera Vazquez (Hrsg.), Mérida (Synthese der kolonial-
      zeitlichen Wörterbücher)

b) weitere Lexika und Nachschlagewerke

ALVAREZ, Christina
1980 *Diccionario etnolingüístico del idioma maya yucateco colonial*, México,
      D. F.

BARRERA VAZQEZ, A., A. BARRERA MARIN und R. Ma. LOPEZ FRANCO
1976 *Nomenclatura etnobotanica maya*, México, D. F.

BOLLES, David
1985 *Concordance and Dictionary of Post Conquest Mayan Literature*. 20
      Microfiches, Dover, New Hampshire

LOESENER, Th.
1922 »Über Maya-Namen und Nutzanwendungen yucatekischer
      Pflanzen« *Festschrift Eduard Seler*: 321–343, Stuttgart

MENDIETA, Rosa Ma., Silvia de AMO R.
1981 Plantas medicinales del estado de Yucatán, Xalapor

PACHECO CRUZ, Santiago
1969 *Hahil tzolbilchunil tan mayab*, Mérida

PEREZ, Juan Pio
1866–7 *Diccionario de la lengua maya*, Mérida
1898 *Coordinación alfabética de las voces del idioma maya*, Mérida

ZAVALA, M. und A. MEDINA
1898 *Vocabulario español-maya*, Mérida

c) Grammatiken des Maya

ALVAREZ, Ma. Crístina
1969 *Descripción estructural del maya de Chilam Balam de Chumayel*, México, D. F.

SMAILUS, Ortwin
1983 *Einführung in das kolonialzeitliche Yucatekisch*, Hamburg (Altamerik. Sprachen und Kulturen – Mitteilungen 7)

TOZZER, Alfred M.
1921 *A Maya Grammar*, Cambridge (Reprint New York 1977)

3. Untersuchungen über den Gebrauch von Pflanzen und Tieren in der Medizin und der Religion der Maya

DOBKIN DE RIOS, Marlene
1974 »The Influence of Psychotropic Flora and Fauna on Maya Religion« *Current Anthropology* 15 (2): 147–164
1984 *Hallucinogens: Cross-Cultural Perspectives* Albuquerque

EMBODEN, William A.
1979 »Nymphea ampla and other Narcotics in Maya Ritual and Shamanism«, *Mexicon* 1(4): 50–52
1981 »Pilz oder Seerose – literarische und bildliche Zeugnisse von Nymphea als rituellem Psychotogen in Mesoamerika« in: *Rausch und Realität*, Bd. 1: 352–357, Köln

GIRON MENA, Manuel Antonio
1979 »Itzamná y la medicina maya« *Guatemala Indígena* 14(3– 4): 1–81

HAMBLIN, Nacy L.
1981 »The Magic Toads of Cozumel« *Mexicon* 3(1): 10–14
1984 *Animal Use by the Cozumel Maya*, Tucson

HEAD, Brandon
1903 »The Food of the Gods« London

HOFMANN, Albert
1966 »The Active Principles of the Seeds of Rivea rorymbosa and Ipomoea tricolor« *Summa Antropologica en homenaje a Roberto J. Weitlaner*: 349–357, México, D. F.

JANIGER, Oscar und Marlene DOBKIN DE RIOS
1976 »Nicotiana an Hallucinogen?«, *Economic Botany*

MONTOLIU, María
1980 »Los dioses de los cuatro sectores cósmicos y su vínculo con la salud y enfermedad en Yucatán« *Anales de Antropología* 16, 2. Bd.: 47–65

RÄTSCH, Christian
1981 *Priesterklasse und Krankenheilung in der vorspanischen Maya-Gesellschaft*, Hamburg (unveröffentlichtes MS)
1985 *Das Erlernen von Zaubersprüchen*, Berlin

RÄTSCH, Christian und Heinz J. PROBST
1985 *»xtohk'úh:* Zur Ethnobotanik der Datura spp. bei den Maya in Yucatan« *EA*, Nr. 108

REKO, Victor A.
1938 *Magische Gifte*, (2. Aufl.) Stuttgart

SCHULTES, Richard und Albert HOFMANN
1980 *Pflanzen der Götter*, Bern

SMAILUS, Ortwin
1984 *Interview mit dem Kräuterdoktor Pedro Peña Poot*, Hamburg (MS)

STEGGERDA, Morris
1943 »Some Ethnological Data Concerning One Hundred Yucatán Plants« *AP* 29: 189–266, 136

4. Sonstige zitierte Literatur

ANDERS, Ferdinand
1963 *Das Pantheon der Maya. Graz*

BLEIBTREU-EHRENBERG, Gisela
1963 *Der Weibmann*. Frankfurt/M.

BLOM, Frans
1928 »Gaspar Antonio Chi, Interpreter« *American Anthropologist* 30: 250–262
1971 *The Conquest of Yucatán*. New York

BOLLES, David
1982 »Two Yucatecan Mayan Ritual Chants« *Mexicon* 4 (4): 65–68

BURNS, Allan F.
1983 *An Epoch of Miracles: Oral Literature of the Yucatec Maya* Austin

CASTILLO TORRE, José
1955 *Por la señal de hunab ku* México, D.F.

ELIADE, Mircea
1956 »Kosmogonische Mythen und magische Heilungen« *Paideuma*
6(4): 194-204

FARRISS, Nancy M.
1984 *Maya Society Under Colonial Rule* Princeton

HINZ, Eike
1984 »Kanjobal Maya Divination« *Sociologus* 34(2): 162-184

KIRCHHOFF, Paul
1943 Mesoamérica: sus límites geográficos, composición étnica, y
carácteres culturales. *Acta Americana* 1: Washington, D.C.

KRICKEBERG, Walter
1928 *Märchen der Azteken und Inka-Peruaner, Maya und Muisca.* Jena
(Neuauflage Köln 1984)
(Enthält u.a. Übersetzungen kurzer Ausschnitte aus den Werken
Cogolludos, Landas und Lizanas über Religion und Mythologie
der Maya von Yucatán)

LEHMANN, Walter
1938 *Geschichte der Königreiche von Colhuacan und Mexico.* Stuttgart
(Neuauflage Stuttgart 1977)

LEROI-GOURHAN, André
1981 *Die Religion der Vorgeschichte* Frankfurt am Main

MA'AX, K'ayum und RÄTSCH, Christian
1984 *Ein Kosmos im Regenwald* Köln

MÜLLER-EEBELING, Claudia und RÄTSCH, Christian
1985 »Regenwaldmenschen« *Ökozid 1,* Giessen

PIETSCHMANN, Horst
1980 *Die staatliche Organisation des kolonialen Iberoamerika* Stuttgart

RÄTSCH, Christian
1985 »Eine Hamburger *balche'*-Zeremonie« *Trickster* 12/13: 50-59
1985 *Bilder aus der unsichtbaren Welt* München

RÄTSCH, Christian und PROBST, Heinz J.
1982 »Maissubstituenten bei den Maya in Yucatán« *Mexicon* 4 (5/6): 90–93
1982 »Speisung der Milpawächter« *EA* 19/1–2, Nr. 103: 1059–1060

RÄTSCH, Christian, PROBST, Heinz J. und GRUBE, Nikolai K.
1985 »Der obszöne Wortschatz der Maya« *EA*

REDFIELD, Robert
1936 »The Coati and the Ceiba« *Maya Research* 3 (3–4): 231–243

RIESE, Berthold
1972 *Geschichte der Maya* Stuttgart

RIESE, Frauke J.
1981 *Indianische Landrechte in Yukatán um die Mitte des 16. Jahrhunderts* Hamburg

SMAILUS, Ortwin
1975 *Textos mayas de Belice y Quintana Roo* Berlin
1976 »El concepto de los espiritus del monte« 41. *Amerikanistenkongress* Bd. 3: 217–223
1984 *La onomatopeya en el maya yucateco* Vortrag gehalten auf dem Taller Maya, Mérida Aug. 1984

SOUZA NOVELO, Narciso
1948 *El maíz – la milpa* Mérida

Das Weltbild der Indianer

Ein Kosmos im Regenwald

Mythen und Visionen der Lakandonen-Indianer. Hrsg. von K'ayum Ma'ax und Christian Rätsch. DG 48. 320 S. mit 25 Abb.

»Einblicke und Kenntnisse, die bislang in der Lakandonen-Forschung kaum anzutreffen gewesen sind. Der Autor hat die Diktion, in der ihm das Material dargeboten worden ist, genau wiedergegeben; dadurch entsteht ein Gefühl der Unmittelbarkeit, das den Leser verzaubert.«
Frankfurter Allgemeine

Popol Vuh

Das Buch des Rates. Mythos und Geschichte der Maya. Aus dem Quiché übertr. und erläutert von Wolfgang Cordan. DG 18. 232 S. mit 15 Abb. und 1 Karte

»Der uralte Werdens-Mythos der Quiché-Maya und ihrer geheimnisvollen Wanderung, die sich real und irreal zugleich abgespielt hat, ist in Cordans Übertragung zu einem Stück großartiger, modern anmutender Dichtung geworden.«
Frankfurter Allgemeine

Frank Waters · Das Buch der Hopi

Nach den Berichten der Stammesältesten aufgezeichnet von Kacha Hónaw (Weißer Bär). 380 S. mit 91 Abb. und 2 Karten

»Neun Welten gibt es für die Hopi, drei sind durchlebt, die gegenwärtige ist die vierte, die fünfte bricht an – und was auf der Erde wächst und am Himmel zu sehen ist, beweist ihnen die Richtigkeit der alten Prophezeiungen.«
Süddeutscher Rundfunk

Hopi – Stimmen eines Volkes

Hrsg. von Harold Courlander und Stephan Dömpke. Ca. 400 S. mit zahlreichen Abb.

Überlieferungen der Hopi in Selbstzeugnissen, erstmals ins Deutsche übersetzt. Der Leser erlebt ihren sehr persönlichen Erzählstil, bekommt historische und spirituelle Informationen, macht Erfahrungen mit der Welt der Pueblo-Indianer – und vielleicht mit sich selbst.

Eugen Diederichs Verlag